中国社会工作联合会心理健康工作委员会培训指定用书

团体心理服务技能

（本会团体方向）
培训教材

习 题 集

韦志中◎著

台海出版社

图书在版编目（CIP）数据

团体心理服务技能（本会团体方向）培训教材．习题
集 / 韦志中著 . -- 北京：台海出版社，2019.9
　ISBN 978-7-5168-2402-3

　Ⅰ . ①团… Ⅱ . ①韦… Ⅲ . ①集体心理学—技术培训
—习题集 Ⅳ . ① C912.64

中国版本图书馆 CIP 数据核字（2019）第 138765 号

团体心理服务技能（本会团体方向）培训教材·习题集

著　　者：韦志中

出 版 人：蔡　旭
责任编辑：王慧敏　赵旭雯

出版发行：台海出版社
地　　址：北京市东城区景山东街 20 号　邮政编码：100009
电　　话：010 — 64041652（发行，邮购）
传　　真：010 — 84045799（总编室）
网　　址：www.taimeng.org.cn/thcbs/default.htm
电子邮箱：thcbs@126.com

经　　销：全国各地新华书店
印　　刷：天津旭非印刷有限公司
本书如有破损、缺页、装订错误，请与本社联系调换

开　　本：710 毫米 × 1000 毫米　1/16
字　　数：435 千字　　　　　　印　　张：24.5
版　　次：2019 年 9 月第 1 版　　印　　次：2020 年 4 月第 1 次印刷
书　　号：ISBN 978-7-5168-2402-3

定　　价：88.80 元

目 录

CONTENTS

《团体心理服务技能（本会团体方向）培训教材

（基础理论）》习题

第一部分　心理学基础知识习题

第一章　基础心理学知识习题

一、单选题

1. 初中生小黄热爱班集体，学习认真，对自己要求严格，小黄的这种性格特征属于（　　）。

　　A. 态度特征　　　B. 理解特征　　　C. 情绪特征　　　D. 意志特征

2. 小林诚实、内向、谦虚、勤劳，且具有亲和力。这些描述的是（　　）。

　　A. 性格特征　　　B. 能力特征　　　C. 气质特征　　　D. 认知特征

3. 活泼好动、热情健谈的人的气质类型属于（　　）。

　　A. 胆汁质　　　　B. 多血质　　　　C. 黏液质　　　　D. 抑郁质

4. 反应迅速、有朝气、活泼好动、动作敏捷、情绪不稳定、粗枝大叶的人属于（　　）。

　　A. 胆汁质　　　　B. 多血质　　　　C. 黏液质　　　　D. 抑郁质

5. 神经系统的基本特性是强、平衡、不灵活的气质类型是（　　）。

　　A. 胆汁质　　　　B. 多血质　　　　C. 黏液质　　　　D. 抑郁质

6. 有人早慧，有人大器晚成，这种差异是（　　）。

　　A. 能力的类型差异　　　　　　B. 能力发展水平的差异

　　C. 能力表现早晚的差异　　　　D. 能力分布的差异

7. 张三的智商是"99"，说明张三的智力发展水平是（　　）。

　　A. 优秀　　　　　B. 较高　　　　　C. 中等　　　　　D. 较差

8. 一个人一般智力的核心是（　　）。

A. 观察力   B. 记忆力   C. 想象力   D. 抽象概括力

9. 人的性格在社会评价上（　　）。

A. 全是好的   B. 全是坏的   C. 有好有坏   D. 没有好坏

10. 人在感知、记忆、思维等认知风格方面的性格特征是（　　）。

A. 性格的态度特征   B. 性格的情绪特征

C. 性格的意志特征   D. 性格的理智特征

11. 心理过程的基础是（　　）。

A. 认识过程   B. 情感过程   C. 意志过程   D. 情绪情感过程

12. 下列不属于情绪状态的是（　　）。

A. 心境   B. 激情   C. 应激   D. 美感

13. 人的心理活动的动力特征属于个性中的（　　）。

A. 能力   B. 气质   C. 性格   D. 个性倾向性

14. "狼孩"的事件说明了人格的（　　）。

A. 整体性   B. 稳定性   C. 独特性   D. 社会性

15. 强而不均衡的高级神经活动类型与下列（　　）相对应。

A. 多血质   B. 胆汁质   C. 黏液质   D. 抑郁质

16. 下列选项中，（　　）准确地表达了心理学研究的对象。

A. 个性特征   B. 心理过程   C. 认识过程   D. 心理现象

17. 张三和李四都是歌唱家，但是演唱风格不同，这是能力发展的（　　）。

A. 水平差异   B. 类型差异   C. 表现早晚差异   D. 素质差异

18. "人逢喜事精神爽"的现象，可以称之为（　　）。

A. 心境   B. 激情   C. 应激   D. 热情

19. "江山易改，本性难移"，说明了人格的（　　）。

A. 整体性   B. 稳定性   C. 独特性   D. 社会性

20. "文静、内向"是描写人的（　　）特征。

A. 能力   B. 气质   C. 兴趣   D. 性格

21. 智力是下列哪种能力的综合？（　　）

A. 观察能力   B. 思维能力   C. 一般能力   D. 特殊能力

22. 下列选项哪种是一般能力？（　　）

A. 观察力　　　B. 曲调感　　　C. 节奏感　　　D. 色调感

23. 智力的核心成分是（　　）。

A. 观察力　　　B. 注意力　　　C. 记忆力　　　D. 思维力

24. 完成活动任务的各种能力的独特结合是（　　）。

A. 技能　　　B. 天才　　　C. 才能　　　D. 智力

25. 在全人类中，智力呈何种状态分布？（　　）

A. 常态分布　　B. 偏态分布　　C. 正偏态分布　　D. 负偏态分布

26. 遗传素质是能力发展的（　　）。

A. 动力系统　　B. 自然前提　　C. 外部条件　　D. 核心成分

27. 个性是（　　）。

A. 心理过程的组成部分　　　　B. 独立于心理过程之外的心理现象

C. 由心理过程构成的　　　　　D. 通过心理过程表现出来的

28. 个性中的各种心理特征彼此交织，相互影响，使人具有独特的精神风貌，说明人格具有（　　）。

A. 独特性　　　B. 整体性　　　C. 稳定性　　　D. 功能性

29. 构成个性的主要成分包括（　　）。

A. 情绪和意志　　　　　　　　B. 神经过程的强度、平衡性和灵活性

C. 个性倾向性和个性的心理特征　D. 胆汁质、多血质、黏液质和抑郁质

30. 个性的倾向性和个性的心理特征是（　　）。

A. 个性的主要特点　　　　　　B. 构成个性的主要成分

C. 个性的动力　　　　　　　　D. 多种心理特点的独特结合

31. 顺利有效地完成某种活动所必须具备的心理条件叫（　　）。

A. 意志　　　B. 情感　　　C. 能力　　　D. 智力

32. （　　）是人的认知能力，是从事任何活动都必须具备的最基本的心理条件。

A. 意志　　　B. 情感　　　C. 能力　　　D. 智力

33. 能力和知识技能的关系表现在（　　）。

A. 能力就是知识和技能　　　　B. 能力不包括知识和技能

C. 能力是掌握知识和技能的前提　D. 知识和技能水平一样的人能力也一样

34. 按照能力发展的程度，可把能力分为（　　）。

A．认知能力和非认知能力　　　　B．能力、才能和天才

C．能力　　　　　　　　　　　　D．智力

35．活泼好动，反应敏捷，灵活多变的人属于（　　）气质类型。

A．黏液质　　　B．抑郁质　　　C．多血质　　　D．胆汁质

36．急躁、直率、热情、情绪兴奋性高、容易冲动、心境变化剧烈，具有外向型等行为特征的人，其气质类型属于（　　）。

A．多血质　　　B．胆汁质　　　C．黏液质　　　D．抑郁质

37．安静平衡，反应缓慢；善于克制自己，情绪不易外露；注意力稳定但难于转移。其气质类型属于（　　）。

A．多血质　　　B．胆汁质　　　C．黏液质　　　D．抑郁质

38．柔弱易倦，情绪发生慢，体验深刻，言行迟缓无力，胆小、忸怩、善于觉察别人不易觉察的细小事物，容易变得孤僻。其气质类型属于（　　）。

A．多血质　　　B．胆汁质　　　C．黏液质　　　D．抑郁质

39．能力发展的个别差异主要表现在（　　）上。

A．能力发展水平、类型和发展早晚

B．遗传、后天教育影响的程度

C．素质的高低和智力发展水平

D．认知、操作、人际交往等不同方面及天赋高低

40．能力类型的差异是指（　　）上的差异。

A．天赋条件　　　B．男女性别　　　C．智力水平

D．在感知能力、想象力以及音乐、美术、体育运动等特殊能力方面

41．（　　）是指心理活动表现在强度、速度、灵活性和指向性等方面的动力特征。

A．个性　　　B．性格　　　C．能力　　　D．气质

42．希波克利特把人划分为（　　）四种类型，实际上这就是最早的气质分类和气质类型学说。

A．胆汁质、多血质、黏液质和抑郁质

B．矮胖型、瘦弱型、强壮型和发育异常型

C．甲状腺型、垂体腺型、肾上腺型和性腺型

D．内向型、外向型、中间型和特异型

43. 巴甫洛夫根据实验结果把高级神经活动划分为（　　）四种类型。

A. 胆汁质、多血质、黏液质和抑郁质

B. 兴奋型、活泼型、安静型和抑制型

C. 甲状腺型、垂体腺型、肾上腺型和性腺型

D. 内向型、外向型、中间型和特异型

44. 多血质的神经过程的特征是（　　）。

A. 强、不平衡　　　　　　　　B. 强、平衡、不灵活

C. 强、平衡、灵活　　　　　　D. 弱

45. 黏液质的神经过程的基本特性是（　　）。

A. 强、不平衡　　　　　　　　B. 强、平衡、不灵活

C. 强、平衡、灵活　　　　　　D. 弱

46. 胆汁质的神经过程的特征是（　　）。

A. 强、不平衡　　　　　　　　B. 强、平衡、不灵活

C. 强、平衡、灵活　　　　　　D. 弱

47. 一个人在对现实的稳定的态度和习惯化了的行为方式中表现出来的人格特征叫（　　）。

A. 个性　　　　　B. 能力　　　　　C. 性格　　　　　D. 气质

48. 态度特征、意志特征、情绪特征和理智特征是性格的（　　）。

A. 分类标准　　　　　　　　　B. 社会道德评价标准

C. 结构的组成部分　　　　　　D. 社会属性的体现

49. 性格的态度特征主要指的是（　　）。

A. 一个人如何对待社会、集体、他人和自己

B. 一个人对自己行为进行调整的自觉性

C. 一个人对自己的情绪的调控能力

D. 一个人在认知活动中的性格特征

50. 在性格的各种特征中能够起到决定其他性格特征作用的是性格的（　　）。

A. 态度　　　　　B. 意志　　　　　C. 情绪　　　　　D. 理智

51. 我国古语道"忧者见之则忧，喜者见之则喜"，说明的情绪状态是（　　）。

A. 挫折　　　　　B. 心境　　　　　C. 激情　　　　　D. 感情

52. "清明时节雨纷纷，路上行人欲断魂"，这种情绪状态是（　　）。

A. 心境　　　　　B. 激情　　　　　C. 应激　　　　　D. 热情

53. 表情是指（　　）。

A. 情绪变化的外部表现模式　　　B. 情绪变化的维度

C. 情绪的状态　　　　　　　　　D. 情绪的不同种类

54. 表情包括（　　）。

A. 面部表情、动作表情和言语表情

B. 面部表情、身段表情和言语表情

C. 外部表情和内部表情

D. 音调表情、节奏表情和速度表情

55. 表情的产生（　　）。

A. 是先天遗传的结果

B. 是后天学习得来的

C. 既有先天的，又有后天学习模仿的成分

D. 是在人身上建立条件反射的结果

56. 积极的情绪和情感可以调节和促进活动，消极的情绪和情感可以破坏和瓦解活动，说明情绪和情感具有（　　）。

A. 适应功能　　　B. 动机功能　　　C. 组织功能　　　D. 信号功能

57. 有爱就有恨，有喜悦就有悲伤，有紧张就有轻松，说明情绪和情感（　　）。

A. 具有两极对立的特性　　　　　B. 具有不可调和的特性

C. 两极是不相容的　　　　　　　D. 两极是绝对对立的

58. 情绪的基本表现形式有（　　）。

A. 激动和平静　　　　　　　　　B. 高兴与悲哀

C. 喜、怒、哀、乐　　　　　　　D. 快乐、愤怒、悲哀和恐惧

59. 按情绪发生的速度、强度和持续时间对情绪的划分叫（　　）。

A. 基本情绪　　　B. 复合情绪　　　C. 情绪状态　　　D. 情感的种类

60. 按情绪状态可把情绪划分为（　　）。

A. 心境、激情、应激　　　　　　B. 基本情绪和复合情绪

C. 道德感、理智感和美感　　　　D. 快乐、愤怒、悲哀和恐惧

61. 情感可分为（　　）。

A. 道德感、理智感和美感　　　　　B. 心境、激情、应激

C. 快乐、愤怒、悲哀和恐惧　　　　D. 基本情绪和复合情绪

62. 马斯洛把人类的需要概括为下列五个层次（　　）。

A. 生理的需要、安全需要、爱和归属的需要、尊重需要和自我实现的需要

B. 物质的需要、安全需要、爱和归属的需要、尊重需要和认知的需要

C. 生理的需要、安全需要、爱和归属的需要、尊重需要和美的需要

D. 生理的需要、安全需要、爱和归属的需要、尊重需要和社会价值的需要

63. 以下不属于马斯洛需要层次理论中的需要是（　　）。

A. 权力需要　　　B. 生理需要　　　C. 安全需要　　　D. 自我实现需要

64. 马斯洛需要层次论中的最高层次是（　　）。

A. 安全需要　　　B. 尊重需要　　　C. 爱与归属需要　　D. 自我实现需要

65. 情绪和情感所反映的是（　　）。

A. 客观事物的本质属性　　　　　B. 客观事物的外部现象

C. 客观事物之间的关系　　　　　D. 客观事物与人的需要之间的关系

66. 人对客观事物是否符合个人的需要所产生的态度体验称为（　　）。

A. 气质　　　　B. 性格　　　　C. 意志　　　　D. 情绪

67. 情绪与情感是以（　　）为中介的反映形式。

A. 需要　　　　B. 动机　　　　C. 态度　　　　D. 认识

68. 美国心理学家沙赫特认为，情绪的产生是外界环境刺激、机体的生理变化和认知过程三者相互作用的结果，而（　　）又起着决定的作用。

A. 外界环境刺激　　　　　　B. 机体的生理变化

C. 认知过程　　　　　　　　D. 丘脑

69. 强调情绪的发生与机体内部生理变化的关系的情绪理论被称为（　　）。

A. 坎农—巴德学说　　　　　B. 伊扎德的情绪理论

C. 詹姆斯—兰格情绪理论　　D. 沙赫特—辛格的情绪理论

70. 强调情绪的产生是由外界环境刺激、机体的生理变化和外界环境刺激的认识过程三者相互作用的结果的情绪理论被称为（　　）。

A. 坎农—巴德学说　　　　　B. 伊扎德的情绪理论

C．詹姆斯—兰格情绪理论　　　　　D．沙赫特—辛格的情绪理论

71．由于缺乏准备，不能驾驭或摆脱某种可怕或危险情景时所表现的情绪体验是（　　）。

A．快乐　　　　　B．悲哀　　　　　C．愤怒　　　　　D．恐惧

72．个体在意外事件或危急情景出现时表现出高度紧张的情绪状态，被称为（　　）。

A．愤怒　　　　　B．心境　　　　　C．应激　　　　　D．激情

73．由于遇到了与愿望相违背或愿望不能达到的情况，并一再受到妨碍后，在逐渐累积了紧张的情况下产生的情绪体验为（　　）。

A．快乐　　　　　B．悲哀　　　　　C．愤怒　　　　　D．恐惧

74．对于人的举止行为是否合乎一定的道德准则所产生的态度体验是（　　）。

A．理智感　　　　B．美感　　　　　C．激情　　　　　D．道德感

75．在智力活动过程中，在认识和评价事物时产生的主观体验是（　　）。

A．理智感　　　　B．美感　　　　　C．激情　　　　　D．道德感

76．根据一定的审美标准评价事物时产生的主观体验是（　　）。

A．理智感　　　　B．美感　　　　　C．激情　　　　　D．道德感

77．个体成功地完成某种活动所必须具备的个性心理特征是（　　）。

A．抽象思维　　　B．性格　　　　　C．能力　　　　　D．兴趣

78．智力是（　　）的综合。

A．观察能力　　　B．思维能力　　　C．一般能力　　　D．特殊能力

79．下列哪种能力是一般能力（　　）。

A．写作能力　　　B．曲调感　　　　C．节奏感　　　　D．记忆力

80．遗传素质是能力发展的（　　）。

A．动力系统　　　B．自然前提　　　C．心理基础　　　D．核心成分

81．完成活动所需要的各种能力的结合被称为（　　）。

A．技能　　　　　B．天才　　　　　C．才能　　　　　D．智力

82．在总人群中，智力呈（　　）状态分布。

A．正常　　　　　B．偏态　　　　　C．正偏态　　　　D．负偏态

83．一个人不依活动的目的和内容而转移的典型的、稳定的心理活动动力

特性是（   ）。

　　A．个性　　　　　　B．性格　　　　　C．气质　　　　　D．能力

　　84．巴甫洛夫的高级神经活动类型和心理学中的气质类型之间有着对应的关系，如和多血质对应的神经活动类型是（   ）。

　　A．兴奋型　　　　　B．抑制型　　　　　C．安静型　　　　　D．活泼型

　　85．传统上多血质的人的典型特点被描述为（   ）。

　　A．精力旺盛、勇敢果断、热情直率，但鲁莽、易感情用事

　　B．活泼好动、善于交往、行动敏捷，但稳定性差、易见异思迁

　　C．安静稳重、喜欢沉思、自制力强，但行为主动性较差、行动迟缓

　　D．情绪体验深刻、多愁善感、不善于交际、行为举止缓慢、胆小优柔

　　86．传统上抑郁质人的典型特点被描述为（   ）。

　　A．精力旺盛、勇敢果断、热情直率，但鲁莽、易感情用事

　　B．活泼好动、善于交往、行动敏捷，但稳定性差、易见异思迁

　　C．安静稳重、喜欢沉思、自制力强，但行为主动性较差、行动迟缓

　　D．情绪体验深刻、多愁善感、不善于交际、行为举止缓慢、胆小优柔

　　87．作为气质类型的生理学基础，神经过程强、平衡而不灵活的高级神经活动类型是属于（   ）。

　　A．胆汁质　　　　　B．抑郁质　　　　　C．黏液质　　　　　D．多血质

　　88．作为气质类型的生理学基础，神经过程强、平衡又灵活的高级神经活动类型是属于（   ）。

　　A．胆汁质　　　　　B．抑郁质　　　　　C．黏液质　　　　　D．多血质

　　89．个性特征中最为稳定的特征是（   ）。

　　A．能力　　　　　　B．气质　　　　　C．性格　　　　　D．情绪

　　90．（   ）是人格中最重要的心理特征，是人格中最本质、最核心的部分，是区别一个人与众不同的、明显的和主要的差别所在。

　　A．气质　　　　　　B．能力　　　　　C．性格　　　　　D．理智特征

　　91．人对现实的态度和行为方式中比较稳定的心理特征是（   ）。

　　A．能力　　　　　　B．气质　　　　　C．性格　　　　　D．兴趣

　　92．一个人经常表现出来的坚定、勇敢、顽强的特点，属于性格上的（   ）特征。

A. 态度 　　　　 B. 意志 　　　　 C. 情绪 　　　　 D. 理智

93. 学生积极参加班级活动，与同学团结友爱，对教师热爱尊敬，表现了性格上的（　　）特征。

A. 意志 　　　　 B. 情绪 　　　　 C. 态度 　　　　 D. 理智

94. 从需要的角度看，人的情感主要是与（　　）相联系的。

A. 生理需要 　　 B. 机体需要 　　 C. 社会性需要 　　 D. 安全需要

95. 马斯洛把认知需要、美的需要和自我实现的需要称为（　　）。

A. 生长需要 　　 B. 缺失需要 　　 C. 心理需要 　　 D. 基本需要

96. 在马斯洛的需要层次理论中，社会交往需要是（　　）。

A. 生理与安全需要 　　　　　　　　 B. 爱与归属需要

C. 求知与审美需要 　　　　　　　　 D. 自我实现需要

97. 阿诺德的"评定—兴奋"说与（　　）理论有相似之处，都强调对机体变化的感觉在产生情绪的主观感受上具有作用。

A. 坎农—巴德情绪学说 　　　　　　 B. 伊扎德的情绪理论

C. 沙赫特—辛格的情绪理论 　　　　 D. 詹姆斯—兰格理论

98. 强调情绪的主观体验是动机作用的心理结构，是驱动有机体采取行动的动机力量的情绪理论被称为（　　）。

A. 坎农—巴德情绪学说 　　　　　　 B. 伊扎德的情绪理论

C. 詹姆斯—兰格情绪理论 　　　　　 D. 沙赫特—辛格的情绪理论

99. 强烈而短促的情绪状态被称为（　　）。

A. 愤怒 　　　　 B. 激情 　　　　 C. 应激 　　　　 D. 心境

100. 下列与自我评价有关的情绪和情感是（　　）。

A. 害羞 　　　　 B. 厌恶 　　　　 C. 恐惧 　　　　 D. 兴趣

二、名词解释题

1. 个性心理特征

2. 能力

3. 性格

4．理智感

5．自我意识

三、辨析题

1．智力水平越高，学习成绩越好。

2．液体智力属于人类的基本能力，它受文化教育的影响较大。

3．知识越多，能力越强。

4．多血质是最好的气质类型。

5．个性具有稳定性，说明人的个性是一成不变的。

6．张三的学习成绩一般，但是歌唱得很好，后来成为歌唱家，说明张三的智力发展水平较高。

7．心理学上的气质一词等同于日常生活中的气质用语。

四、简答题

1．简述传授知识和发展智力之间的辩证关系。

2．试述气质与性格的关系。

3．简述能力与知识、技能的关系。

4．简述多元智力理论。

5．简述卡特尔的流体和晶体智力理论。

6．简述能力发展的个别差异。

7．简述根据感受性、耐受性、反应的敏捷性、可塑性、情绪兴奋性、向性指标的不同组合构成的气质类型。

8．简述荣格的性格分类。

9．简述情绪、情感的区别。

10．简述情绪 ABC 的理论。

五、材料题

1. 张红同学喜爱体育活动，表现突出，作为特长生进入某重点中学。但是，由于学习成绩较差，常被同学嘲笑为四肢发达，头脑简单。班主任老师了解情况后，批评了某些同学的做法，并且指出："张红同学并不比其他同学笨，因为他的体育成绩很优秀，说明他的运动智力超常，同样是一个聪明的学生。"请问：老师的说法是以什么样的理论为依据的？该理论给我们教育工作者的启迪是什么？

2. 某小学有四个学生。张三热情、直率，做事果断，但有点急躁，容易发怒，常与同学争吵打架；李四活泼可爱，情绪多变，动作敏捷，说话快，写字慌，上课不专心；王五沉着有耐心，说话迟缓，对人冷漠，不好交往，学习特别认真踏实，但脾气执拗；刘六柔弱易倦，富于自我体验，爱写日记，胆小怕事，做事格外细心。请分析说明这四名学生各属于什么气质类型，如何针对他们的特点进行教育？

六、论述题

1. 论述气质在实践活动中的意义。
2. 论述家庭在人的性格形成和发展中的作用。
3. 论述弗洛伊德关于意识的分类。

参考答案

一、单选题

1．A	2．A	3．B	4．A	5．C
6．C	7．C	8．D	9．C	10．D
11．A	12．D	13．B	14．D	15．B
16．D	17．B	18．A	19．B	20．B
21．C	22．A	23．D	24．C	25．A
26．B	27．D	28．B	29．C	30．B
31．C	32．D	33．C	34．B	35．C
36．B	37．C	38．D	39．A	40．D
41．D	42．A	43．B	44．C	45．B
46．A	47．C	48．C	49．A	50．A
51．B	52．B	53．A	54．B	55．C
56．C	57．A	58．D	59．C	60．A
61．A	62．A	63．A	64．D	65．D
66．D	67．A	68．C	69．C	70．D
71．D	72．C	73．C	74．D	75．A
76．B	77．C	78．C	79．D	80．B
81．C	82．A	83．C	84．D	85．B
86．D	87．C	88．D	89．B	90．C
91．C	92．B	93．C	94．C	95．A
96．B	97．D	98．B	99．B	100．A

二、名词解释题

1．个性心理特征是个体身上经常表现出来的本质的、稳定的心理特征。它主要包括能力、气质和性格，其中以性格为核心。个性心理特征是个性心理中更加稳定的部分。

2．能力是指人们成功地完成某种活动所必须具备的个性心理特征。

3. 性格就是人在对现实的稳定的态度和习惯化了的行为方式中所表现出来的个性心理特征。

4. 理智感是在智力活动过程中，在认识和评价事物时所产生的情感体验。

5. 自我意识是对自己身心活动的觉察，即自己对自己的认识。具体包括认识自己的生理状况（如身高、体重、体态等）、心理特征（如兴趣、能力、气质、性格等）以及自己与他人的关系（如自己与周围人们相处的关系，自己在集体中的位置与作用等）。

三、辨析题

1. 智力水平越高，学习成绩越好。

答：错误。智商与学习成绩之间确实存在正相关，即智商越高，一般学习成绩越好；智商越低，一般学习成绩越差。但它们并不是因果关系，一个人学习成绩的影响因素很多，比如个人的努力程度等。此外，智商不是一成不变的。虽然智力受遗传影响较大，智商保持相对稳定，但智商并不是一成不变的。

2. 液体智力属于人类的基本能力，它受文化教育的影响较大。

答：不对。流体智力是一种以生理为基础的认知能力，凡是新奇事物的快速辨识、记忆、理解等能力，比如记忆广度等，在性质上即属流体智力。其特征是，对不熟悉的事物，能以迅速准确的反应来判断彼此间的关系。一般人在 20 岁后，流体智力的发展达到顶峰，30 岁以后将随年龄的增长而降低。此外，心理学家们也发现，流体智力属于人类的基本能力，受教育、文化的影响较少。因此，在编制适用于不同文化的文化公平测验时，多以流体智力作为智力比较的基础。

3. 知识越多，能力越强。

答：不对。知识和技能是能力的基础，但只有那些能够广泛应用和迁移的知识和技能，才能转化为能力。能力不仅包括一个人现在已经达到的成就水平，而且包括一个人的潜力。例如：一个读书很多的人可能有丰富的知识，但解决实际问题的能力低下。可见，知识与能力是有区别的，如果只掌握了知识，而不进行练习，也无法掌握该技能。故该说法错误。

4. 多血质是最好的气质类型。

答：不对。人的气质主要受先天因素的影响，既有积极的一面，也有消极的一面，它不影响人的前途，不具有社会评价意义，所以不存在哪种气质好和哪种气质不好的问题。

5. 个性具有稳定性，说明人的个性是一成不变的。

答：不对。个性的稳定性是相对的，不是绝对的。人的个性是在社会实践中能动地形成的，必然受社会环境的影响，并在社会环境的影响下发生改变。如果个性是一成不变的，那么，教育的作用和功能就无法实现。

6. 张三的学习成绩一般，但是歌唱得很好，后来成为歌唱家，说明张三的智力发展水平较高。

答：正确。传统的智力观认为，智力主要包括观察力、记忆力、想象力、思维力和注意力等认知方面的能力，这些能力与学习成绩具有较大的相关性。现代智力观认为，智力应该与人的所有活动相关。不仅表现在学习方面，还应该包括与人交往、音乐活动、体育活动以及自我反省等方面。张三虽然学习成绩一般，但是，他具有较好的音乐才能，所以认为，张三的智力发展水平较高。

7. 心理学上的气质一词等同于日常生活中的气质用语。

答：不对。心理学上的气质一词不同于日常生活中的气质用语。前者是指人的心理活动的稳定的动力特征，后者等同于人的风度。所谓心理活动的动力特征主要是指心理过程的强度、速度和稳定性及指向性等方面的特点。例如：情绪体验强度大小，知觉反应速度快慢，注意的保持时间长短以及活动指向于人的内部世界，还是外部事物，等等，都被称为心理活动的动力特征。

四、简答题

1. （1）掌握知识是发展智力的基础。（2）智力发展是掌握知识的重要条件。（3）防止单纯抓知识教学或只重能力发展的片面性。（4）掌握知识与发展智力相互转化的内在机制。

2. 气质与性格既有区别，又有联系。

它们的区别是：（1）气质主要是先天的，较难改变，也没有好坏之分；性格主要是后天形成的，有较大的可塑性，并有好坏之分。（2）气质与性格具有相对独立性，同一种气质类型的人可以有不同的性格特点，不同气质类型的人也可以有类似的性格特点。

气质与性格的联系是：（1）不同气质可以给个人性格染上独特的色彩。（2）某一种气质更容易促使个体形成某种性格特征。（3）性格在一定程度上可以掩盖和改造气质。

3. 能力与知识技能既有区别，又密切联系。

区别是：（1）它们属于不同的范畴。能力是心理水平的概括，知识是社会历史经验的概括，技能是活动方式的概括。（2）知识技能的掌握与能力的发展不同步。一方面能力的发展比知识技能的掌握要慢得多；另一方面，人的知识技能可以随着年龄的增长而不断积累，但是能力随着年龄的增长，却是一个发展、停滞和衰退的过程。

联系是：（1）知识和技能的掌握是能力发展的基础。当知识技能的掌握达到灵活运用和广泛迁移时，就能转化为能力。（2）知识技能的掌握需要以一定的能力为前提。

4. 多元智力理论是由美国心理学家加德纳提出的。他认为，人的智力是多元的，主要有7种相互独立又相互补充的智能构成。

视觉—空间智能：这种智力包括对物体的形状、结构、空间关系的精确感知能力和空间关系形式化能力，用于导航或环境中的移动、看地图和绘画等。

音乐—节奏智能：这种智力主要包括敏锐的音调、旋律、节奏感知能力、音乐欣赏和创作能力，用于演奏乐器、唱歌或欣赏和创作音乐方面等。

逻辑—数学智能：这种智力主要包括敏感的辨别能力，逻辑或数学的思维方式，归纳推理能力，用于解决抽象逻辑、数学问题以及逻辑推理等问题。

言语—语言智能：这种智力主要包括语音、语义、语法和言语表达与分析能力，渗透在所有语言能力之中，以及语言和文字的理解和表达。

身体—动觉智能：这种智力主要包括身体和动作的协调、控制能力，熟练的器械操作能力。

人际—交往智能：这种智力主要包括对他人情绪、动机、意向的辨别，明了人际关系和暗示，并做出恰当反应的能力。富有同情心，且善解人意。

自知—内省智能：这种智力主要包括明了自己的情绪、动机、意向的能力，自尊、自律的能力，对于自己的内部世界具有极高的敏感性。

后来，他又增加了两种智能。一个是自然观察智能，主要指对周围环境自然物种特征的敏感性、观察与分辨能力，以及强烈的好奇心和求知欲。还有一种智能是存在智能，主要表现在哲学家、神学家、生活导师身上，指能够使用集体价值观念和本能，理解他人和周围世界的能力。

加德纳的多元智力理论明显不同于以往的智力理论，它已经跳出"就智力研究智力"的框架，是从智力的载体——人这个更高层次的角度来俯视智力的实质问题，确立了朴素并且非常经典的理念：与主体有关的一切活动都是智力活动的具体体现。由此带来智力观、人才观、教育观的革新，被人们称为智力理论发展的里程碑。

5. 该理论由美国心理学家卡特尔提出，他把智力分为流体智力和晶体智力。

流体智力又称为液体智力，是指以生理活动机能为基础的、不依赖于文化和知识背景而对新事物学习的能力，通常指一般学习与行为的能力，由速度、能量、快速适应新环境的测验来度量，如注意力、知识整合力、思维的敏捷性、逻辑推理测验、记忆广度测验、解决抽象问题和信息加工速度测验等。

晶体智力是以经验为基础的后天习得的能力，它与个体的文化知识、经验积累有关。指个体已获得的知识和技能，由词汇、社会推理以及问题解决等测验来度量，如知识的广度、判断力等。液体智力随着年龄的增长逐步下降，而晶体智力则随着年龄的增长逐步提高。

6. 人的能力发展客观存在着个体差异。由于先天素质的不同，后天环境教育水平的不同，家庭、社会等各方面的综合影响，人的能力发展必然存在个体差异。

首先，表现为人的能力发展水平的差异。

其次，能力表现有早晚的差异。有人才早熟、中年成才，还有大器晚成的。

最后，能力类型有差异。一般能力、特殊能力都具有类型差异。

7. 根据感受性、耐受性、反应的敏捷性、可塑性、情绪兴奋性、向性指标的不同组合构成的气质类型，主要有四种：

胆汁质：胆汁质的人感受性低而耐受性高，不随意反应性强，外向性明显，情绪兴奋高，抑制能力差，反应速度快而不灵活。

多血质：多血质的人感受性低而耐受性高，不随意反应性强，具有外向性和可塑性、情绪兴奋性高，反应速度快而且灵活。

黏液质：黏液质的人感受性低而耐受性高，不随意反应性和情绪兴奋性均低，明显内向，外部表现少，反应速度慢而具有稳定性。

抑郁质：抑郁质的人感受性高而耐受性低，不随意反应性低，严重内向，情绪兴奋性高，体验深刻，反应速度慢，灵活性欠缺。

8. 瑞士学者荣格根据"力比多"在人的活动中的倾向性将人的性格分为内倾型、外倾型。

内倾型的人处事谨慎，深思熟虑，顾虑多，处事缺乏决断力，但一旦下定决心办某件事总能锲而不舍，交际面狭窄，适应环境比较困难。

外倾型的人感情外露，自由奔放，当机立断，不拘小节，独立性强，善交际，活动能力强，但也有轻率的一面。

荣格提出的"力比多"是一种假想的本能的能量，以它作为划分性格类型的基础，并没有考虑人的性格的社会实质。而且，这种分类只有质的区别，没有量的差异，仍过于简单。

9. 情绪、情感的区别主要有以下四点：

本质上：情绪通常与有机体的生理需要（如饮食、睡眠、繁殖等）相联系，为人和动物所共有；情感通常与个体的社会需要（如友谊、劳动等）相联系，如爱国主义、人道主义、荣誉感、责任感、羞耻心等，是人类所特有的心理现象。

稳定性上：情绪具有情境性和短暂性的特点，一旦这一情境发生变化，相应的情绪体验就消失或改变；情感则具有较大的稳定性和持久性，一经产生就比较稳定，一般不受情境左右，如友谊并不因朋友是否在眼前而改变。

形式上：情绪具有冲动性，并带有明显的外部表现，如悔恨时捶胸顿足，愤怒时暴跳如雷。情绪一旦发生，其强度往往较大，有时个体难以控制；情感则经常以内隐的方式存在或以微妙的方式流露，并始终处于意识的调节支配之下。

产生的时间上：情绪在先，情感的发生在后。

10. 情绪 ABC 理论由美国心理学家埃利斯创建。认为激发事件 A（activating event 的第一个英文字母）只是引发情绪和行为后果 C（consequence 的第一个英文字母）的间接原因，而引起 C 的直接原因则是个体对激发事件 A 的认知和评价而产生的信念 B（belief 的第一个英文字母）。即人的消极情绪和行为障碍结果（C），不是由于某一激发事件（A）直接引发的，而是由于经受这一事件的个体对它不正确的认知和评价所产生的错误信念（B）所直接引起。错误信念也称为非理性信念。

五、材料题

1. 符合加德纳的多元智力理论。他认为，与主体有关的一切活动都是智力活动的具体体现，人的不同活动反映了人的智力的不同方面。传统智力理论过于狭窄，局限于语言和数理逻辑能力等范围，关注的是人的认知活动，忽略了对人的发展具有同等重要性的其他相关内容。我们在教育工作中，要关注每一个学生，关注每一个学生的每一个方面。

2. 张三属胆汁质，李四属多血质，王五属黏液质，刘六属抑郁质。对张三等胆汁质的学生进行教育时，应尽量避免冲突，不应激怒他们，而要耐心启发，帮助其养成自制的好品质。对李四等多血质的学生进行教育时，应严格要求，培养扎实、专一和克服困难的精神。对王五等黏液质的学生进行教育时，要动之以情，晓之以理，不能操之过急，允许其有考虑问题的时间和做出反应的足够时间。对刘六等抑郁质的学生进行教育时，要加倍关怀和体贴他们，避免公开批评，鼓励积极进取，勇敢前进。

六、论述题

1. 气质渗透在人的各项活动之中，并对人的各项活动有影响。了解人的气质特点，掌握人的心理活动规律，有助于提高人的工作效率。

（1）因材施教

由于人的气质主要受先天因素的影响，改变人的气质的教育工作收效甚微。因此，教师的工作重点应该放在了解学生的气质特征，寻找适合学生气质特点的最佳策略和教育方法方面。《论语·先进篇》中早就提出"因材施教"这一基本的教育原则和教育方法，我们要做到"一把钥匙开一把锁"，不断提高教育质量。例如，对于多血质的学生既要大胆放手使用，鼓励思维灵活的学习状态，又要促使他们在各种有意义的活动中培养踏实、专一的精神。对于胆汁质的学生，在欣赏他们大胆、泼辣作风的同时，更要提醒他们学会控制自己，耐心帮助他们养成自制、坚韧的习惯，平稳而镇定地开展学习活动。对于黏液质的学生，在充分肯定他们有条不紊、耐心学习、踏实工作的同时，又要热情鼓励，允许他们有充分的时间考虑问题和做出反应，引导他们在学习中主动、积极地探索新问题，生动活泼、机敏地投入集体活动之中。对于抑郁质的学生，不仅要积极肯定学生学习细心、乐于思考和钻研的特点，而且还要注意不应在公开场合指责、批评他们，甚至也不宜在公开场合表扬他们，善于安排适当的工作鼓舞他们前进的勇气，提供更多的机会让他们参加集体活动，在活动中培养和磨炼意志的坚韧性及情绪的稳定性。

（2）人际交往

学习和了解气质类型，有助于提高人际交往的效果。首先，我们承认，人的气质类型没有好坏之分，任何一种气质类型都有积极的一面，也都有消极的一面。面对不同气质类型的学生，教师应该一视同仁，不能抱有某种歧视的态度，并引导学生学会尊重每一个人的人格。其次，了解人的气质特点，能够帮助自己分析自己和他人，自己具有什么优点和缺点？别人具有哪些长处和不足？在充分了解自己和他人的基础上，善于汲取别人的优点，弥补自身的不足，不断加强学习，提高自身修养。第三，知晓人的气质特点，有助于人们学习和掌握人际交往的方法和技巧。主动积极、善于倾听、真诚待人、相互理解等，营造良好的人际关系，促进自身各项工作的顺利开展。

（3）职业指导

人的气质类型具有不同的特点，不同的工作岗位需要不同的素质。如果把两者合理地匹配起来，无疑能提高工作效果。一般认为，要求持久、细致的工作对黏液质和抑郁质的人较为合适；要求迅速灵活反应的工作则对多血质和胆汁质的人较为适合。如果工作的性质与人的气质特点不相符合，不仅影响工作的效率，还会给从事工作的人员带来无尽的烦恼。特别是对于一些特殊职业而言，如飞行员、宇航员、潜水员、雷达观测员等，对人的气质特征有其特定的要求，必须经过专门的心理测定，进行严格的选择和训练，才能使他们胜任这类工作。当然，对于一般工作来说，由于不同气质类型人的各种特征之间可以互相补偿，因此，整个群体的共同活动对工作的效率影响并不明显。

2. 性格是遗传因素和环境因素相互作用的结果。性格与气质相比较，后天环境因素的影响相对较大，因此，人们更多地关注后天环境因素在人的性格形成和发展中的作用。一般认为，童年期是一个人性格形成和发展的关键时期，因此，家庭在人的性格形成和发展中的作用就显得特别重要。

（1）亲子关系和父母榜样

父母与其子女之间的关系是儿童最早建立的人际关系，直接影响儿童的身心发展。幼小的儿童离不开父母的关爱，依赖父母，寻求安全需要的满足。如果父母对子女是慈爱和温暖的，儿童就会感到安全、温馨，儿童的心理就能得到正常发展。

如果父母对子女的态度是冷淡、憎恨的，甚至是敌意的，儿童就会失去安全感，还可能导致精神疾病的发生。研究表明，缺乏母爱的儿童往往会形成不合群、孤僻、任性和情绪反应冷漠等不良性格特征。缺少父亲关爱的儿童往往会在性别的社会化方面出现欠缺。

在子女的心目中，父母主要扮演三类角色：生活需要的供给者，感情的爱抚者；模仿的对象，学习的榜样；朋友和参谋。三类角色在不同的年龄段所占的比重是不同的。在子女没有能力完全独立生活之前，"模仿的对象，学习的榜样"一直在子女的身上发挥着重要的影响，以至于影响一个人的终身。社会已经达成一个共识：父母是孩子的第一任教师，是孩子学习的榜样。社会信仰、规范和价值观等首先需要通过父母的"过滤"才能传给子女。父母的一言一行都会潜移默化地影响孩子的性格发展。由于孩子可以随时随地模仿父母的言行，最终往往与父母的性格相似。

（2）教养方式

许多研究表明，父母的教养态度在儿童性格的形成和发展上发挥着特别重要的作用。一般认为，溺爱的教养方式容易养成孩子自我中心的特点，意志相对薄弱，长大后缺少为他人考虑的习惯。专制的教养方式可能带来两种极端的特点：懦弱、没有主见，或粗暴、有敌对情绪。喜怒无常的管教是最糟糕的教养方式，往往导致孩子缺少是非观，情绪不稳定等。民主型的教养方式应该让孩子有话语权，并且意见能被长辈或父母所采纳和执行。在民主型的教养方式下，孩子性格活泼、开朗，乐于与人交往，容易形成积极、良好的性格。

（3）家庭结构

家庭结构主要有三种类型：大家庭、核心家庭和残缺家庭。大家庭是指几代同堂的家庭，核心家庭是指一对夫妇和孩子组成的家庭，残缺家庭是指单亲家庭或离异家庭。大家庭由于有家风和家规等因素的影响，子女容易形成细心、稳重、顾全大局等性格特点。但是，由于人多嘴杂，教育观点不一致，导致孩子无所适从，容易形成胆小、懦弱、焦虑等不良性格特征。对于核心家庭来说，如果经济条件相对优裕，生活比较悠闲，往往营造出宁静、愉快的家庭氛围，促使孩子形成乐观、愉快、自信、待人和善等性格特点。否则，在家庭冲突、气氛紧张的氛围下，孩子情绪不稳定，容易形成紧张、焦虑、对人不信任等性格特点。残缺家庭因为给孩子造成了较大的心理创伤，往往给孩子带来不良性格影响，让孩子出现自卑、孤僻、怯懦和粗暴等特点。

（4）出生次序

孩子的出生次序对性格形成和发展的影响，主要是因为家长对不同次序出生子女的态度不同所致。国外的许多研究表明，长子或独生子女由于较多地得到父母的重视和关爱，各方面的表现都比较优秀。但是，从国内的情况来看，由于传统观念影响，长子因为得到父母的重视，承担家族的希望，所以，责任心强，任劳任怨，但也较为霸道；最小的孩子因为较多地得到父母的宠爱，也能得到兄长或姐姐的谦让，故较为聪慧、娇气和懒惰；中间的孩子由于处于"被遗忘的角落"，在"夹缝中求生存"，往往具有忍耐、倔强的特点。

对于独生子女的看法，也有观点认为，由于父母的溺爱以及缺少与兄弟姐妹相处的经验，容易带来道德品质上的问题和性格上的缺陷。

3. 弗洛伊德一反传统的哲学和心理学，把人的精神活动或心理活动分为三个不同的层次：意识、前意识和潜意识。它们分别处于精神活动的表层、中间层和最底层。他打了一个比方：人的全部精神生活犹如一座漂浮于海上的冰山，意识只是呈现在海洋表面上的一小部分，潜意识则是海洋下面那巨大的山体，人的精神生活的这三个层次是紧密联系的，又各有不同的性质和特点。弗洛伊德认为科学的研究就是要透过人的精神生活的表层，揭示人的全部精神生活的原初基础。

意识是呈现于表层的注意中心部分，包括感性、意志和思想等精神活动，属于片段的、零碎的、暂时的东西，始终处于捉摸不定的状态，但可以用语言来表达。

前意识是意识同潜意识之间的过渡领域，属于暂时退出意识的部分，还有可能被召回到意识领域去，即可以复现或被回忆，是来自意识的东西如想法、印象等暂时储存的地方，从本质上说，它属于意识领域。

潜意识是潜伏在人的心理深处的、人们意识不到的，在正常情况下也体验不到的一种精神活动。弗洛伊德说："无论何种心理过程，我们若由其所产生的影响而不得不假定其存在，但同时又无从直接感知，我们称此种心理历程为无意识。"潜意识主要是充满着不容于社会的各种各样的本能和欲望，它虽花费很大的气力，也极难被意识所接纳，或根本不能进入意识领域。因此，潜意识成了人的本能欲望以及与之相关的被压抑的情感、意向的贮存库，它具有强烈的心理能量，总是伺机渗透到意识领域，以求得满足，从而构成了人类一切活动的总源泉。潜意识的特点：一是原始性，无论从人类系统发展还是从个人心理发育来看，潜意识都源于人们心理中的原始与非理性的低级部分；二是冲动性，潜意识具有强大的内驱力，不顾一切追求快乐满足；三是非时间性，潜意识的活动与时间没有任何关系；四是封闭性，不受外部任何现实的制约。上述特点是互相联系的。

在人们整个精神活动中，意识、前意识和潜意识的关系，究竟是怎样的呢？弗洛伊德把潜意识系统比作一个大前厅，无数的本能欲望、冲动，彼此喧闹、相互拥挤地住在这里，和前厅相邻的是一个类似接待室的小房间，意识就住在这里。住在大前厅的潜意识的各种冲动都希望进入意识的房间内，于是就彼此冲撞着，争先恐后地向接待室的门口挤去。但门口有一个守门人，必须由他来传递信息并严格检查，如果没有得到守门人的允许，就不能够进入接待室，就意味着它们是不适合意识的，这样实际上就被压抑。即使有一些欲望和冲动，成功地越过了门槛，守门人允许它们进入接待室，也不一定都成为意识，它们只是前意识，只有当它们成功地引起意识的注意时，才能成为意识。从前意识到意识，或者从意识到前意识，都是转眼之间的事，二者虽有界限，但却没有不可逾越的鸿沟。但是，被压抑到潜意识中去的东西要想重新回到意识里来，那就极为困难了。因为潜意识和意识之间壁垒森严，守门人绝不准潜意识中的欲望、冲动随意侵入。弗洛伊德的整个精神分析学都是以潜意识的心理过程为出发点的，并建立在这个基础之上。

不管三者的关系究竟如何，在弗洛伊德的眼里，特别注重的是潜意识的存在及其巨大作用。对梦的研究，就进一步论证了潜意识的存在之无疑。潜意识的作用如同一锅永远沸腾的水，无时无刻不在寻找出路，急切地想冲出来。潜意识活动虽然经常不为人所察觉，但它无时无刻不在影响着人们的一言一行。弗洛伊德进而提出了压抑、转移、升华等重要概念。

第二章　社会心理学知识习题

一、单选题

1. 霍兰德认为社会心理学的历史按顺序可划分为（　　）等三个阶段。

A. 经验描述、实证分析与哲学思辨

B. 哲学思辨、经验描述与实证分析

C. 哲学思辨、实证分析与经验描述

D. 实证分析、经验描述与哲学思辨

2. 历史上最早的社会心理学研究，是围绕（　　）的哲学争辩。

A. 社会分层　　　B. 本能和教育　　　C. 遗传和环境　　　D. 人性

3. 西方把（　　）年作为社会心理学诞生的时间。

A. 1860　　　　　B. 1908　　　　　C. 1898　　　　　D. 1928

4. 社会心理学成为一门独立科学，其奠基人公认为（　　）。

A. 麦独孤　　　　B. 奥古斯特·孔德

C. 奥尔波特　　　D. 勒温

5. 社会行为是人由（　　）引起的并对社会产生影响的反应系统。

A. 周围环境　　　B. 社会因素　　　C. 现实生活　　　D. 即时情境

6. 社会心理是社会刺激与（　　）之间的中介过程，是由社会因素引起并对社会行为具有引导作用的心理活动。

A. 社会认知　　　B. 社会意识　　　C. 社会规范　　　D. 社会行为

7. （　　）被学术界认为是现代社会心理学之父。

A. F.H. 奥尔波特　　　　　　B. 勒温

C. 麦独孤　　　　　　　　　D. 特里普力特

8. 勒温提出的关于行为的著名公式 B ＝ f（P,E）中，P 指的是（　　）。

A. 行为　　　　　　　　　　B. 个体

C. 个体所处的环境　　　　　　　　D. 函数关系

9. 社会学习论的代表人物是（　　）。

A. 华生　　　　　B. 勒温　　　　　C. 班杜拉　　　　　D. 奥尔波特

10. （　　）不是弗洛伊德精神分析论的主要观点。

A. 潜意识　　　B. 集体潜意识　　C. 力比多　　　　D. 生本能与死本能

11. "集体潜意识"是由（　　）提出来的。

A. 弗洛伊德　　B. 霍妮　　　　　C. 荣格　　　　　D. 沙利文

12. 霍妮认为男女之间的性别差异是由（　　）决定的。

A. 文化因素　　B. 遗传因素　　　C. 环境　　　　　D. 力比多

13. 沙利文认为（　　）是人格形成和发展的源泉。

A. 环境因素　　B. 人际关系　　　C. 性格特征　　　D. 认知能力

14. 拥有（　　）是一个人人格成熟的标志。

A. 自尊　　　　B. 自我觉知　　　C. 自我认同　　　D. 自我意识

15. （　　）是指我们对某个特殊团体的认知结构，有时候也叫团体刻板印象。

A. 个人图式　　B. 自我图式　　　C. 团体图式　　　D. 角色图式

16. 受（　　）的影响，个体记住的，往往是对他有意义的或者是以前知道的东西。

A. 遗忘曲线　　B. 印象　　　　　C. 图示　　　　　D. 自我意识

17. 在印象形成过程中，个体在把各种具体信息综合后，形成（　　）。

A. 第一印象　　B. 刻板印象　　　C. 总体印象　　　D. 客观印象

18. （　　）是指人们形成总体印象时参考的各种品质的评价分值的总和。

A. 简约模型　　B. 平均模型　　　C. 加权模型　　　D. 加法模型

19. 个人根据有关信息、线索对自己和他人行为的原因进行推测与判断的过程被称为（　　）。

A. 归因　　　　B. 探索　　　　　C. 图式　　　　　D. 评价

20. 在成败归因中，失败时个体很少用个人特征来解释，而倾向于外归因。失败时外归因，减少自己失败的责任是一种（　　）策略。

A. 隐藏自我　　B. 自我抬高　　　C. 自我防卫　　　D. 自我暴露

21. 在竞争条件下，个体倾向于把他人的成功归外因，而他人的失败归内因，有明显的使自己处于有利位置、保护自我价值的倾向，这种倾向叫作（　　）归因偏差。

A. 空间性　　　　B. 情境性　　　　C. 特异性　　　　D. 动机性

22.（　　）是人的社会行为的直接原因。

A. 社会动机　　B. 社会态度　　C. 价值观　　　D. 社会知觉

23. 引起、推动、维持与调节个体行为，使之趋向一定目标的心理过程称为（　　）。

A. 需要　　　　B. 注意　　　　C. 兴趣　　　　D. 动机

24. 一般说来，动机强度与活动效率之间的关系大致呈（　　）关系。

A. U 形曲线　　B. 倒 U 形曲线　　C. 线性关系　　D. 指数曲线

25.（　　）是人们探究某种事物或从事某种活动的心理倾向，它以认识或探索外界的需要为基础，是推动人们认识事物、探求真理的重要动机。

A. 爱好　　　　B. 兴趣　　　　C. 成就　　　　D. 权利

26.（　　）是人们希望从事对他有重要意义的、有一定困难的、具有挑战性的活动，在活动中能取得完满的优异结果和成绩，并能超过他人的动机。

A. 成就动机　　B. 权力动机　　C. 交往动机　　D. 亲和动机

27.（　　）是指人们具有的某种支配和影响他人以及周围环境的内在驱力。

A. 成就动机　　B. 权力动机　　C. 交往动机　　D. 亲和动机

28.（　　）是在交往需要的基础上发展起来的一种重要的社会性动机。

A. 成就动机　　B. 权力动机　　C. 交往动机　　D. 亲和动机

29. 个体害怕孤独，希望和他人在一起建立协作和友好联系的心理倾向被称为（　　）。

A. 成就动机　　B. 权力动机　　C. 交往动机　　D. 亲和动机

30.（　　）是指个体对特定对象的总的评价和稳定性的反应倾向。

A. 归因　　　　B. 态度　　　　C. 动机　　　　D. 情绪

31. 海德提出的态度转变平衡理论可以简称为（　　）模型。

A. P–O–X　　B. B=f（P,E）　　C. TIRO　　D. A–B–C

32. 在海德的 P–O–X 态度转变模型中，O 代表（　　）。

A. 他人　　　　B. 个体　　　　C. 另一对象　　D. 环境

33.（　　）是指在某一时间点上两人关系中经由社会既定或认可的一些连带而形成的一个交往基础。

A. 既有关系　　　　B. 交往关系　　　　C. 情感关系　　　　D. 工具关系

34．（　　）是在某一时间点上两人实际交往的状态。

A. 既有关系　　　　B. 交往关系　　　　C. 情感关系　　　　D. 工具关系

35．（　　）通常存在于家人、亲密朋友之间，是一种长久稳定的关系，它可以满足个人在关爱、温情、安全感、归属感等情感方面的需求。

A. 既有关系　　　　B. 交往关系　　　　C. 情感关系　　　　D. 工具关系

36．（　　）通常存在于陌生人间，是一种短暂的、不稳定的关系。

A. 既有关系　　　　B. 交往关系　　　　C. 情感关系　　　　D. 工具关系

37．（　　）由一个人的家庭成员构成，包括亲近的族亲与姻亲，这是一个亲属网络的中心。

A. 核心区　　　　B. 可靠区　　　　C. 有效区　　　　D. 公共区

38．（　　）由一个人的好朋友们组成。

A. 核心区　　　　B. 可靠区　　　　C. 有效区　　　　D. 公共区

39．（　　）由一般亲友组成，包括的人数较多，在吸收新成员方面更加开放。

A. 核心区　　　　B. 可靠区　　　　C. 有效区　　　　D. 公共区

40．熟悉本身可以增进喜欢，与我们接触及交往越频繁的人，越容易成为我们的朋友，这就是所谓的（　　）。

A. 晕轮效应　　　　B. 近因效应　　　　C. 曝光效应　　　　D. 首因效应

41．交往本身就可以产生人际吸引，这是因为交往可以满足人们的一些基本（　　）需求。

A. 生理　　　　B. 心理　　　　C. 交往　　　　D. 社会

42．（　　）在关系发展的早期很重要。

A. 相似性　　　　B. 互补性　　　　C. 价值观　　　　D. 正面互动

43．（　　）在关系发展的后期比较重要。

A. 相似性　　　　B. 互补性　　　　C. 价值观　　　　D. 正面互动

44．一个好为人师的人与一个比较谦虚、善于倾听的人可能会相互（　　）。

A. 排斥　　　　B. 利用　　　　C. 吸引　　　　D. 嫌弃

45．（　　）包括工具性的交换和情感性的交流。

A. 交往方式　　　　B. 交往行为　　　　C. 交往动机　　　　D. 交往途径

46. （　　）是指人们在交往中到底想得到什么。

A. 交往方式　　　B. 交往行为　　　C. 交往动机　　　D. 交往途径

47. 在人际交往中的（　　），人们对交往的对象具有很高的选择性。

A. 定向阶段　　　B. 情感探索阶段　C. 情感交流阶段　D. 稳定交往阶段

48. 在人际交往中的（　　），双方有一定程度的情感卷入，但是还不会涉及私密性的领域，双方的交往还会受到角色规范、社会礼仪等方面的制约，比较正式。

A. 定向阶段　　　B. 情感探索阶段　C. 情感交流阶段　D. 稳定交往阶段

49. 在人际交往中的（　　），彼此有比较深的情感卷入，谈论一些相对私人性的话题。

A. 定向阶段　　　B. 情感探索阶段　C. 情感交流阶段　D. 稳定交往阶段

50. 在人际交往中的（　　），进入"人生难得一知己，千古知音最难觅"的状态。

A. 定向阶段　　　B. 情感探索阶段　C. 情感交流阶段　D. 稳定交往阶段

51. （　　）是一种对立的状态，表现为两个或两个以上的相互关联的主体之间的紧张、不和谐、敌视，甚至争斗关系。

A. 竞争　　　　　B. 冲突　　　　　C. 让步　　　　　D. 妥协

52. 当一方比较关心自己的需求，对对方的需求并不在意时，属于冲突管理中的（　　）。

A. 竞争模式　　　B. 回避模式　　　C. 顺应模式　　　D. 合作模式

53. 对自己的需求与他人的需求都漠不关心时，属于冲突管理中的（　　）。

A. 竞争模式　　　B. 回避模式　　　C. 顺应模式　　　D. 合作模式

54. 高度关注对方的需求，忽视自己的需求，向对方让步属于冲突管理中的（　　）。

A. 竞争模式　　　B. 回避模式　　　C. 顺应模式　　　D. 合作模式

55. 双方都放弃部分利益，以便在一定程度上满足部分需求，属于冲突管理中的（　　）。

A. 竞争模式　　　B. 妥协模式　　　C. 顺应模式　　　D. 合作模式

56. 将冲突作为需要双方来共同处理的问题，通力合作，努力寻求双赢的结果，属于冲突管理中的（　　）。

A. 竞争模式　　　B. 妥协模式　　　C. 顺应模式　　　D. 合作模式

57. 在现实生活中，我们常常可以看到一个人单独表现的行为，与在群体中表现的行为是不一样的，这是因为（　　）存在的结果。

A．群体心理　　　B．团体心理　　　C．集体心理　　　D．集群心理

58. （　　）是指具有正规化制度，其成员间的互动采取制度化、规范化的方式，成员的权利、义务以及彼此间关系通常有明确的、成文的规定。

A．统计群体　　　B．正式群体　　　C．实际群体　　　D．初级群体

59. 采用（　　）领导方式的小组成员之间更友爱，思想更活跃，态度更积极，群体凝聚力更高。

A．专制型　　　B．放任型　　　C．民主型　　　D．控制性

60. （　　）也称社会助长，指个体完成某种活动时，由于他人在场而提高了绩效的现象。

A．社会促进　　　B．社会态度　　　C．社会动机　　　D．社会知觉

61. （　　）是指那些已经学习和掌握得相当熟练，成为不假思索就可以表现出来的习惯动作。

A．社会促进反应　B．优势反应　　　C．社会惰化反应　D．弱势反应

62. 从众是一种（　　）接受群体影响的方式。

A．被动　　　　　B．主动　　　　　C．积极　　　　　D．有效

63. 在有人陪同的活动中，个体会感到某种社会比较的压力，从而提高工作或活动的效率，这是（　　）。

A．结伴效应　　　B．观众效应　　　C．比较效应　　　D．淘汰效应

64. （　　）往往是离婚的原因和前奏，而离婚往往是心理冲突激化的结果。

A．心理冲突　　　B．情绪低落　　　C．行为反常　　　D．情绪暴躁

65. 在斯滕伯格的爱情三角形理论中，一见钟情属于（　　）。

A．迷恋爱　　　　B．愚蠢爱　　　　C．浪漫爱　　　　D．空洞爱

66. 传播是人类关系的基础，是以（　　）为媒介的，在这个过程中包括表现和传递两种意义。

A．符号　　　　　B．行为　　　　　C．语言　　　　　D．媒体

67. 不属于美国著名的传播学者拉斯韦尔提出的 5W 传播过程模式要素的是（　　）。

A．谁　　　　　　B．说了什么　　　C．向谁说　　　　D．说的方式

68. 不属于人类语言化传播现象的是（ ）。

A. 舆论　　　　B. 谣言　　　　C. 时尚　　　　D. 民谣

69. （ ）是指大家在共同关心的有争议的问题上多数人意见的总和，是社会上的众人对于某些社会事件的一致性反应和判断，是具有代表性的综合性的意见。

A. 舆论　　　　B. 谣言　　　　C. 流行　　　　D. 民谣

70. （ ）是指社会上新近出现的或某权威人物倡导的事物观念、行为方式等被人们接受、采用，进而迅速推广以至消失的过程，又称时尚。

A. 舆论　　　　B. 谣言　　　　C. 流行　　　　D. 民谣

二、多选题

1. 社会心理学的研究范围包括（ ）。

A. 个人层面　　B. 人际层面　　C. 社会层面　　D. 群体层面

2. 社会心理学的主要理论流派有（ ）。

A. 社会学习论　B. 社会交换论　C. 符号互动论　D. 精神分析论

3. 社会学习论认为学习过程有三种机制（ ）。

A. 观察　　　　B. 联想　　　　C. 强化　　　　D. 模仿

4. 班杜拉认为观察学习包括以下几个过程（ ）。

A. 注意过程　　B. 保持过程　　C. 动作再现过程　D. 动机过程

5. 黑根斯提出的自我差异理论指出，个体知觉到的自我概念包含以下（ ）部分。

A. 理想自我　　B. 应该自我　　C. 社会自我　　D. 实际自我

6. 心理学家安德森等人通过对如何形成对他人的整体印象的问题研究，提出了（ ）。

A. 平均模型　　B. 累加模型　　C. 加权平均模型　D. 简约模型

7. 社会动机的功能包括（ ）。

A. 激活功能　　B. 指向功能　　C. 维持功能　　D. 调整功能

8. 社会动机包括（ ）。

A. 成就动机　　B. 权力动机　　C. 交往动机　　D. 兴趣和爱好

9. 态度的三要素说理论认为态度是由（ ）要素构成的。

A. 认知成分　　　　B. 情感成分　　　　C. 行为倾向成分　　D. 意志成分

10. 态度的动机功能主要有（　　）。

A. 适应功能　　　　B. 防御功能　　　　C. 强化功能　　　　D. 价值表现功能

11. 态度的转变包括（　　）两个方面。

A. 方向　　　　　　B. 深度　　　　　　C. 强度　　　　　　D. 内显度

12. 态度转变模型认为，发生在接受者身上的态度转变，要涉及（　　）方面的要素。

A. 传递者　　　　　B. 沟通信息　　　　C. 接收者　　　　　D. 情境因素

13. 态度转变的条件有（　　）。

A. 原先的态度与要求改变的态度之间距离的大小

B. 在实践活动中转变态度

C. 团体规定与态度的转变

D. 宣传与态度转变

14. 凯尔曼提出了态度变化过程的三阶段说，这三个阶段包括（　　）。

A. 服从　　　　　　B. 顺从　　　　　　C. 同化　　　　　　D. 内化

15. 态度测量的性质包括（　　）。

A. 方向性　　　　　B. 强弱性　　　　　C. 多面性　　　　　D. 一致性

16. 态度量表包括（　　）。

A. 加权法　　　　　B. 总加法　　　　　C. 累积法　　　　　D. 等距法

17. 社会关系的模式主要包括（　　）。

A. 共享　　　　　　B. 权威排序　　　　C. 对等互惠　　　　D. 市场定价

18. 影响人际吸引的因素主要有（　　）。

A. 相貌的吸引　　　　　　　　　　　　B. 正面的互动

C. 相似性与互补性　　　　　　　　　　D. 价值观

19. 影响人际吸引的重要因素中属于个人特质方面的有（　　）。

A. 相貌的吸引　　B. 真诚　　　　　　C. 相似性　　　　　D. 价值观

20. 人际关系的进展，除了人际吸引还要取决于人们的（　　）。

A. 交往时间　　　B. 交往行为　　　　C. 交往动机　　　　D. 交往程度

21. 社会渗透理论认为，人际交往的主要维度包括（　　）。

A. 广度　　　　　B. 时间　　　　　C. 强度　　　　　D. 深度

22. 良好人际关系的发展，一般会经过（　　）。

A. 定向阶段　　　B. 情感探索阶段

C. 情感交流阶段　D. 稳定交往阶段

23. 属于亲密关系的特征有（　　）。

A. 相互依赖　　　B. 共同活动　　　C. 亲密感　　　　D. 承诺

24. 冲突处理方式包括以下（　　）模式。

A. 竞争模式　　　B. 回避模式　　　C. 顺应模式　　　D. 合作模式

25. 利他行为的特征有（　　）。

A. 利于他人　　　B. 自觉自愿　　　C. 不求回报　　　D. 乐于奉献

26. 群体心理通常包括（　　）。

A. 社会群体心理　B. 集群心理　　　C. 民族心理　　　D. 团体心理

27. （　　）属于社会促进的效应。

A. 晕轮效应　　　B. 结伴效应　　　C. 观众效应　　　D. 光环效应

28. 从众的类型包括（　　）。

A. 真从众　　　　B. 假从众　　　　C. 权宜从众　　　D. 反从众

29. 爱情与喜欢的区别主要表现在（　　）方面。

A. 依恋　　　　　B. 利他　　　　　C. 亲密　　　　　D. 承诺

30. 婚姻的动机一般包括（　　）。

A. 生存　　　　　B. 经济　　　　　C. 繁衍　　　　　D. 爱情

三、名词解释题

1. 自我图式

2. 自证预言

3. 自我障碍策略

4. 晕轮效应

5. 正性偏差

6. 自利偏差

7. 自我表露

8. 利他行为

9. 侵犯行为

10. 群体凝聚力

四、简答题

1. 简述符号互动论的基本观点。

2. 简述个体自我概念的构建与哪几个方面的过程有关？

3. 社会认知对健康的影响有哪些？

4. 简述凯利的三维归因理论。

5. 简述态度的特点。

6. 简述社会态度的功能。

7. 简述相似性是产生人际吸引重要因素的原因。

8. 简述冲突的五阶段模式。

9. 简述家庭的功能。

10. 简述社会心理的四种传播类型。

五、论述题

1. 论述社会交换论的基本理论与观点。

2. 请对韦纳的归因理论进行论述。

3. 请对斯滕伯格的爱情三角形理论进行论述。

参考答案

一、单选题

1. B	2. D	3. B	4. B	5. B
6. D	7. B	8. B	9. A	10. B
11. C	12. A	13. B	14. A	15. C
16. C	17. C	18. D	19. A	20. C
21. D	22. A	23. D	24. B	25. B
26. A	27. B	28. C	29. D	30. B
31. A	32. A	33. A	34. B	35. B
36. D	37. A	38. B	39. C	40. C
41. B	42. A	43. B	44. C	45. B
46. C	47. A	48. B	49. C	50. D
51. B	52. A	53. B	54. C	55. B
56. D	57. A	58. B	59. C	60. A
61. B	62. A	63. A	64. A	65. C
66. A	67. D	68. C	69. A	70. C

二、多选题

1. ABCD	2. ABCD	3. BCD	4. ABCD	5. ABD
6. ABC	7. ABCD	8. ABCD	9. ABC	10. ABD
11. AC	12. ABCD	13. ABCD	14. ACD	15. ABCD
16. BCD	17. ABCD	18. ABC	19. BC	20. BC
21. AD	22. ABCD	23. ABCD	24. ABCD	25. ABCD
26. ABC	27. BC	28. ACD	29. ABC	30. BCD

三、名词解释题

1. 自我图式是指我们用来组织和指引与自己有关的信息的一套自我信念。

2. 自证预言也叫自我实现的预言，它是指我们对他人的期望会影响到对方的行为，使得对方按照我们对他的期望行事。

3. 自我障碍策略是指人们是为了保持自尊，提前准备的用来解释自己预期失败的一系列行为。

4. 晕轮效应又称光环效应，它是指评价者对一个人多种特质的评价往往受其某一特质高分印象的影响而普遍偏高，就像一个发光物体对周围物体有照明作用一样。

5. 正性偏差也称慈悲效应，是指人们在评价他人时对他人的正性评价超过负性评价的倾向。

6. 自利偏差是一种动机性的偏差，它是指人们倾向于把自己的成就归因于内部因素，如能力、努力等，而倾向于把自己的失败归于外部因素。

7. 自我表露就是我们常说的"敞开心扉"，即把有关自我的信息、自己内心的思想和情感暴露给对方。

8. 利他行为是指不期待任何回报的亲社会行为。

9. 侵犯行为又称为攻击行为，是一种有意伤害他人，引起他人生理上或心理上的痛苦的行为。

10. 群体凝聚力又称群体内聚力，是由群体对成员的吸引力，成员对群体的向心力，以及成员之间人际关系的紧密程度综合形成的，使群体成员固守在群体内的内聚力量。

四、简答题

1. 符号互动论的基本观点：

（1）心智、自我和社会不是分离的结构，而是人际符号互动的过程。三者的形成与发展都以使用符号为前提。

（2）语言是心智和自我形成的主要机制。

（3）心智是社会化过程的内化，内化的过程就是人的"自我互动"过程。

（4）行为并不是个体对外界刺激的机械反应，而是在行动过程中自己"设计"的。

（5）个体行为受其自身对情境的定义的影响和制约。

（6）在个体与他人面对面互动的过程中，协商的中心问题是双方的身份和身份的意义。

（7）自我是社会的产物，是主我和客我互动的结果。

2. 个体自我概念的构建与以下几个方面的过程有关：

（1）从自己的行为推断自己：人们常由自己的所作所为来推断自己的内在自我概念，我做了什么，我就是什么样的人。

（2）从他人的行为反应推断自己：他人认为我怎样呢？他人对我们的反应是我们了解自己的主要途径之一。

（3）通过社会比较推断自我：通过与别人相比，人们常常会对自己有更清楚的认识。

（4）通过自我意识来推断自我：如果让你仔细想想，你是什么样的人呢？一般情况下，我们可以通过让人们反省自己来了解他的自我。

3. （1）社会认知与寂寞。

（2）社会认知与焦虑。

（3）社会认知与生理疾病。（略）

4. 凯利认为任何事件的原因最终可以归于三个方面：行动者、刺激物以及环境背景。凯利指出，在归因的时候，人们要使用三种信息：一致性信息，其他人也如此吗？一贯性信息，这个人经常如此吗？独特性信息，是否此人只对这项刺激以这种方式反应，而不对其他事物做同样的反应？凯利认为有了这些信息，人们就可以对事件归因。另外凯利还提出了在归因过程中人们会使用到的另外一个原则，即折扣原则，特定原因产生特定结果的作用将会由于其他可能的原因而削弱。

5. （1）态度具有统合性。

（2）态度具有媒介性。

（3）态度有压力，具有压迫性。

（4）态度是一元的。

6. 社会态度的功能包括：

（1）态度的认知功能。

（2）态度的情绪情感功能。

（3）态度的动机功能。

7. 相似性是产生人际吸引的重要因素，主要有以下几方面的原因：

（1）人们愿意与那些与自己相似的人交往，即所谓的物以类聚，人以群分。相似使人们更加容易相互理解，有共同语言。

（2）相似的人可以为我们的信仰和态度提供支持，使我们感到自己不是孤立无援的，甚至感到自己的信念和态度是正确的。在生活中，志同道合者往往会成为朋友、知己、知音更是可能成为生死之交。

（3）人们认为与自己相似的人会喜欢自己。因为人们更倾向于喜欢与自己相似的人，因此就想当然地认为人同此心，心同此理，觉得他们也会喜欢自己，这样就形成了一个良性循环。

8. 美国学者潘迪曾经提出冲突的五阶段模式：

（1）冲突潜伏阶段：导致双方冲突的客观条件已经基本具备，也就是说，双方相互依赖，而且在某些方面存在差异，难以兼容，但双方还没有明确意识到这种不兼容。

（2）冲突知觉阶段：双方认识到他们之间的差异，而且认为不能相容。

（3）冲突感受阶段：双方开始分析冲突的性质，思考应对的策略，而且还出现一些情绪性的反应（如紧张不安、不舒服、愤怒等），在这个阶段，双方需要做出选择，是回避冲突，还是公开面对冲突。

（4）冲突外显阶段：当一方将冲突公开化时，双方可能发生言语上的争执、情绪上的对立，甚至行为上的对抗。在这个阶段，很容易出现冲突的升级，将矛盾扩大化、情绪化。

（5）冲突结果阶段：冲突意味着人际平衡关系的破坏，经过一段时间的互动，双方关系一般会达成一个新的平衡，这时就进入冲突的结果阶段。冲突的后果可能是两败俱伤，也可能是一胜一负，如果处理得当，也可能双赢。

9. 家庭的功能包括：

（1）经济功能：经济是家庭功能的重要基础，包括家庭的各种经济活动，如生产、分配、交换、消费、理财等。

（2）性的功能：夫妻性生活是婚姻关系的生物学基础，夫妻间的性关系是社会（法律、伦理和道德）认可的性关系。

（3）生育的功能：家庭是社会的生育单位，种族繁衍的保证。

（4）抚养与赡养功能：具体表现为家庭代际关系中的双向义务与责任。抚养是上一代对下一代的抚育培养，赡养是下一代对上一代的供养帮助。

（5）教育功能：包括父母对子女的教育以及家庭成员间的互相教育，其中前者最为重要。

（6）感情交流功能：感情交流是家庭精神生活的一部分，是影响家庭幸福的重要因素。

（7）休闲与娱乐功能：随着家庭生活水平的提高，休闲与娱乐从单一型转向多元型发展，日趋丰富。

10. 社会心理的传播类型包括：

（1）自我传播：又称人的内传播，是指个体对信息的自我加工过程，可以采用自我对话的心理过程，就像我们常说的苦思冥想、扪心自问、自言自语等自己同自己对话，这是个体内部信息传递及其心理过程。

（2）人际传播：是指信息在社会个体之间的传播行为，在这个过程中，人们彼此保持着一定的人际距离并发生相互影响与作用，它不是通过大众传播媒介的传播，也不是有组织的传播，而是在人与人之间的传播，它是社会传播的基本行为。

（3）组织传播：又称组织沟通，是在组织内部的信息传递活动，它包括组织与成员、成员与成员之间的信息传递活动，也包括组织与成员、成员与成员之间的情感和角色的沟通和传递活动，其目的在于提高组织的效率。

（4）大众传播：大众传播是由一些机构和技术构成，由专业化群体凭借这些机构和技术，通过诸如报纸、广播、杂志、电视、电影、微信、微博等技术手段，向社会大众传递信息的活动，其特征就是面对着较大数量的异质的和匿名的受众群，信息是公开快速同时到达的传播活动。传播者是一个组织，需要庞大的经费支持这个复杂的机构运作。

从以上四种传播类型看，人的自我传播是传播的基础，任何信息的传递都是在这个心理互助的基础上完成的，因此无论何种形式的传播都是在人的心理作用下进行的。

五、论述题

1. 社会交换论的基本观点，体现在霍曼斯的五个相互关系的普遍性命题上：

（1）成功命题：个体的某种行为能得到相应的奖赏，就会重复这种行为。某一行为获得的奖赏越多，这种行为重复的频率就越高。

（2）刺激命题：相同刺激可引起相同的或相似的行为。

（3）价值命题：某种行为的结果对个体越有价值，他重复这种行为的可能性越高。

（4）剥夺满足命题：个体或群体重复获得相同奖赏次数越多则该奖赏对个体的价值越小。

（5）侵犯赞同命题：当个体行为没有得到期待的奖赏或受到出乎意料的惩罚时，他可能产生愤怒情绪，从而出现侵犯行为；反之，如果个体行为得到甚至超过预期的奖赏，或没有受到预期的处罚，他可能会很高兴，就会采取赞同行为。

社会交换论认为，趋利避害是人类行为的基本原则，由于每个人都企图在交换中获取最大利益、减少付出代价，使交换行为变成得与失的权衡。人们在互动中倾向于扩大收益、缩小代价或倾向于扩大满意度、减少不满意度。如果收益（产出）与代价（投入）平衡，则互动得以维持；相反，如果二者不平衡则互动难以长期维持。

2. 1972 年，韦纳在海德的归因理论和阿特金森成就动机理论的基础上提出了自己的归因理论，该理论要说明的是归因的维度及归因对成功与失败行为的影响。韦纳认为，内因与外因的区分只是归因的维度之一，在归因时人们还从另外一个维度，即稳定与不稳定的角度看待问题。这两个维度互相独立，就像平面坐标系中的 X 轴与 Y 轴一样。韦纳进一步组合了这两个维度，如表：

韦纳的归因模型

	不稳定	稳定
内部	努力	能力
外部	运气	任务难度

韦纳的归因理论最为引人注目的是归因结果对个体以后成就行为的影响，把成功与失败归于内部/外部或稳定/不稳定的原因会引起个体不同的情感与认知反应（自豪或羞耻）。把成功归于内部的稳定因素，会使个体产生自豪，觉得自己的聪明导致了成功；把自己的失败归于内部稳定的因素，会使个体产生羞耻感。把成功归于努力的学生比把成功归于能力的学生在以后的工作中坚持的时间更长，把失败归于能力的人比把失败归于努力的人在未来的工作中花的时间更少。

韦纳在 20 世纪 80 年代进一步发展了他的归因理论，于 1982 年提出了归因的第三个维度：可控制性，即事件的原因是个人能力控制之内还是之外。在韦纳看来，这三个维度经常并存，可控制性这一维度有时本身也可以发生变化。

3. 美国心理学家斯腾伯格提出的爱情理论，认为爱情由三个基本成分组成：激情、亲密和承诺。激情是爱情中的性欲成分，是情绪上的着迷；亲密是指在爱情关系中能够引起的温暖体验；承诺指维持关系的决定期许或担保。这三种成分构成了喜欢式爱情、迷恋式爱情、空洞式爱情、浪漫式爱情、伴侣式爱情、愚蠢式爱情、完美式爱情等七种类型。

（1）喜欢式爱情：只有亲密，在一起感觉很舒服，但是觉得缺少激情，也不一定愿意厮守终身，没有激情和承诺，如友谊。显然，友谊并不是爱情，喜欢并不等于爱情。不过友谊还是有可能发展成爱情的，尽管有人因为恋爱不成连友谊都丢了。

（2）迷恋式爱情：只有激情体验，认为对方有强烈吸引力，除此之外，对对方了解不多，也没有想过将来。只有激情，没有亲密和承诺，如初恋，第一次的恋爱总是充满了激情，却少了成熟与稳重，是一种受到本能牵引和导向的青涩爱情。

（3）空洞式爱情：只有承诺，缺乏亲密和激情，如纯粹为了结婚的爱情。此类"爱情"看上去丰满，却缺少必要的内容，金玉其外，败絮其中。

（4）浪漫式爱情：有亲密关系和激情体验，没有承诺。这种"爱情"崇尚过程，不在乎结果。

（5）伴侣式爱情：有亲密关系和承诺，缺乏激情。跟空洞式"爱情"差不多，没有激情的爱情还能叫爱情吗？这里指的是四平八稳的婚姻，只有权利、义务却没有感觉。

（6）愚蠢式爱情：只有激情和承诺，没有亲密关系。没有亲密的激情顶多是生理上的冲动，而没有亲密的承诺不过是空头支票。

（7）完美爱情：同时具备三要素，包含激情、承诺和亲密。只有在这一类型中我们才能看到爱情的庐山真面目。

斯腾伯格在前面六种爱情前面都加了一个"式"字，因为在他看来，这六种都只是类爱情或非爱情，在本质上并不是爱情，只有第七种才是爱情，而我们在现实生活中碰到的类爱情和非爱情的情形实在太多，以致把具备三要素的爱情基本当作是一种超现实的理想状态。

第三章　发展心理学知识习题

一、单选题

1. 研究心理的发生发展规律的科学是（　　）。

A. 普通心理学　　　B. 社会心理学　　　C. 发展心理学　　　D. 心理测验学

2. 人的心理发展是一个（　　）变化的过程。

A. 静态　　　　　　B. 动态　　　　　　C. 常态　　　　　　D. 发展

3. 发展心理学的研究对象是（　　）。

A. 儿童期个体的心理发展

B. 从婴儿到成年的认知发展

C. 个体从出生到死亡一生全程的心理发展现象

D. 个体从出生到死亡的人格发展变化

4. 心理发展的（　　）是指在心理发展过程中，后一阶段的发展总是以前一阶段的发展为基础，而且又在此基础上萌发出下一阶段的新特征。

A. 连续性　　　　　B. 阶段性　　　　　C. 方向性　　　　　D. 顺序性

5. 心理发展的（　　）是指在心理发展过程中，当某些代表新特征的量积累到一定程度时就会取代旧特征，从而处于优势的主导地位。

A. 连续性　　　　　B. 阶段性　　　　　C. 方向性　　　　　D. 顺序性

6. 心理的发展可以因进行的速度、到达的时间和最终达到的水平而表现出多样化的发展模式，这是心理发展的（　　）。

A. 方向性　　　　　B. 阶段性　　　　　C. 不平衡性　　　　D. 差异性

7. 遗传决定论的代表人物是（　　）。

A. 高尔顿　　　　　B. 华生　　　　　　C. 格赛尔　　　　　D. 皮亚杰

8. 环境决定论的代表人物是（　　），他认为环境和教育是行为发展的唯一条件。

A. 高尔顿　　　　　B. 华生　　　　　　C. 格赛尔　　　　　D. 皮亚杰

9. 相互作用论的代表人物是（　　）。

A. 高尔顿　　　　　B. 华生　　　　　C. 格赛尔　　　　　D. 皮亚杰

10. 皮亚杰以（　　）为依据划分心理发展阶段。

A. 心理发展的事实　　　　　　　B. 生理发展的指标

C. 认知结构的性质　　　　　　　D. 种系发展的阶段

11. 皮亚杰认为人的心理（智力、思维）来源于（　　）。

A. 先天的成熟　　B. 主体的动作　　C. 后天的经验　　D. 所处的环境

12. 心理学家（　　）按力比多的发展划分心理发展阶段。

A. 弗洛伊德　　　B. 华生　　　　　C. 艾里克森　　　D. 皮亚杰

13. 心理学家（　　）以人格特征为标准划分个体心理发展阶段。

A. 弗洛伊德　　　B. 华生　　　　　C. 艾里克森　　　D. 皮亚杰

14. 心理发展进程表现为（　　）。

A. 只有连续性，没有阶段性　　　　B. 只有阶段性，没有连续性

C. 既没有连续性，又没有阶段性　　D. 既有连续性，又有阶段性

15. 对于人的心理发展来说，（　　）是它的生物前提，它为心理发展提供可能性。

A. 遗传素质　　　B. 环境教育　　　C. 学校教育　　　D. 社会影响

16. 对于人的心理发展来说，（　　）的作用为人的心理发展提供现实性。

A. 遗传素质　　　B. 环境教育　　　C. 学校教育　　　D. 社会影响

17. （　　）所创立的关于儿童认知发展的学派被人们称为日内瓦学派。

A. 高尔顿　　　　　B. 华生　　　　　C. 格赛尔　　　　　D. 皮亚杰

18. 皮亚杰划分儿童心理发展阶段的标准是（　　）。

A. 生理发展　　　B. 人格发展　　　C. 主导发展　　　D. 认知发展

19. 列昂节夫划分儿童心理发展阶段的标准是（　　）。

A. 主导活动　　　B. 生理发展　　　C. 种系演化　　　D. 认知发展

20. 艾里克森划分儿童心理发展阶段的标准是（　　）。

A. 生理发展　　　B. 人格特征　　　C. 认知发展　　　D. 主动活动

21. 弗洛伊德划分儿童心理发展阶段的标准是（　　）。

A. 生理发展　　　　　　　　　　B. 人格特征

C. "力比多"投放身体的部位　　　D. 主导活动

22．施太伦划分儿童心理发展阶段的标准是（　　）。

A．主导活动　　　B．认知发展　　　C．种系演化　　　D．生理发展

23．以下关于教育在儿童心理发展中的作用的观点，错误的一项是（　　）。

A．教育具有引导和促进心理发展的作用

B．教育具有决定心理发展的作用

C．教材和教法应适应儿童的认知发展规律

D．教育的效果取决于选择启发的时期

24．"最近发展区"概念的提出者是（　　）。

A．维果茨基　　　B．皮亚杰　　　C．列昂节夫　　　D．弗洛伊德

25．认为没有环境因素，遗传因素的作用无从体现；反之，没有遗传因素作为最初的基础，环境无以施加影响，心理发展是两者相互影响的结果。这种观点是（　　）。

A．环境决定论　　B．遗传决定论　　C．二因素论　　　D．相互作用论

26．划分心理发展阶段的依据应是（　　）。

A．生理发展　　　B．种系发展　　　C．心理发展事实　　D．主导活动

27．动作或活动的结构或组织叫（　　）。

A．图式　　　　　B．同化　　　　　C．顺应　　　　　D．平衡

28．个体把外界刺激所提供的信息整合到自己原有认知结构内的过程叫（　　）。

A．整合　　　　　B．同化　　　　　C．顺应　　　　　D．平衡

29．原有认知结构无法同化新环境提供的信息时所引起的儿童认知结构发生重组与改造的过程叫（　　）。

A．整合　　　　　B．同化　　　　　C．顺应　　　　　D．平衡

30．由同化和顺应过程均衡所导致的主体结构同客体结构之间的某种相对稳定的适应状态叫（　　）。

A．整合　　　　　B．同化　　　　　C．顺应　　　　　D．平衡

31．皮亚杰认为儿童心理发展的基本要素包括（　　）。

A．成熟、经验、社会环境和平衡

B．图式、同化、顺应和平衡

C．图式、物理经验和数理—逻辑经验

D．成熟、经验、同化、顺应

32. 皮亚杰把儿童心理发展划分为（　　）个阶段。

A. 2　　　　　　　B. 3　　　　　　　C. 4　　　　　　　D. 5

33. 处于感知运动阶段儿童的特征主要是（　　）。

A. 只限于对当前直接感知的环境施以动作

B. 开始能够运用语言或符号来代表他们经历的事物

C. 获得了守恒概念

D. 思维具有可逆性

34. 客体永久性是指（　　）。

A. 客体是永久存在的

B. 前运算阶段儿童具有的特征

C. 客体的耐用性

D. 当某一客体从儿童视野中消失时，儿童知道该客体并非不存在了

35. 皮亚杰所说的守恒是指（　　）。

A. 客体永久性

B. 不论客体的形态如何变化，儿童都知道其本质是不变的

C. 物质的总能量是不变的

D. 物质的形态不会改变

36. 埃里克森把人格发展分为（　　）个阶段。

A. 4　　　　　　　B. 6　　　　　　　C. 7　　　　　　　D. 8

37. 埃里克森划分人格发展阶段的标准是（　　）。

A. 力比多　　　　　　　　　　B. 心理社会危机

C. 自我的调节作用　　　　　　D. 心理防御机制

38. 埃里克森认为婴儿期（出生至一岁半）的主要发展任务是（　　）。

A. 获得信任感，克服怀疑感　　　B. 获得自主感，克服羞耻感

C. 获得主动感，克服内疚感　　　D. 获得亲密感，避免孤独感

39. 埃里克森认为儿童早期（一岁半至三岁）的主要发展任务是（　　）。

A. 获得信任感，克服怀疑感　　　B. 获得自主感，克服羞耻感

C. 获得主动感，克服内疚感　　　D. 获得亲密感，避免孤独感

40. 埃里克森认为学前期（三岁至六七岁）的主要发展任务是（　　）。

A．获得信任感，克服怀疑感　　　　B．获得自主感，克服羞耻感

C．获得主动感，克服内疚感　　　　D．获得亲密感，避免孤独感

41．埃里克森认为学龄初期（七岁至十二岁）的主要发展任务是（　　）。

A．获得勤奋感，克服自卑感　　　　B．获得自主感，克服羞耻感

C．获得主动感，克服内疚感　　　　D．获得亲密感，避免孤独感

42．埃里克森认为青少年期（十一二岁至十七八岁）的主要发展任务是（　　）。

A．获得信任感，克服怀疑感　　　　B．获得完善感，避免失望和厌恶感

C．获得主动感，克服内疚感　　　　D．形成角色同一性，防止角色混乱

43．埃里克森认为成年早期（十八岁至二十五岁）的主要发展任务是（　　）。

A．获得信任感，克服怀疑感　　　　B．获得完善感，避免失望和厌恶感

C．获得亲密感，克服孤独感　　　　D．形成角色同一性，防止角色混乱

44．埃里克森认为成年中期（二十五岁至六十五岁）的主要发展任务是（　　）。

A．获得信任感，克服怀疑感　　　　B．获得完善感，避免失望和厌恶感

C．获得主动感，克服内疚感　　　　D．获得繁衍感，避免停滞感

45．埃里克森认为成年晚期（六十五岁以后）的主要发展任务是（　　）。

A．获得信任感，克服怀疑感　　　　B．获得完善感，避免失望和厌恶感

C．获得主动感，克服内疚感　　　　D．获得繁衍感，避免停滞感

46．个体认知发展中最早发生，也是最早成熟的心理过程是（　　）。

A．动作　　　　　B．感觉　　　　　C．知觉　　　　　D．情感

47．婴儿对多次呈现的同一刺激的反应强度逐渐减弱，乃至最后形成习惯而不再反应。这是（　　）。

A．兴奋　　　　　B．抑制　　　　　C．习惯化　　　　D．去习惯化

48．在习惯化形成之后，如果换一个不同的刺激，反应又会增强，这是（　　）。

A．兴奋　　　　　B．抑制　　　　　C．习惯化　　　　D．去习惯化

49．第一反抗期发生的时间大约是（　　）。

A．0~2 岁　　　　B．3~4 岁　　　　C．7~8 岁　　　　D．13~14 岁

50．幼儿期的主导活动是（　　）。

A．饮食　　　　　B．睡眠　　　　　C．游戏　　　　　D．学习

51．（　　）是口头言语发展的关键时期。

A. 婴儿期　　　　B. 婴儿早期　　　　C. 幼儿期　　　　D. 童年期

52. 幼儿思维的主要特征是（　　），具有自我中心的特点。

A. 直观动作思维　　　　　　　　B. 形象抽象思维

C. 具体形象思维　　　　　　　　D. 抽象逻辑思维

53. 幼儿词汇中各类词的比例从高到低依次排列为（　　）。

A. 名词、动词、形容词、数词、量词

B. 动词、名词、形容词、数词、量词

C. 数词、量词、名词、动词、形容词

D. 名词、数词、量词、动词、形容词

54. 童年期儿童的主导活动是（　　）。

A. 游戏　　　　　B. 学习　　　　　C. 劳动　　　　　D. 运动

55. 儿童从形象逻辑思维向抽象逻辑思维过渡的转折期在（　　）。

A. 小学三年级　　B. 小学四年级　　C. 小学五年级　　D. 小学六年级

56. （　　）是儿童开始结成伙伴关系的人数比率最高的时期。

A. 小学三年级　　B. 小学四年级　　C. 小学五年级　　D. 小学六年级

57. 青春期的主要特点是（　　）。

A. 身体迅速发育　　　　　　　　B. 心理迅速成长

C. 身心发展不平衡　　　　　　　D. 进入第二加速期

58. 青春期的思维发展水平属于（　　）。

A. 感知运动阶段　　　　　　　　B. 前运算阶段

C. 具体运算阶段　　　　　　　　D. 形式运算阶段

59. 自我意识的第二次飞跃在（　　）。

A. 幼儿期　　　　B. 青春期　　　　C. 童年期　　　　D. 青年期

60. 第二反抗期发生在（　　）。

A. 幼儿期　　　　B. 青春期　　　　C. 童年期　　　　D. 青年期

61. 第一反抗期的独立自主要求主要在于（　　）。

A. 争取自我主张和活动与行为动作的自主性与自由权

B. 争取人格的独立

C. 争取行动和人格独立

D. 对内部心理需求的争取

62. 第二反抗期的独立自主要求主要在于（　　）。

A. 争取自我主张和活动与行为动作的自主性与自由权

B. 争取人格的独立

C. 争取内部心理需求和人格独立

D. 对内部心理需求的争取

63. 青春期同伴关系的特点表现为（　　）。

A. 交友范围扩大　　　　　　　　B. 交友范围缩小

C. 异性朋友增多　　　　　　　　D. 团伙人数最多

64. 青春期学生与父母之间的关系表现为（　　）。

A. 父母是权威　　　　　　　　　B. 发现父母有很多优点

C. 对父母不尊重　　　　　　　　D. 发现父母也有很多缺点

65. 青春期学生与老师之间的关系表现为（　　）。

A. 对老师开始评头论足

B. 盲目崇拜老师

C. 能处理好与不喜欢的老师之间的关系

D. 老师是学生心目中的权威

66. 反抗期中矛盾的焦点在（　　）。

A. 成长者能够对自己的发展有正确的认识，但父母却不能

B. 父母能够对孩子的成长有正确的认识，但孩子自己却不能

C. 成长者对自己发展的认识滞后，父母对他们认识的发展超前

D. 成长者对自己发展的认识超前，父母对他们认识的发展滞后

67. 青年后期（也称成年初期）的年龄范围时是（　　）。

A. 十五六岁至二十五岁　　　　　B. 十七八岁至二十八岁

C. 十七八岁至三十五岁　　　　　D. 十七八岁至四十五岁

68. 青年期的自我意识发展表现为（　　）。

A. 关注自己的外貌　　　　　　B. 关注自己的人格

C. 发现自我，关心自我的存在　　D. 一系列关于"我"的问题开始萦绕于心

69. 青年期朋友关系的性别差异表现在（　　）。

A. 女性朋友数量要比男性少

B. 女性朋友之间是互相聊天，男性朋友之间是一起做事

C. 男性比女性对情感关系更有责任心

D. 男性朋友之间谈更多的心里话，有更多的情感支持

70. 青年期人格的变化表现为（　　）。

A. 和以前相比没有什么变化　　　　　B. 越来越外向

C. 情感波动越来越大　　　　　　　　D. 越来越成熟

71. 更年期是指（　　）。

A. 个体在中年期出现生理变化和心理状态明显改变的时期

B. 个体在老年期出现生理变化和心理状态明显改变的时期

C. 个体由中年向老年过渡过程中生理变化和心理状态明显改变的时期

D. 仅指女性更年期

72. 更年期发生的年龄大约在（　　）岁。

A. 40　　　　　　B. 50　　　　　　C. 60　　　　　　D. 70

73. 中年人对自我的看法（　　）。

A. 表现出消极的变化　　　　　　　　B. 与青年期相比没有什么变化

C. 因人而异　　　　　　　　　　　　D. 表现出更加积极的、满意的变化

74. 在埃里克森的理论中，"繁衍"一词（　　）。

A. 仅指生育后代

B. 仅指事业的发展

C. 不单指生育后代，更多的指事业的发展

D. 更多的是指生育后代

75. 老年丧失期观认为（　　）。

A. 心理发展是可以逆转的

B. 心理发展的影响因素是多方面的

C. 老年期的心理机能不断衰退

D. 老年期的心理机能的衰退也可以叫作"发展"

76. 毕生发展观认为影响心理发展的因素有（　　）。

A. 成熟（年龄阶段）、社会历史文化、非规范事件

B. 生理因素、心理因素、社会因素

C. 个人经历、社会环境

D. 生活事件、人格、社会环境

77.（　　）是老年期心理发展的总趋势。

A. 认识活动的退行性变化　　　　B. 人格出现偏差

C. 情感脆弱　　　　　　　　　　D. 人际交往技能降低

78. 老年期退行性心理变化最明显的心理过程是（　　）。

A. 感知觉　　　　B. 注意　　　　C. 记忆　　　　D. 思维

79. 老年期人格的变化特点是（　　）。

A. 安全感增加　　B. 孤独感降低　　C. 趋于激进　　D. 回忆往事

80. 适应退休的过程可分为（　　）。

A. 期待期、退休期、稳定期、适应期

B. 期待期、退休期、适应期、稳定期

C. 适应期、期待期、退休期、稳定期

D. 稳定期、期待期、退休期、适应期

二、多选题

1. 个体的心理发展是指个体的心理从不成熟到成熟的成长过程。具体表现为（　　）。

A. 从不分化到逐渐分化

B. 从无意性为主到有意性为主

C. 从反映事物的外部现象到反映事物的本质属性

D. 对事物的态度由不稳定到逐步稳定

2. 影响个体心理发展的两种主要因素是（　　）。

A. 遗传　　　　　B. 教育　　　　　C. 环境　　　　　D. 社会

3. 历史上关于"先天论"和"经验论"的争论大致经历了（　　）阶段。

A. 绝对决定论　　B. 共同决定论　　C. 相互决定论　　D. 先后决定论

4. 皮亚杰以认知结构的性质为依据把儿童心理发展划分为（　　）阶段。

A．感知运动阶段　B．前运算阶段　　　C．具体运算阶段　D．形式运算阶段

5．遗传决定论的观点包括（　　）。

A．心理发展是由遗传因素决定的

B．心理发展的过程是遗传素质的自然显现过程

C．环境只能促进或延缓遗传素质的自我显现而已

D．环境的作用也很大

6．环境决定论的观点包括（　　）。

A．否认环境在心理发展中的作用

B．否认遗传在心理发展中的作用

C．强调环境或教育在心理发展中的作用

D．心理发展是由环境因素决定的

7．下列观点中属于相互作用论的有（　　）。

A．在心理发展中，遗传与环境是各自发挥作用的

B．在心理发展中，遗传与环境是相互依存的关系

C．遗传与环境的相互作用受到个体主观能动性的影响

D．遗传与环境在心理发展中的关系是乘法关系

8．皮亚杰认知发展论的几个基本概念有（　　）。

A．遗传　　　　　　B．教育　　　　　　C．环境　　　　　　D．社会

9．皮亚杰用来阐述他的适应理论和建构学说的基本概念有（　　）。

A．图式　　　　　　B．同化　　　　　　C．顺应　　　　　　D．平衡

10．皮亚杰把儿童道德认知发展阶段划分为（　　）。

A．感知道德判断阶段　　　　　　B．前道德判断阶段

C．他律道德判断阶段　　　　　　D．自律道德判断阶段

11．在教学与发展的关系上，维果斯基提出了（　　）。

A．"最近发展区"思想　　　　　　B．教学应当走在发展的前面

C．关于学习的最佳期限问题　　　　D．心理发展的文化历史理论

12．婴儿动作的发展遵循着一定的规律性，包括（　　）。

A．从整体向分化发展　　　　　　B．从不随意动作向随意动作发展

C．具有一定的方向性和顺序性　　　D．从细节性向整体性发展

13. 后天学习理论强调环境对儿童获得言语的决定作用，其代表人物是（   ）。

A. 维果斯基　　　　B. 斯金纳　　　　C. 班杜拉　　　　D. 布鲁纳

14. 托马斯、切斯的气质类型说将婴儿气质类型划分为（   ）。

A. 容易型　　　　B. 灵活型　　　　C. 困难型　　　　D. 迟缓型

15. 鲍尔比等将婴儿依恋发展分为（   ）阶段。

A. 无差别的社会反应阶段　　　　　　B. 有差别的社会反应阶段

C. 特殊情感联结阶段　　　　　　　　D. 特殊行为联结阶段

16. 艾斯沃斯（M.Ainsworth）将婴儿对母亲的依恋表现分为（   ）类型。

A. 安全型依恋　　B. 回避型依恋　　C. 反抗型依恋　　D. 排斥型依恋

17. 言语发展的内容主要指（   ）的发展。

A. 语音　　　　　B. 词汇　　　　C. 语法　　　　D. 语调

18 皮亚杰把儿童道德判断的发展过程分为（   ）阶段。

A. 前道德阶段　　B. 后道德阶段　　C. 他律道德阶段　D. 自律道德阶段

19. 柯尔伯格把儿童道德发展过程分为三种水平六个阶段。三种水平是指（   ）。

A. 前世俗水平　　B. 中世俗水平　　C. 世俗水平　　　D. 后世俗水平

20. 幼儿期未表现反抗期者，一般在成人以后都有（   ）缺乏的倾向。

A. 自主性　　　　B. 积极性　　　　C. 主动性　　　　D. 互动性

21. 童年期儿童的心理发展主要表现在（   ）发展方面。

A. 认知能力　　　B. 语言表达　　　C. 动作发展　　　D. 社会性

22. 儿童常用的记忆策略有（   ）。

A. 联想　　　　　B. 复述　　　　C. 组织　　　　　D. 思维导图

23. 小学阶段儿童思维结构的特点是（   ）。

A. 掌握守恒　　　　　　　　　　　　B. 思维具有可逆性

C. 辩证思维　　　　　　　　　　　　D. 补偿关系认知

24. 童年期自我评价的特点表现为（   ）。

A. 自我评价的独立性日益增长

B. 自我评价的评判性有一定程度的提高

C. 自我评价的内容逐渐扩大和深化

D. 自我评价的稳定性逐步增加

25. 青春期心理发展的矛盾性表现有（ ）。

A. 心理上的成人感与半成熟现状之间的矛盾

B. 心理断乳与精神依赖之间的矛盾

C. 心理闭锁性与开放性之间的矛盾

D. 成就感与挫折感的交替

26. 青春期的情绪变化特点有（ ）。

A. 容易抑郁　　　　　　　　B. 容易焦虑

C. 不能自我控制情绪的波动　　D. 青春期躁动

27. 成人思维的特点主要表现为（ ）。

A. 辩证的　　　B. 相对的　　　C. 实用的　　　D. 抽象的

28. 影响青年人工作或职业选择的因素主要有（ ）。

A. 家庭因素　　　　　　　　B. 教育和智力水平

C. 性别　　　　　　　　　　D. 人格

29. 中年期的人格变得较为成熟，具体表现为（ ）。

A. 内省日趋明显

B. 男性更加男性化，女性更加女性化

C. 心理防御机制运用得越来越少

D. 为人处世日趋圆通

30. 老年丧失期观认为老年期丧失的内容主要包括（ ）。

A. 心身健康　　　B. 经济基础　　　C. 社会角色　　　D. 生活价值

三、简答题

1. 简述个体心理发展的几个基本特征。

2. 简述游戏对儿童发展的意义。

3. 简述童年期记忆的主要特点。

四、论述题

1. 试述皮亚杰关于儿童心理认知发展理论的要点，并做简要评价。

2. 论述埃里克森的心理发展八阶段论。

参考答案

一、单选题

1. C	2. B	3. C	4. A	5. B
6. C	7. A	8. B	9. D	10. C
11. B	12. A	13. C	14. D	15. A
16. B	17. D	18. D	19. A	20. B
21. C	22. C	23. B	24. A	25. D
26. C	27. A	28. B	29. C	30. D
31. A	32. C	33. A	34. D	35. B
36. D	37. B	38. A	39. B	40. C
41. A	42. D	43. C	44. D	45. B
46. B	47. C	48. D	49. B	50. C
51. C	52. C	53. A	54. B	55. B
56. D	57. C	58. D	59. B	60. B
61. A	62. C	63. B	64. D	65. A
66. D	67. C	68. C	69. B	70. D
71. C	72. B	73. D	74. C	75. C
76. A	77. A	78. A	79. D	80. B

二、多选题

1. ABCD	2. AC	3. ABC	4. ABCD	5. ABC
6. BCD	7. BC	8. ABCD	9. ABCD	10. BCD
11. ABC	12. ABC	13. BCD	14. ACD	15. ABC
16. ABD	17. ABC	18. ABD	19. ACD	20. AC
21. AD	22. BC	23. ABD	24. ABCD	25. ABCD
26. CD	27. ABC	28. ABCD	29. AD	30. ABCD

三、简答题

1. 心理发展具有四个基本特征：

（1）连续性和阶段性：连续性特征是指在心理发展过程中，后一阶段的发展总是以前一阶段的发展为基础，而且又在此基础上萌发出下一阶段的新特征，表现出心理发展的连续性。阶段性特征是指在心理发展过程中，当某些代表新特征的量积累到一定程度时就会取代旧特征，从而处于优势的主导地位，表现为阶段性的间断现象。

（2）方向性和顺序性：这是指在正常条件下，心理的发展总是具有一定的方向性和先后顺序。尽管发展的速度可以有个别差异，会加速或延缓，但发展是不可逆的，阶段与阶段之间也是不可逾越的。

（3）不平衡性：心理的发展可以因进行的速度、到达的时间和最终达到的水平而表现出多样化的发展模式。一方面表现为个体不同系统在发展的速度上、发展的起讫时间与到达成熟时期上的不同进程，另一方面也表现为同一机能特性在发展的不同时期有不同的发展速率。

（4）差异性：任何一个正常学生的心理发展总要经历一些共同的基本阶段，但发展的速度、最终达到的水平以及发展的优势领域往往不尽相同，表现出个体之间的差异性。

2. 游戏对儿童心理发展具有多种意义。主要有：（1）游戏是年幼儿童的特殊社会生活方式，他们通过角色游戏等模仿、学习各种社会角色，学习社会交往。（2）游戏是他们认识周围环境、认识事物的主要途径。（3）通过游戏发展感知觉、思维和解决问题等心理活动。（4）游戏是抒发情感的主要方式。（5）通过游戏发展想象力、创造能力，在游戏中实现自我。（6）游戏可以培养儿童的意志力、纪律性和协作精神。（7）游戏活动可以增强体质。

3. 童年期记忆的主要特点有：

（1）有意识记超过无意识记成为记忆的主要方式。

（2）意义记忆在记忆活动中逐渐占主导地位。

（3）词的抽象记忆的发展速度逐渐超过形象记忆。

四、论述题

1. （1）皮亚杰认为儿童心理发展就是通过外部刺激和图式的相互作用，即通过同化、顺应和平衡的机制而实现的，经过同化、顺应而达到暂时平衡，心理就得到发展，这样通过外部刺激和主体的不断相互作用，不断通过同化、顺应而达到平衡，心理就得到不断发展。

（2）他把儿童发展分为四个阶段：感知运动阶段、前运算阶段、具体运算阶段、形式运算阶段。

（3）皮亚杰是西方著名的儿童心理学家，他从儿童与外界环境的辩证关系来研究儿童心理的发展，他着重研究儿童的思维发展。最突出的一点是关于图式和外部影响相互作用的思想。他还强调动作在儿童心理发展中的作用。他关于图式的起源、发展的具体论述也是符合唯物论思想的，但在动作和知觉、知觉和概念的关系上，他的有些观点违反了唯物论的基本原则。在年龄阶段的划分上，皮亚杰对各个阶段的质的特点阐述比较清楚，但对量变到质变的过程注意不够，阶段划分有点绝对。

2. 埃里克森把发展看作是一个经过一系列阶段的过程，每一阶段都有其特殊的目标、任务和冲突。他认为每一阶段的发展中，个体均面临一个发展危机，每一个危机都涉及一个积极的选择与一个潜在的消极选择之间的冲突。埃里克森把人的心理发展分为以下八个阶段，同时指出了每一个阶段的主要发展任务：

（1）第一阶段为婴儿期（出生至一岁半），获得基本信任感而克服基本不信任感阶段。体验着希望的实现，儿童获得的积极成果是身体舒适和安全感。

（2）第二阶段为儿童早期（或称学步期，一岁半至三岁），获得自主感而避免怀疑感与羞耻感阶段。体现着意志的实现，积极的成果是坚持的能力和自主的能力。

（3）第三阶段为学前期（或称游戏期，三岁至六七岁），获得主动感而克服内疚感阶段。体验着目的的实现，积极的成果是掌握新任务的主动性。

（4）第四个阶段为学龄初期（六七岁至十一二岁），获得勤奋感，避免自卑感阶段。体验着能力的实现，积极的成果是创造力发展和掌握技能。

（5）第五阶段为青年期（十一二岁至十七八岁），获得同一感，防止同一性混乱阶段。这一时期相当于少年期和青春初期，体验着忠诚的实现，积极的成果是自我同一感能力的发展。

如果说以上五个阶段是针对弗洛伊德的五个阶段提出的，那么以下的三个阶段就是埃里克森的独创。这三个阶段的提出使他的发展理论更加完善。

（6）第六阶段为成年早期（十七八岁至二十五岁），获得亲密感，避免孤独感阶段。这一时期相当于青年晚期，体验着爱情的实现，积极的成果是亲密关系的获得。

（7）第七阶段为成年中期（二十五岁至六十五岁），获得繁殖感，避免停滞阶段。这是中年期与壮年期，是成家立业的阶段。体验着关怀的实现，积极的成果是关怀后代。

（8）第八阶段为成年晚期（六十五岁以后直到死亡），获得完善感，避免失望感阶段。这是老年期，亦即成熟期，体验着智慧的实现，积极的成果为体验完成人生的使命感。埃里克森在分析每个阶段时，都提出了一些积极的建议。

第四章　人格心理学知识习题

一、单选题

1. 下列关于人格影响因素的描述错误的是（　　）。

A. 学校教育对学生人格发展没有什么影响

B. 人格的发展是遗传与环境两种因素交互作用的结果

C. 不同家庭的教养方式对孩子的人格形成产生不同的影响

D. 社会文化对人格的影响力因文化而异，社会文化塑造了社会成员的人格特质

2. 下列不属于人格测量的是（　　）。

A. 明尼苏达多项个性问卷　　　　　B. 罗夏墨迹测验

C. 主题统觉测验　　　　　　　　　D. 症状自评量表

3. 下列遵循快乐原则的人格结构是（　　）。

A. 自我　　　　B. 本我　　　　C. 超我　　　　D. 无我

4. 小明喜欢分析、思考外界事物，生活有规律，客观而冷静，但比较固执己见，情感压抑，小明属于（　　）性格类型。

A. 内倾思维型　　B. 外倾情感型　　C. 外倾思维型　　D. 内倾感觉型

5. 根据埃里克森的心理社会观点，6~11 岁的发展任务是（　　）。

A. 自主对害羞　　　　　　　　　B. 勤奋对自卑

C. 自我整合对失望　　　　　　　D. 基本信赖对基本不信赖

6. 中国人十分谦虚，"谦虚"属于（　　）。

A. 个人特质　　B. 首要特质　　C. 核心特质　　D. 共同特质

7. 下列不属于人格交互作用论观点的是（　　）。

A. 文化与人格相互作用理论　　　　B. 埃里克森的人格发展观

C. 压力与需要的交互作用理论　　　D. 个人与情景的交互作用

8. 小明期望拥有良好的成绩，得到班上同学的肯定，根据马斯洛的需要层次理

论，小明属于（   ）需要。

　A. 生理需要　　　　B. 安全需要　　　　C. 尊重需要　　　　D. 自我实现的需要

9. 做任何事情都要求完美无缺、按部就班、有条不紊，但有时反而会影响工作效率，这属于（   ）特点。

　A. 强迫型人格障碍　　　　　　　　B. 偏执型人格障碍

　C. 癔症型人格障碍　　　　　　　　D. 自恋型人格障碍

10. （   ）是个体内在的心理物理系统中的动力组织，它决定了人对环境适应的独特性。

　A. 能力　　　　　B. 人格　　　　　C. 气质　　　　　D. 性格

11. "江山易改，本性难移"是指（   ）。

　A. 能力　　　　　B. 人格　　　　　C. 气质　　　　　D. 性格

12. 下列遵循道德原则的人格结构是（   ）。

　A. 自我　　　　　B. 本我　　　　　C. 超我　　　　　D. 无我

13. 下列遵循现实原则的人格结构是（   ）。

　A. 自我　　　　　B. 本我　　　　　C. 超我　　　　　D. 无我

14. 小丽的思维常常被情感压抑，没有独立性，非常注重与社会和环境建立情感与和睦关系，小丽属于（   ）性格类型。

　A. 内倾思维型　　B. 外倾情感型　　C. 外倾思维型　　D. 内倾感觉型

15. 小李喜欢追求欢乐，活泼，有魅力，对客观事物感觉敏锐，精明而求实，但易变成寻欢作乐的酒色之徒，小李属于（   ）性格类型。

　A. 内倾思维型　　B. 外倾情感型　　C. 外倾思维型　　D. 外倾感觉型

16. 根据埃里克森的心理社会观点，0~1 岁的发展任务是（   ）。

　A. 自主对害羞　　　　　　　　　　B. 勤奋对自卑

　C. 自我整合对失望　　　　　　　　D. 基本信赖对基本不信赖

17. 根据埃里克森的心理社会观点，1~3 岁的发展任务是（   ）。

　A. 自主对害羞　　　　　　　　　　B. 勤奋对自卑

　C. 自我整合对失望　　　　　　　　D. 基本信赖对基本不信赖

18. 根据埃里克森的心理社会观点，忠诚的品质是在（   ）阶段发展起来的。

　A. 勤奋对自卑　　　　　　　　　　B. 基本信赖对基本不信赖

C. 自我同一性对角色混乱　　　　D. 亲密对孤独

19. 同一文化形态下群体都具有的特质是（　　）。

A. 个人特质　　　B. 首要特质　　　C. 核心特质　　　D. 共同特质

20. 个人所独有，代表个人的性格倾向的特质是（　　）。

A. 个人特质　　　B. 首要特质　　　C. 核心特质　　　D. 共同特质

二、多选题

1. 人格是在个体内在的心理物理系统中的动力组织，它的特点包括（　　）。

A. 人格具有独特性　　　　　　　B. 人格具有稳定性

C. 人格具有统合性　　　　　　　D. 人格具有功能性

2. 阿德勒将人分为（　　）。

A. 统治—支配型　　B. 索取—依赖型　　C. 回避型　　　　D. 社会利益型

3. 下列属于霍妮的依从型人格类型的需要是（　　）。

A. 赞美的需要　　　　　　　　　B. 社会认可的需要

C. 对完美无瑕疵的需要　　　　　D. 对狭窄的生活范围的需要

4. 下列属于卡特尔特质分类的是（　　）。

A. 独特特质和共同特质

B. 表面特质和根源特质

C. 体质特质和环境形成特质

D. 能力特质、气质特质、动力特质

5. 艾森克的人格结构包括（　　）。

A. 内外向　　　　B. 外倾性　　　　C. 神经质　　　　D. 精神质

6. 临床发现人格障碍者的特点包括（　　）。

A. 一般早年有不同于大多数儿童的迹象，至青春期前后，畸形开始明显化

B. 其人格明显偏离正常程度，而且各人格特点间互不协调

C. 社会适应不良和内心痛苦

D. 矫正比较困难

7. 自我调控系统的子系统包括（　　）。

A．自我认识 　　 B．自我评价 　　 C．自我体验 　　 D．自我控制

8．投射测量的特点包括（ 　 ）。

A．测验材料一般都很含糊、模棱两可、没有明确的含义，而受测者也不受任何限制，可根据自己的理解去解释。

B．测验的目的具有明显的隐蔽性，受测者一般不知道自己的反应将得到何种心理学解释，这样在很大程度上排除了受测者的伪装和防卫，使测量的结果更能反应受测者真实的人格特征。

C．对测量结果的解释重在对受测者的人格特征获得整体性的了解，而不是对某个或某些单个人格特质的关注。

D．向受测者提供预先编制的一些未经组织的、意义模糊的标准化刺激的情境，让受测者在不受任何限制的情况下，自由地对刺激情境做出他的反应，然后通过分析受测者的反应，推断受测者的人格特征。

9．弗洛伊德将人格分为（ 　 ）这几个部分。

A．本我 　　　 B．自我 　　　 C．超我 　　　 D．无我

10．阿德勒将生活风格分为（ 　 ）。

A．正确的和健康的生活风格 　　　 B．积极生活风格

C．错误的和病态的生活风格 　　　 D．消极生活风格

11．下列属于人格特质特点描述的是（ 　 ）。

A．特质不是有名无实的，每个人都有其内在的一般的行为倾向

B．一种特质对另一种特质仅是相对独立的

C．特质既可以是某个个体所具有的，也可以是群体所具有的，任何特质都是独特性与普遍性的统一

D．行动甚至习惯与特质不一致，证明特质不存在

12．奥尔波特认为健康人格的特点包括（ 　 ）。

A．自我广延的能力 　　　 B．与他人热情交往的能力

C．情绪上的安全感和自我认同感 　　 D．具有自我客观化的表现

13．艾森克将人格分为（ 　 ）这几个层次。

A．类型 　　　 B．特质 　　　 C．习惯性反应 　　 D．特殊性反应

14．希波克拉底提出的体液说对应的气质类型包括（ 　 ）。

A．多血质　　　　　B．胆汁质　　　　C．黏液质　　　　D．抑郁质

15．行为遗传学研究包括（　　）。

A．家族研究　　　　B．文化研究　　　C．双生子研究　　　D．收养研究

三、简答题

1．请简述人格的进化心理学观点。

2．自我实现者具有哪些积极特征？

参考答案

一、单选题

1. A	2. D	3. B	4. C	5. B
6. D	7. B	8. C	9. A	10. B
11. C	12. C	13. A	14. B	15. D
16. D	17. A	18. C	19. D	20. A

二、多选题

1. ABCD	2. ABCD	3. AD	4. ABCD	5. ACD
6. ABCD	7. ACD	8. ABC	9. ABC	10. AC
11. ABC	12. ABCD	13. ABCD	14. ABCD	15. ACD

三、简答题

1. 进化心理学的主要观点是人类的心理机制和生理机能一样，也是经过自然选择进化而来，它们是人类特有的功能，可以帮助人类有效地应付日常问题和满足生活需要，正因为拥有这些心理机制，人类才能更好地生存和繁衍。

2. （1）现实知觉良好。（2）对人、对己、对大自然表现出最大的认可。（3）具有自发性、单纯性和自然性。（4）以问题为中心，不是以自我为中心。（5）有独处和自立的需要。（6）有较强的自主性及独立于环境和文化的倾向。（7）对生活经验具有永不衰退的欣赏力。（8）有周期性的神秘体验和高峰体验。（9）关心社会。（10）喜欢与人打成一片，但仅对少数人产生深厚的个人友谊。（11）有深厚的民主性格。（12）有明确的伦理道德标准。（13）具有富有哲理的幽默感。（14）富有创造性。（15）受自己做人原则的支配，而不受制于社会规则，更少受文化规范和习俗的约束。

第五章　积极心理学知识习题

一、单选题

1. 一个人成长与发展过程中表现出来的积极心理状态是（　　）。

A. 心理健康　　　　B. 心理资本　　　　C. 积极心理　　　　D. 积极情绪

2. 个体对其发挥动机、认知资源和行动步骤的作用，成功管理给定情境中的特定任务的能力的信任程度是（　　）。

A. 自信　　　　　　B. 乐观　　　　　　C. 希望　　　　　　D. 坚韧

3. （　　）是指无论处于怎样的困境都相信未来美好的一种积极心理状态。

A. 自信　　　　　　B. 乐观　　　　　　C. 希望　　　　　　D. 坚韧

4. 当人们把消极事件归因为暂时的，是特定的情景事件，是由外部原因引起的，或者把积极事件归因为持久的、普遍的，是由内部原因引起的，这说明其具有（　　）的积极心理状态。

A. 自信　　　　　　B. 乐观　　　　　　C. 希望　　　　　　D. 坚韧

5. （　　）是一种在逆境中迅速恢复的能力。

A. 自信　　　　　　B. 乐观　　　　　　C. 希望　　　　　　D. 坚韧

6. （　　）理论认为幸福感是一种主观的体验，客观的外界因素往往是通过主观加工而起作用的。

A. 认知决定论　　　B. 比较论　　　　　C. 态度协调论　　　D. 体内生化论

7. （　　）理论认为幸福感是在"比较"中产生的。

A. 认知决定论　　　B. 比较论　　　　　C. 态度协调论　　　D. 体内生化论

8. （　　）理论认为当一个人的三个成分——认知、情感、行为都协调时，就具有幸福感，相反如果三个成分不协调就会痛苦。

A. 认知决定论　　　B. 比较论　　　　　C. 态度协调论　　　D. 体内生化论

9. （　　）理论认为人的任何生理现象都是由体内的生化物质作用的结果，幸福也不例外。

    A．认知决定论   B．比较论   C．态度协调论   D．体内生化论

10.（   ）指的是完全沉浸在一项吸引人的活动中，时间好像停止，自我意识消失。

    A．积极情绪   B．投入   C．人际关系   D．意义和目的

11.（   ）是指个体由于体内外刺激、事件满足个体需要而产生的伴有愉悦感受的情绪。

    A．积极情绪   B．消极情绪   C．成就   D．快乐

12.（   ）指的是新奇的思维方式和行为方式，思维新颖，做事方式具有建设性，且不限于艺术领域。

    A．好奇心和好学   B．思维开阔   C．创造力   D．洞察力

13.（   ）是指在危险随时可能出现的环境里，努力去获取或坚持自己认为是好的事物或他人认为是好的但是却没能实现或获得的事物。

    A．勇敢   B．恒心   C．正直   D．活力

14.（   ）指的是能体察自己与他人的动机与情绪，能觉察自己和别人的动机和情感，知道在什么场合做什么事，知道怎么激发他人。

    A．友善   B．爱   C．社会智力   D．希望

15.（   ）指的是一个人认知和情绪能力的整合，能够去影响和帮助他人，指导和激发他们获得集体成功。

    A．公德心   B．公正   C．领导才能   D．自我节制

16.（   ）指的是一个人控制自己的反应以达成目标和符合标准。

    A．虚心   B．自我节制   C．谨慎   D．宽容和审美能力

二、多选题

1. 心理资本的特点包括（   ）。

A．拥有表现和付出必要努力、成功完成具有挑战性任务的自信

B．对当前和将来的成功做积极归因

C．坚持目标，为了取得成功，在必要时能够重新选择实现目标的路线

D. 当遇到问题和困境时，能够坚持、很快恢复和采取迂回途径来取得成功

2. 心理资本包括（　　）。

A. 自信　　　　　B. 乐观　　　　　C. 希望　　　　　D. 坚韧

3. 心理资本的理论基础包括（　　）。

A. 人力资本理论　　　　　　　　　B. 积极心理学理论

C. 积极组织行为学理论　　　　　　D. 人本主义心理学理论

4. 影响心理资本的个体因素有（　　）。

A. 人口学变量，包括性别、年龄、职业、学历和职称等

B. 人格特征

C. 自我强化

D. 领导风格

5. 影响心理资本的组织环境因素有（　　）。

A. 组织支持　　　　　　　　　　　B. 工作挑战性

C. 领导风格　　　　　　　　　　　D. 教养方式和压力生活事件等

6. 心理资本干预可以从（　　）几个方面入手。

A. 树立希望　　　　　　　　　　　B. 培养乐观精神

C. 提升自我效能感、信心　　　　　D. 增强恢复力

7. 下列属于积极情绪的是（　　）。

A. 快乐　　　　　B. 自豪　　　　　C. 悲伤　　　　　D. 爱

8. 积极情绪的作用有（　　）。

A. 扩展功能　　　B. 建构功能　　　C. 缓释功能　　　D. 消除功能

9. 下列属于六大美德的是（　　）。

A. 智慧和勇气　　B. 节制和卓越　　C. 仁慈和正义　　D. 感恩和幸福

10. 智慧包括（　　）。

A. 好奇心和好学　B. 思维开阔　　　C. 创造力　　　　D. 洞察力

11. 勇气包括（　　）。

A. 勇敢　　　　　B. 恒心　　　　　C. 正直　　　　　D. 活力

12. 仁慈包括（　　）。

A. 友善　　　　　B. 爱　　　　　　C. 社会智力　　　D. 希望

13. 正义包括（   ）。

A. 公德心   B. 公正   C. 领导才能   D. 自我节制

14. 节制包括（   ）。

A. 虚心   B. 自我节制   C. 谨慎   D. 宽容和审美能力

15. 卓越包括（   ）。

A. 感恩之心   B. 希望   C. 幽默   D. 成就

三、简答题

如何增加积极情绪？

参考答案

一、单选题

1. B   2. A   3. C   4. B   5. D

6. A   7. B   8. C   9. D   10. B

11. A   12. C   13. A   14. C   15. C

16. B

二、多选题

1. ABCD   2. ABCD   3. ABC   4. ABC   5. ABCD

6. ABCD   7. ABD   8. ABC   9. ABC   10. ABCD

11. ABCD   12. ABC   13. ABC   14. ABCD   15. ABC

三、简答题

（1）打造你的幸福圈。

（2）善于感恩。

（3）表达并记录善意。

（4）发挥你的优势。

第六章　心理学研究方法知识习题

一、单选题

1. 可以更好地研究因果关系的心理学研究方法是（　　）。

A. 观察法　　　　　B. 实验法　　　　　C. 测验法　　　　　D. 访谈法

2. 效率最高的心理学研究方法是（　　）。

A. 观察法　　　　　B. 实验法　　　　　C. 访谈法　　　　　D. 问卷法

3. 实验中由实验者操作和控制的变量是（　　）。

A. 自变量　　　　　B. 因变量　　　　　C. 额外变量　　　　D. 控制变量

4. 实验中试验者观察和记录的被试行为是（　　）。

A. 自变量　　　　　B. 因变量　　　　　C. 额外变量　　　　D. 控制变量

5. （　　）是科学研究的第一步，其特点是具有直接性和描述性。

A. 观察法　　　　　B. 实验法　　　　　C. 测验法　　　　　D. 访谈法

二、名词解释题

1. 自然观察法

2. 实验观察法

3. 访谈法

4. 问卷法

5. 测验法

6. 实验法

7. 实验室实验法

8. 自然实验法

9. 自变量

10. 因变量

11. 控制变量

三、简答题

1. 运用观察法进行心理学的研究，需要注意哪些方面的问题？

2. 访谈者在进行访谈时应注意哪些问题？

3. 运用问卷法进行心理学的研究，特别需要注意哪些方面的问题？

4. 实验法中实验者如何进行实验控制？

5. 简述观察设计的步骤。

6. 简述观察法的优缺点。

7. 简述访谈法的优缺点。

8. 简述问卷法的优缺点。

9. 简述测验法的优缺点。

四、论述题

谈谈您对实验法的认识。

参考答案

一、单选题

1.B   2.D   3.A   4.B   5.A

二、名词解释题

1. 自然观察法是在不加任何控制的条件下，观察自然情境中被试的行为表现。比如研究者去幼儿园观察幼儿的同伴交往行为。

2. 实验观察法是指通过实验控制，设置某种情境，观察被试在特定情境中的行为表现，比如安斯沃思等通过观察婴儿在人为设置的陌生情境中的不同表现，从而区分婴儿的不同依恋类型。

3. 访谈法是研究者通过与访谈对象进行口头交谈，了解和收集其心理特征和行为的数据资料的一种研究方法。

4. 问卷法是通过由一系列问题构成的调查表收集资料以测量人的行为和态度的心理学基本研究方法。

5. 测验法是使用测验量表来研究被试心理发展规律的一种方法，即采用标准化的题目，按照规定程序，通过测量的方法来收集数据资料。

6. 实验法是指人为地、有目的地控制和改变某些条件，使被试产生所要研究的某种心理现象，然后进行分析研究，以得出心理现象发生的原因或起作用的规律性的结果。

7. 实验室实验法通常指在实验室内，借助各种实验仪器设备，严格控制实验条件，主动创造条件，用给定的刺激，引起一定行为反应，在这种条件下研究心理的原因、特点和规律的方法。

8. 自然实验法是指在自然的情况下，创设控制某些信息，以引起某种心理进行研究。

9. 自变量就是在实验中由实验者操作和控制的变量。

10. 因变量是指实验中被试对自变量操作反应的实验反应值，即实验者观察和记录的随着自变量的变化而变化的被试行为。

11. 控制变量，亦称额外相关变量，指实验中除实验变量以外的影响实验变化和结果的潜在因素和条件。

三、简答题

1.（1）对所观察的问题要有基本的了解，观察的目的要明确。例如研究师生相互作用时，观察者首先要深入课堂观察课堂上教师提问、学生举手与发言、教师的反馈与面部表情、教师板书等现象。在此基础上，可以制订详细的观察目标与计划。

（2）尽量使被观察者放松，处于正常活动状态中，不要让他们意识到自己已成为观察者的研究对象。有时观察者通过单向玻璃、电视、纱幕、潜视镜等进行观察，就是为了使被观察者的真实行为不受影响。

（3）要善于记录和观察与目标行为有关的事实，以便适合进行整理分析，并提出进一步研究的问题。例如在研究学前儿童的语言发展时，由于学前儿童语言表达方式与成人不同，所以观察者应避免使用成人化的语言记录。为提高记录的准确性，可使用录音机、录像机等器材。

（4）观察者除了观察目标行为之外，还应分析被观察者其他一切有关材料，如作文、日记、各种作业、绘画、手工制作等。

2.（1）访谈前除了要充分熟悉访谈的内容，还要尽可能了解访谈对象的背景情况，根据研究对象的年龄特征与语言发展水平，选择语言表达方式，选择合适的时间和地点。例如对于三岁以下的儿童，访谈的地点最好选择在家里，访谈的时间以上午或者中午午休后为宜，访谈者应使用儿童能够理解的词汇，句子尽量简单。

（2）不同年龄的个体与陌生人交往时各有特点，访谈者在正式访谈前，应该先接触个体，消除其陌生感，建立起合作友好的交谈氛围。在与青少年交谈时，由于青少年时期生理与心理发展的特殊性，他们的封闭性、戒备心较强，对他人的态度、言行又很敏感，访谈者在开始时可以谈一些青少年感兴趣的话题，而且在交谈中一定要注意以恰当方式提问，让他们说出自己真实的想法。

（3）访谈记录的方式也应该适合不同年龄被试的心理特点，可以是现场少记，事后多记，也可以边交谈，边观察，边记录，及时捕捉能代表被试心理的信息。例如对幼儿的访谈要考虑幼儿的表达能力，幼儿常用各种动作、表情来辅助表达，因此访谈者可以考虑使用摄像机记录访谈过程。

3.（1）问题是问卷的核心。在设计问卷时，设计者除了考虑问题的类别外，还要注意研究对象的年龄特点，例如个体的阅读能力如何、能否读懂题目、问卷中试题的数量是否适合被试等。

（2）问卷中的试题的内容应是研究对象熟悉的，以使其愿意积极配合，认真回答。

（3）对于书写能力有限的被试，问卷法的形式应以封闭式为主，开放式为辅。

（4）研究者应注意社会称评效应，即注意研究对象可能因为某些思想上的顾虑，在填写问卷时，不是按照自己的真实情况填写，而是根据社会的赞许性来填写。

4. 实验控制，泛指对实验精度的一切保障工作，以保证因变量的变化确实是由于自变量的变化而引起的。实验控制的主要工作：一是尽量地消除无关变量；二是在无关变量难以消除的情况下，尽可能地加以平衡。不管怎样，实验控制的总目的，都是消除额外变量和实验误差，以取得较为精确的实验结果。

完全消灭无关变量通常十分困难，一般研究者总是采用第二种控制方法，来平衡无关变量，使其对实验各部分产生的影响相互抵消。最常见的做法是在整个实验中保持无关变量的恒定，这样无关变量就不至于和自变量产生混淆，影响因果解释结论。这也是心理学实验时，一般都要保持恒定温度、照度，并让被试适应实验室环境后才开始实验的道理所在。

5. 观察设计通常包括如下三个步骤，首先是确定观察内容和对象。例如要研究教师期望对师生交往的影响，观察的对象自然是教师和学生，但还需要考虑在什么样的学校，在哪个年级和班级进行观察，以及要观察哪些现象等。

其次要选择观察策略，常用的观察策略有参与观察策略，取样观察策略以及行为核查表策略等。

最后是制订观察记录表，观察记录表通常采用观察代码系统，它们是为观察记录和随后分析处理的方便而制订出来的一些符号代码系统。

6. 观察法是科学研究的第一步，其特点是直接性和描述性。深入细致的观察往往能收集到系统而重要的信息。观察法是及时获得客观世界原始信息和感性材料的基本方法，也是发现一些重大科学现象的重要方法。

观察法的突出优点是可以在行为发生的当时及现场进行观察记录，能够收集行为发展过程的资料，具有很强的生态效度，保持被观察对象的自然流露和客观性，获得的资料比较真实。

当然观察法也有一定的局限性，比如观察资料的质量在很大程度上受到观察者本人的能力水平、心理因素的影响，许多心理学研究者希望观察到的行为的发生，有时是难以预知的，因此采用现场观察，有时难以奏效。此外观察法的运用往往需要花费较大的人力、物力和较多的时间。观察者一般处于被动地位，只能消极等待被观察者的某些行为表现，是一种较缓慢的进程。

7. 访谈法有许多优点。它能有针对性地收集研究数据，适用于一切具有口头表达能力的不同文化程度的访谈对象，具有较问卷法更高的效率。

访谈法的局限性在于访谈结果的准确性、可靠性，受访谈者自身的素质影响较大；与其他研究方法相比较，较为费时费力；访谈所得的资料不易量化；访谈结果也受环境、时间和访谈对象特点的限制。

8. 作为心理学研究常用的方法，问卷法有很多突出的优点。它的内容客观统一，结果处理分析方便，节省了人力、物力和财力，取样较大，有助于描述一个总体的性质。另外，问卷法匿名性强，能够获得被试较为真实的回答，那些不易用访谈法进行当面询问的问题，比如涉及被试内心深处的情感动机等问题，适合用问卷法来研究。

问卷法的缺陷在于对被试的言语发展水平有一定的要求，因而不适用于年幼被试。另外，被试的回答可能带有一定的主观性，因而由此获得的有些数据资料还需用其他方法加以印证。

9. 测验法是个体心理特征和行为表现的量化研究的主要工具，应用范围很广。测验法的优点在于量表的编制十分严谨，结果处理方便，量表有现成的常模，可以更准确地研究对象，可以把研究对象的特质与相关群体相比较。

缺点是标准化的测验量表不易获得，使用灵活性差，对施测者的要求较高，对解释测验结果的能力也有一定的要求，结果难以进行定性分析，被试的成绩也可能受练习、测验经验的影响，等等。所以测验法和心理学研究的其他方法一样，只是了解被试心理发展的方法之一，还应与其他方法配合使用。

四、论述题

实验法具有观察法和相关法所无可比拟的优点，因而受到心理学者的青睐。

首先，与其他研究法相比较而言，实验法的主要优点在于能更好地控制无关变量的影响，就是通过一定的方法和手段来控制其他因素，从而使自变量以外的其他因素都保持恒定，这样在逻辑上我们就可以认为，所获得的任何结果都是由自变量引起的。换句话说，自变量的变化引起了所观察到的因变量的变化。设计实验（操纵自变量，控制无关变量）旨在得到一种结果解释，这也正是实验法的实质。一些非实验的研究方法只限于描述和相关预测，而实验法则可以做出因果的推断。但事实上，没有一个实验可以百分之百地消除其他变量或使其保持恒定，从而只研究一个变量。但是，与其他研究方法相比较而言，实验法能够消除更多的无关变量。

实验法的另一个优点是经济。运用自然观察法时，观察者必须很耐心地等待所要观察的情况出现，如果你住在北极圈附近的挪威特伦汗港，但却想研究热对攻击行为的影响，那么只靠太阳产生高温，就需要极大的耐心和时间了。但如果实验者通过设置感兴趣的情境来控制环境，就可以迅速有效地获得数据。

但是，不能认为有了实验法就可以忽视其他研究方法。正像观察法能够为相关研究法提供必要的准备一样，实验法也离不开较低层次的描述性方法的支持。正式观察法和相关研究法提供了最初的假设来源和因果猜测，离开了这些，实验法的假设检验和因果结论就无从谈起。

综上所述，实验法是心理学学科研究的最高级的方法，比起其他科学方法，实验法在方法学上的地位显然更为突出。研究者用实验法来验证和证伪理论，并提供解释心理现象及行为的数据。从这点来说，实验法比其他方法更能够提供确切的、令人信服的证据来解释各种心理现象和行为背后的因果关系。不过在另一方面，实验的来源和前期准备往往离不开观察和相关研究，所以这些方法并不是相互割裂的，而是能够形成一个整体。实验法的主要优点是可以更好地研究心理现象的因果关系，缺点是实验法特别是实验室实验法得到的结论，在现实中不一定可行。

第二部分　心理学文史知识习题

第七章　心理学史知识习题

一、单选题

1.（　　）年冯特在德国莱比锡大学建立第一个心理学实验室，标志着科学心理学的建立。

A．1879 年　　　　B．1789 年　　　　C．1889 年　　　　D．1891 年

2. 构造主义心理学的创始人是（　　）。

A．缪勒　　　　　B．海林　　　　　C．艾宾浩斯　　　　D．铁钦纳

3. 行为主义心理学的代表性人物是（　　）。

A．赫尔　　　　　B．班杜拉　　　　C．华生　　　　　D．巴甫洛夫

4. 操作性条件反射是（　　）提出来的。

A．巴甫洛夫　　　B．托尔曼　　　　C．韦特海默　　　D．斯金纳

5. 勒温提出了他的以需要为动力的动机体系。这一动机体系包括六个基本概念，以下不属于六个基本概念的是（　　）。

A．需要　　　　　B．紧张　　　　　C．效价　　　　　D．变量

6.（　　）是现代西方心理学史上的一个重要流派，它的影响远远超出了心理学，对西方的哲学、神学、社会学、伦理学、美学和文学艺术等都有广泛的影响。

A．精神分析　　　B．行为主义　　　C．人本主义　　　D．格式塔

7. 弗洛伊德认为人格是由本我、自我、超我三部分组成，其中自我遵循的原则是（　　）。

A．快乐原则　　　　B．现实原则　　　　C．道德原则　　　　D．至善原则

8．格式塔心理学在心理学史上最大的特点是强调心理对象的（　　）。

A．整体性　　　　B．一致性　　　　C．普遍性　　　　D．典型性

9．（　　）是勒温心理学体系中的一个重要概念，同时也是其理论的核心。

A．心理动力　　　B．行为动力　　　C．心理场　　　　D．场动力

10．学生在人际交往中受挫，往往把悲伤和愤怒发泄到家里的宠物或玩具上，这种防御机制是（　　）。

A．否认　　　　B．投射　　　　C．反向作用　　　　D．移置

11．"集体潜意识"这个概念是由（　　）提出来的。

A．弗洛伊德　　　B．荣格　　　　C．埃里克森　　　D．布伦塔诺

12．培养勤奋感，克服自卑感，是埃里克森社会心理人格发展（　　）阶段的任务。

A．儿童早期　　　B．学前期　　　C．学龄期　　　　D．青年期

13．在埃里克森的社会心理发展阶段理论中，"主动对内疚"的冲突发生在（　　）。

A．儿童早期　　　B．学前期　　　C．学龄期　　　　D．青少年期

14．下列（　　）的发表，标志着行为主义的诞生。

A．《心理学评论》　　　　　　　B．《行为主义者眼中的心理学》

C．《行为：比较心理学导论》　　D．《科学和人类行为》

15．下列说法中正确的是（　　）。

A．人格发展每个阶段都存在冲突或两极对立，构成一种危机

B．自我同一性是本我所具有的一种复杂的内部状态

C．成长中的儿童有许多零碎的自我表象，健康的自我是把零碎的表象整合成同一个人

D．个体潜意识地追求现在和未来之间的连续感，感受到生命的连贯性

16．被称为人本主义心理学"奠基之作"的是（　　）。

A．《动机与人格》

B．《人本主义心理学》

C．《人本主义心理学：一个新的突破》

D．《人本主义心理学杂志》

17. 被称为西方心理学的第一势力的流派是（　　）。

A．行为主义　　　B．精神分析　　　C．人本主义　　　D．格式塔

18. 强调对行为的预测和控制是（　　）整个思想体系中的中心内容。

A．华生　　　　　B．斯金纳　　　　C．巴甫洛夫　　　D．班杜拉

19. （　　）所建立的社会学习理论开创了心理学研究的新领域。

A．班杜拉　　　　B．韦特海默　　　C．华生　　　　　D．霍妮

20. "顿悟说"是由（　　）提出来的。

A．马斯洛　　　　B．罗杰斯　　　　C．勒温　　　　　D．苛勒

21. 创造性地借用了物理学、数学等学科的概念，并把这些概念和心理学巧妙地结合起来，这是（　　）的特色。

A．格式塔心理学　B．后现代心理学　C．拓扑心理学　　D．认知心理学

22. 人的长时记忆系统之外，还存在着短时记忆系统，这个"两种记忆说"是由（　　）提出来的。

A．沃和诺尔曼　　B．阿特金森　　　C．希夫瑞　　　　D．克雷克

23. 神经系统的学习发生在两个神经细胞相互连接的突触处，突触间连接强度是可变的，并首次给出突触间连接权重值变化的方案，这就是著名的（　　）。

A．脑组织的加工范式　　　　　　　B．Hebb 学习规则

C．感知器模型　　　　　　　　　　D．Delta 学习规则

24. （　　）是马斯洛人本主义心理学最受关注的内容，也是人本主义心理学的支柱性理论。

A．动机理论　　　B．人格理论　　　C．需要问题　　　D．自我实现问题

25. 心理学家对于行为的研究不在于寻找行为背后的个人世界原因，而在于对建构行为的话语进行分析，分析是哪些话语通过其操作特点而导致了行为产生，这是（　　）心理学的特点。

A．认知心理学　　　　　　　　　　B．信息加工认知心理学

C．后现代心理学　　　　　　　　　D．人本主义心理学

26. 下列说法中错误的是（　　）。

A．在中国传统文化的性习论里，遗传与环境哪个决定人发展的问题获得了较科学的解决。

B．性习论认为，所谓"性"（心理机能）有两种：一种是遗传得来的性（生性），另一种是人出生后由学习得到的性（习性）。

C．人的生性有很多，且人人一般都具有（性近），而习性多种多样，其发展因人境遇不同而差别渐大（习远）。

D．性习论在不否认遗传因素的前提下，突出了教育与环境对人的心理形成与发展的重要作用，符合人的心理与行为的发展实际。

27．人的知识、智能与德行是先天就有还是后天生成，这是自古至今学术界争论的话题。在中国，（　）一直处于主流地位。

A．生知论　　　B．学知论　　　C．知行合一论　　D．七阶段论

28．对于学习过程，中国先哲最具代表性、完整性的是"七阶段论"，将完整的学习分成七个阶段，七阶段下列正确的是（　）。

A．立志、博学、审问、慎思、明辨、时习、笃行

B．立志、博学、审问、慎思、明辨、笃行、时习

C．立志、博学、慎思、审问、明辨、笃行、时习

D．立志、博学、审问、明辨、慎思、时习、笃行

29．对中国近现代心理学思想的形成与发展有一定影响的学者主要有（　）。

A．龚自珍　　　B．王国维　　　C．蔡元培　　　D．梁启超

二、多选题

1．西方心理学的诞生主要归功于两个方面的文化演进和策动，其一就是西方哲学思想的长期孕育，这些哲学思想包括（　）。

A．古希腊时期的哲学思想　　　B．西方中世纪的经院哲学心理学思想

C．文艺复兴时期的哲学心理学思想　　D．近代西方的哲学心理学思想

2．对心理学成为一门独立学科起到重要催生作用的自然科学包括（　）。

A．天文学　　　B．生理学　　　C．生理神经学　　D．物理学

3．西方心理学的三大势力分别是（　）。

A．行为主义　　　B．人本主义　　　C．认知心理学　　　D．精神分析

4．操作性条件反射的建立依赖于（　）因素。

A. 操作　　　　　B. 操作强化　　　C. 刺激　　　　　D. 应答

5. 在班杜拉看来，观察学习是一种信息加工活动，他按信息加工的模式，将观察学习分为四个相互关联的子过程，下列正确的是（　　）。

A. 注意过程　　　B. 保持过程　　　C. 动作复现过程　D. 学习过程

6. 班杜拉认为，自我效能的形成受五种因素影响，以下影响自我效能的因素正确的是（　　）。

A. 替代性经验　　B. 社会因素　　　C. 言语劝导　　　D. 心情

7. 以下属于格式塔心理学主要理论观点的是（　　）。

A. 突现论　　　　　　　　　B. 同型论

C. 知觉的组织原则　　　　　D. 创新性思维

8. 勒温心理学是趋向于社会科学的心理学，其研究的最大特色是对（　　）等的强调。

A. 需要心理系统　　　　　　B. 紧张心理系统

C. 团体行为　　　D. 个体行为　　　E. 社会气氛

9. 下列关于弗洛伊德的潜意识论中，正确的有（　　）。

A. 前意识是指能够进入意识中的经验

B. 潜意识包括性的欲望

C. 意识严密防守潜意识中的本能欲望闯入意识中

D. 潜意识的心理支配着人的一生

10. 弗洛伊德将焦虑分为（　　）等几种类型。

A. 现实焦虑　　　B. 未来焦虑　　　C. 道德焦虑　　　D. 神经症焦虑

11. 信息加工心理学的大部分研究集中于以下几个方面（　　）。

A. 知觉加工　　　B. 模式识别　　　C. 注意与记忆　　D. 问题解决

12. 下列关于联结主义心理学的说法中，正确的是（　　）。

A. 联结主义模式的基本构成成分包括单元和联结

B. 单元是带有活性值的简单加工器

C. 联结是单元之间相互作用的中介

D. 单元及单元之间的联结则构成网络

13. 人本主义心理学产生的思想渊源包括（　　）。

A. 机能主义　　　B. 人性论　　　　C. 人道主义　　　D. 现象学

14. 下列属于马斯洛"高峰体验"特点的有（   ）。

A．产生的突然性　　B．程度的强烈性　　C．感受的完美性　　D．存在的普遍性

15. 下列属于后现代心理学观点的是（   ）。

A．知识、心理、意义都只不过是社会的建构

B．人们可以达到对世界的客观理解

C．知识是以语言形式表述的社会一致意见

D．心理并非先在于主观世界的"本质实在"和对客观世界的反映或摹写

16. 行为主义心理学的研究方法包括（   ）。

A．观察法和测验法　　　　　　　B．条件反射法

C．言语报告法　　　　　　　　　D．社会实验法

17. 班杜拉认为，自我效能的形成主要受（   ）等因素的影响。

A．行为的成败经验　　　　　　　B．个人经验

C．言语劝导　　　　　　　　　　D．情绪和生理状态

18. 下列属于知觉组织原则的是（   ）。

A．图形与背景的关系原则　　　　B．接近或邻近原则

C．相似原则　　　　　　　　　　D．开放原则

19. 下列关于勒温的公式 B=f（P,E）正确的是（   ）。

A．B 代表行为　　B．f 指函数关系　　C．P 指人群　　　D．E 指全部的环境

20. 关于勒温的团体内聚力下列说法正确的是（   ）。

A．大部分团体都面临着内聚和分裂的压力

B．分裂的压力主要来源于团体内各成员间交往的障碍或团体内个体的目标与团体目标间的冲突

C．内聚力主要指团体成员间的凝聚力

D．内聚力的强度依赖于个体求得成员资格的动力强度

21. 弗洛伊德确定了神经症焦虑的几种表现形式，它们分别是（   ）。

A．漂浮的焦虑　　B．变态恐怖焦虑　　C．现实焦虑　　　D．惊恐反应

22. 集体潜意识指的是（   ）。

A．人类祖先经验的积淀，是人类做出特定反应的先天遗传倾向

B．在每一世纪只增加极少的变异，是个体始终意识不到的心理内容

C．集体潜意识的主要内容是本能和原型

D．原型不能在意识中直接表现，但会在梦、幻想、幻觉和神经症中以原始意象或象征的形式表现出来

23．马斯洛还提出了自我实现的途径，以下正确的是（　　）。

A．充分地、无我地体验生活，全身心地投身于工作和事业

B．承认自我存在，要让自我明显地表现出来

C．能从小处做起，倾听自己的爱好和选择

D．高峰体验是自我实现的短暂时刻

24．罗杰斯认为自我具有以下几个方面的明显特点（　　）。

A．自我概念属于对自己的认知范畴，包括对自己的特点的知觉，以及与自己有关的人和事物的知觉的总和

B．认为自我概念是有组织的、较易变化的结构

C．认为自我只能表征控制行为的主体

D．认为自我是一种经验的整体模型，这种整体模型主要是有意识的或可以进入意识的东西，通常能够被人所知觉

25．罗杰斯的"来访者中心疗法"与传统方法的不同之处在于（　　）。

A．打破了以往疾病诊断的界限，不做疾病诊断和鉴别，治疗对象不分正常病人和精神病人，而统称为来访者

B．不太重视治疗环境与气氛

C．不太重视治疗技术和技巧

D．主张治疗师不以专家、医生自居，而是以普通人的身份出现，以平常的态度来对待来访者

26．下列说法正确的有（　　）。

A．1955年8月，中国心理学会在北京正式成立并召开第一次会员代表大会，选举潘菽为中国心理学会第一任理事长

B．中国现代心理学发展时期的最初阶段首要任务是进行心理学的建设与发展

C．自1976年10月起，中国进入了一个新的历史时期，中国的心理学也由此获得了新生，进入重新恢复阶段

D．自20世纪80年代至1999年，伴随着中国改革开放的不断深入，中国的心理

学事业进入了一个稳定发展阶段

27. 中国古代心理学的智能心理观包括下列（　　）等理论。

A. 智能先天基础论　　　　　　　　B. 智能天人合一论

C. "知而获智"观　　　　　　　　D. 智能相互依赖论

28. 中国古代心理学思想史的基本理论观点有（　　）。

A. 人贵论　　　　　B. 身心论　　　　　C. 性习论　　　　　D. 性情论

29. 以下属于我国心理卫生思想中保健原则的是（　　）。

A. 治人、事天莫若啬　　　　　　　B. 道法自然

C. 害于生则止……利于生者则为　　D. 物也者，所以养性也

30. 当代中国心理学事业进入迅猛发展阶段的标志主要有（　　）。

A. 国家科技部将心理学确定为 18 个优先发展的学科之一，促进心理学在中国的迅速普及

B. 开设心理学专业、心理学系或心理学院的高校不断增加

C. 心理学专业博士点与博士后流动站的发展"由点向面，全面开花"

D. 与国外心理学同行开展学术交流活动的频次增多，档次提高

三、简答题

1. 行为主义心理学的主要观点是什么？

2. 简述弗洛伊德精神分析的主要思想。

3. 马斯洛人本主义心理学研究的基本主张有哪些？

4. 简述勒温的心理场理论。

5. 简述人本主义的需要动机理论。

6. 罗杰斯"以人为中心的治疗"主要观点是什么？

四、论述题

1. 弗洛伊德的 8 种心理防御机制有哪些？

2. 埃里克森人格发展阶段主要分为哪几个阶段？各阶段的特征是什么？

3．人本主义心理学产生的社会历史背景是什么？

4．简述我国古代丰富的心理学思想为什么未能在现代演变成一门独立的心理学科。

参考答案

一、单选题

1. A	2. D	3. C	4. D	5. D
6. A	7. B	8. A	9. C	10. D
11. B	12. C	13. B	14. B	15. A
16. A	17. A	18. B	19. A	20. D
21. C	22. A	23. B	24. C	25. C
26. C	27. B	28. A	29. A	

二、多选题

1. ABCD	2. ABCD	3. ABD	4. AB	5. ABC
6. AC	7. ABC	8. ABCDE	9. ABD	10. ACD
11. ABCD	12. ABCD	13. BCD	14. ABCD	15. ACD
16. ABCD	17. ACD	18. ABC	19. ABD	20. BD
21. ABD	22. ABCD	23. ABCD	24. AD	25. ACD
26. ACD	27. AC	28. ABCD	29. ACD	30. BCD

三、简答题

1. 在 1913 年发表的《行为主义眼中的心理学》中，华生明确地宣称：在行为主义者看来，心理学纯粹是自然科学的一个客观的实验分支，它的理论目标就是预测和控制行为。这段话包括几个方面的含义：首先，心理学是一门纯粹的自然科学；其次，心理学的研究对象是行为，行为是可以外部公开观察的有机体的反应；再次，行为完全独立于意识，应该根据行为自身的特征来研究行为；最后，人类行为和动物行为都应该是心理学的研究对象。

在具体问题上的观点包括：（1）本能理论。完全否认本能，认为遗传的只是身体结构，而不是身体的机能和心理素质。所谓能力、才能、气质、心理构造和性格，都是摇篮时期训练的结果。（2）情绪理论。认为条件化是情绪发生和复杂化的机制。人的各种复杂情绪都是在基本情绪的基础上，通过条件作用而逐渐形成的。（3）人格理论。华生认为，人格是个体整个行为模式的总体，是个体一切动作的总和。至于如何改变人格，华生认为：彻底改变人格的唯一途径，就是通过改变个体的环境来重塑个体，用此方法使新的习惯加以形成。

总之，华生的行为主义理论体系是建立在他对心理学对象和方法客观化的基础上的，他对各种具体心理现象的研究都是对其客观"刺激—反应"的行为公式的具体应用和说明，其最终目的在于使心理学成为一门能预测和控制人的行为的、真正的自然科学。

2. 弗洛伊德精神分析的主要思想主要分为四个方面：

（1）潜意识论。弗洛伊德认为，人的心理包括意识和无意识现象，无意识现象又可以分为前意识和潜意识。所谓前意识，是指能够进入意识中的经验；潜意识则指根本不能进入或很难进入意识中的经验，它包括原始的本能冲动和欲望，特别是性的欲望。

（2）精神分析的方法。精神分析主要研究意识现象，但潜意识不能被直接认识，因此，必须通过一些独特的方法对它进行研究。这些方法是：自由联想法、梦的解析法和日常生活心理分析法。

（3）本能论。弗洛伊德十分强调潜意识的重要性，而潜意识的核心内容就是本能欲望和冲动。弗洛伊德在晚期理论中修正了早期的本能理论。他分析了自我本能具有保守性、倒退性和强迫性重复，从而引申出死本能。他又将自我本能和性本能合并为生本能。总之，生本能代表爱与建设的力量，其目的是生命的生长与增进。死本能则代表了恨与破坏的力量，目的是死亡或回复到无生命、无机物和生命的解体状态。

（4）人格论。弗洛伊德早期把人格分为意识、前意识和潜意识三个层次，晚期提出了新的人格学说，即人格是由本我、自我和超我三个部分组成的。

（5）焦虑与防御机制理论。①焦虑论。弗洛伊德认为，焦虑是自我对冲突所引起的结果的反应，是个体把冲突看作一种危险的或是不愉快的信号所引起的结果的反应。他认为，焦虑可能使个体不恰当地使用防御机制，导致心理疾病。焦虑有三种类型：现实焦虑、神经症焦虑、道德焦虑。②自我防御机制。弗洛伊德认为，自我防御机制是个体无意识或半意识地采取非理性的、歪曲现实的应付焦虑、心理冲突或挫折的方式，是自我的本能。他主要提出了8种自我防御机制：压抑、反向作用、投射、否认、移置、升华、自居作用、倒退。

（6）社会文化观。弗洛伊德社会文化观的基本观点是将人性和人类文明相对立。他所理解的人性就是人的本能，特别是性本能；文明或文化就是人类社会生活本身。

他认为，文明发展的动力只能来自对个人的本能的压抑和升华，或者，文明的发展要以牺牲个人本能需要的满足为代价才能实现。

3. 在心理学的研究对象问题上，马斯洛主张从人本主义的基本观点出发，认为意识体验是心理学研究的基本出发点，主张把个体内在的意识体验或经验作为心理学的首要研究对象。他认为，意识与无意识的对立是人格发展水平不高的表现，越是高级的价值越是依赖于人的有意识活动的积极作用。科学心理学的宗旨是要创造出一种"阐述人的心理生活史的新方式"，对健康的心理、人格做出新的、有意义的和有价值的规范，从而为建立合理生活奠定普遍的理念基础。马斯洛强调只有坚持以健康的人、自我实现的人作为心理学研究对象，"才能有更好的生活"。

在研究方法上，马斯洛强调作为一门研究人的科学的心理学，必须考虑人的特殊性，关心人类生活的意义、价值，应该以对个人和社会有意义的问题为中心，尊重人的价值与尊严。研究方法要顺应问题，并为问题服务。正确的做法是应该以对个人或社会有意义的问题为中心，以心理现象的本质为中心。

4. 心理场是勒温心理学体系中的一个重要概念，同时也是其理论的核心。勒温认为，心理场就是一个人的过去、现在的生活事件、经验和未来的思想愿望所构成的一个总和。也就是说，心理场包括一个人已有的生活的全部和对将来生活的预期。勒温又认为，每个人的心理场的过去、现在和未来这三个组成部分都不是恒定不变的，它们会随着个体年龄的增长和经验的累积在数量上和类型上不断丰富和扩展。勒温主要借助心理场来研究一个人的需要、紧张、意志等心理动力因素，因此，人们又常把勒温的心理场称为心理动力场。

为了更好地说明心理动力场，勒温又提出了一个新的概念，即心理生活空间。生活空间可以分成若干区域，各区域间都有边界阻隔。个体的发展总是在一定的心理生活空间中随着目标有方向地从一个区域向另一个区域移动。个体发展的心理过程实质就是生活空间的各个区域的不断丰富和分化。这些区域的丰富和分化沿着多个方面进行，如身体、时间现实和非现实等方面。勒温的生活空间其实是对心理环境和心理动力场的一个总的描绘，它成为勒温理论中最有影响的一个概念。

5. 需要问题是马斯洛人本主义心理学最受关注的内容，也是人本主义心理学的支柱性理论。马斯洛式动机的出发点立足于需要上。需要是动机产生的源泉和基础，需要的性质、强度决定着动机的性质和强度。

马斯洛将人类的需要划分为两大类：一类是基本需要，或缺失性需要，包括生理需要、安全需要、爱与归属的需要、尊重的需要。这些都是人生存过程中不可缺少的、普遍的生理和社会需求，属于低层次的需要。另一类是发展性需要，也称成长的需要或超越性的需要，主要指认知的需要、审美的需要和自我实现的需要，属于个体健康成长和自我实现潜能的需要，只有在低层次的基本需要得到满足之后才能产生高层次的心理需要。

6. "以人为中心的治疗"是人本主义心理治疗的重要内容，也是罗杰斯对心理学的一个突出贡献。

罗杰斯认为，一个人在自己的成长发展过程中，在与环境的长期交互作用中，逐渐把自己的"自我"一分为二："自我"与"自我概念"。所谓自我，是指真实的自我。自我概念则是一个人对自己经验和体验的知觉、认识。当自我与自我概念一致和协调时，相应的个体心理就是健康的，就能达到自我实现；相反，适应程度低的自我与自我概念则趋向不一致和不协调，就会出现心理压抑、心理失调、焦虑等各种心理障碍甚至疾病。心理障碍的根本原因是背离了自我实现的正常发展，咨询和治疗的目标在于使自我恢复正常的发展。

罗杰斯的心理治疗方法被称为"来访者中心疗法"。这种方法把改变人格的主要责任放在患者本人身上，而不是像精神分析学派那样以治疗者为中心。罗杰斯认为，人是有意识、有理性的，人们总是被有意识的思想引导的，而不是受自己不能控制的无意识力量支配。人的最终标准是他自己的有意识的经验，这种经验能提供一种理智和情绪的框架，人格在这个框架中持续不断地成长。他反对医生中心权威论，反对采取强制和生硬的态度对待患者，主张心理治疗要有真诚关注患者的感情，要通过认真地听达到真正的理解，在真诚和谐的关系中启发患者运用自我指导的能力，促进患者内在力量的健康成长。

传统的心理治疗普遍以"问题解决型目标"为主，以"减少痛苦症状""增强自信""选择更好的职业"等作为描述这种心理治疗类型的常用概念。罗杰斯坚持了"人格成长型"的心理治疗目标，提出人格成长型的心理治疗目标的最终效果在于人性的实现和人格的改变。次级目标则是改变自我结构，以开放的态度对待情绪经验，如减少内在冲突，增强自尊心和自我整合能力，提高对生活方式的满意度，从而成为一个充分起作用的人。他认为心理咨询和治疗的一个重要目标是填平自我概念与自我经验之间的沟壑。

四、论述题

1. 弗洛伊德认为，自我防御机制是个体无意识或半意识地采取的非理性的、歪曲现实的应付焦虑、心理冲突或挫折的方式，是自我的本能。他主要提出了8种自我防御机制：

压抑：指将引起焦虑的思想观念和欲望冲动排遣到潜意识中去，压抑是最基本、最重要的防御机制。

反向作用：指用相反的行为方式来替代受压抑的欲望。例如，心里对某人深怀妒忌，但是因碍于道德观念或吃醋、报复之心等不显露，反而表现出对对方非常热情和友善的态度。

投射：指把自己内心的不为社会接受的欲望冲动和行为归咎于他人。社会偏见现象即来源于投射作用。常见的精神病患者的被害妄想也来源于投射作用。

否认：指个体拒绝承认引起自己痛苦和焦虑的事实的存在。在否认中，重新解释事实占有很大的成分。

移置：指本能冲动和欲望不能在某种对象上得到满足，就会转移到其他对象上，或是转变驱力。例如，学生在学习或人际交往中受挫，往往把悲伤和愤怒发泄到家里的宠物或玩具上。

升华：指将本能冲动转移到为社会赞许的方面。弗洛伊德认为，个体只有在自我是健康的、成熟的，且性本能得到部分满足时，才会采用这种防御机制。

自居作用：又称认同，指个体把他人的特征加到自己身上，模拟他人的行为。如个体以重要人物自居，如老师、名人等，从而进一步内化价值观和行为方式，丰富和发展自己的人格。

倒退：指当个体遇到挫折时，经早期发展阶段的幼稚行为来应付现实，目的是获得他人的同情，减轻焦虑。

2. 埃里克森认为人的发展是依照渐成论原则而展开的一个进化过程。他主张，人的一生的生命周期可分为八个阶段，它们是固定地以不同的先后顺序逐渐展开的，且这一模式在不同文化中普遍存在。

3. 人本主义心理学产生的社会历史背景：

首先，人本主义心理学思潮满足了当时美国社会发展的需要，随着经济繁荣和社会物质生活水平的提高，人们就会追求更高的精神需要的满足。

其次，美国社会在表面繁荣的背后面临着许多尖锐的矛盾和严重的异化现象，特别需要有一种新的心理学理论加以研究和解决。人本主义心理学的兴起与主张，正是代表了一种对"科技中心主义"的反省，代表了美国心理学界对时代精神挑战的一种积极回应。

最后，社会生活中的文化变迁、心理冲突与价值观的危机，需要有一种新的心理学理论和心理治疗模式来应对。传统的美国文化认为"人的幸福是由物质利益和金钱来铸成的"，但是20世纪70年代，这种传统的价值观念受到怀疑，许多人陷入心灵孤独、情感焦虑、价值危机、意义性丧失等心理冲突。以探索一种人的"心理生活新方式"为己任、强调对人自身价值潜能发掘的人本主义心理学思潮应运而生。

4. 中国古代丰富的心理学思想未能在现代演变成一门独立的心理学科，究其原因，主要有以下五个方面：

（1）受到思维方式的限制。中国传统思维方式的主要特点是强调主体与客体、人与自然的和谐统一。这种天人合一式的传统思维方式，容易将人与人的关系类推到人与物的关系上，从而不利于心理学研究的精细化和科学化，导致中国古代生理心理学思想和实验心理学思想相对贫乏。

（2）以"孝"为核心的封建礼教束缚了人体生理解剖学的发展。尤其是汉武帝采纳董仲舒"罢黜百家，独尊儒术"的主张后，其他学说或被边缘化，或逐渐灭绝。在这种大背景下，《孝经·开宗明义章》所说的"身体发肤，受之父母，不敢毁伤，孝之始也"被世人奉为"圣旨"而遵从，中国古人包括医生不敢轻易去解剖尸体，因此导致古代中国没有取得像欧洲19世纪所取得的生理心理实验科学成果。

（3）中国古代哲学家的心性之学，不大受医学界的生理研究的启发与影响。与西方冯特受生理学研究启发而推动心理学诞生不同，国人不善于从医学研究中吸取灵感，从而使中国古代的心性之学失去与医学"交叉"的机会。

（4）古代中国人推崇"学而优则仕"，导致许多读书人一生将主要精力和时间放在钻研儒家经典上，而将与科举无关的知识和技能视作"奇技淫巧"。

（5）清末民初动荡的社会环境无法为学术研究提供一方净土，无力为研究学问提供最基本的物质条件。

第八章　中国文化心理学知识习题

一、单选题

1. 中国传统文化中的社会化是指（　　）。

A. 是指个人参与社会生活，通过交互活动，习得知识、技能和行为规范成为一个社会成员的过程

B. 即从自然人发展成为社会人的过程

C. 一般分为早期社会化（儿童、青少年期）、继续社会化（中年、老年期）和再社会化

D. "做人"即社会化

2. "慎染说"指的是（　　）。

A. 指谨慎对待环境和教化对个体品性的影响的一种观点

B. 不要去接近那些容易影响人品性的东西

C. 要避开不良的环境和不好的教化

D. 一个人在成长中接触到不好的东西就可能会失去本性

3. 中式社会化历程的特点有（　　）。

A. 呈现倒 U 形曲线

B. 呈现 U 形曲线

C. 对所有个体都有同样的标准要求

D. 内圣外王的理想人格

4. 下列说法中错误的是（　　）。

A. 政治社会化是个体的政治态度与政治信念形成的过程

B. 当代中国政治社会化的重要特点是"君为臣纲"思想依然潜在人们心中

C. 中国越来越重视社会主义民主政治所需要的政治素质的培养

D. 爱国热情持续高涨是当代中国政治社会化的一个重要特点

5. 关于道德社会化，下列说法不正确的是（   ）。

A. 古代中国在家庭与国家间几乎没有真正意义上的"社会公共生活"

B. 在当代中国道德社会化过程中，一些有识之士都力倡要培养个体的公德意识

C. 古代中国人大都很注重公德的培育

D. 个体在其社会化过程中做到兼顾公德与私德的培育，不能偏执一方

6. 当代中国人在进行道德社会化时的做法正确的是（   ）。

A. 一般是以传统伦理道德为主

B. 适当融进一些儒家文化的精益思想

C. 目的就是使当代中国人保持中华传统美德

D. 以社会主义道德为核心

7. 性别角色社会化是指（   ）。

A. 按照不同性别接受不同的社会化

B. 随时代不同而改变，会受到不同文化的影响与冲击

C. 个体学习自己所属文化规定的性别角色的过程

D. 在不同的国家、地域会有不同的性别角色社会化标准

8. 古代中国人在进行道德社会化时，一般以（   ）伦理道德规范为主。

A. 儒家   B. 法家   C. 道家   D. 儒、道、佛三家

9. 中国式社会化理论中，"双主体"思想指的是（   ）。

A. 好的外部环境和好的教育的主体性

B. 好的外部环境与好的品性的主体性

C. 好的教育与好的品性的主体性

D. 好的外部环境与个体或监护人的主体性

10. 绝大多数中国人的社会化历程或人生曲线犹如一条很大的浅底 U 字形曲线，此形状的表面寓意是（   ）。

A. 起点和终点是人生最重要的两个阶段

B. 尊敬老人，爱护孩子。

C. 从幸福的童年到中年深度社会化再到老年的返璞归真

D. 中国人社会化历程的鲜明特点是两头较舒服，中间颇艰辛

11. 中国文化中的"社会我"指（   ）。

A. 个体对自己在社会生活中所担任的各种社会角色的认识

B. 个体对自己在社会生活中所担任的特定社会角色的认识

C. 个体对自己在社会生活中所担任的社会角色关系的评价

D. 个体对自己在社会生活中所担任的各种社会角色的情感以及由此产生的意向的认识

12. 关于中国文化心理学中"人前我"的说法错误的是（　　）。

A. 指在公共场合或众人面前表现出来的我

B. 人前我像演戏一般是将我最好的一面展现给他人

C. 人前我依照理想自我的要求行动，朝着他人希望的方向努力

D. 总是期望给他人留下好印象，折射出中国人渴望得到他人好的评价的心态

13. "寡人"和"不才"这样的称谓体现出中国人在我的称谓上（　　）的特点。

A. 多从自己与他人的关系入手来指称我　　　　B. 重素质

C. 推崇自谦　　　　D. 以德为先

14. 关于中国文化中"理想我"与"现实我"的说法，正确的是（　　）。

A. 理想我指个体在理想世界中建构出来的自我，现实我指个体在现实生活中真实展现出来的自我

B. 中国人为了生存与发展，利用理想思维来应对环境

C. 大多数中国人会因为"理想我"与"现实我"的差距产生心理困惑

D. 若"理想我"与"现实我"发生冲突，多数中国人宁愿收起"现实我"只展现"理想我"

15. 关于中国人自我的内容，下列正确的是（　　）。

A. "心理我"是个体的心理状态

B. "社会我"指他人对自己各种社会角色的认识

C. 多数中国人论自我，重在讲"社会我"，很少讲"身体我"与"心理我"

D. "身体我"也叫生理自我，指个体对自己身体的，认识情感以及由此产生的意向

16. 下列说法中错误的是（　　）。

A. 中国传统文化的主流习惯于以"仁"定义人，这一过程的实质是将明确的自我的疆界铲除掉，以打通自我与他人的关系

B．对绝大多数中国人而言，一旦产生自我，其含义就会停留在个我的身上

C．中国人的自我并非是完全独立的

D．在中国人的自我观中，划分个我、小我与大我的分界线是可进可退的

17．以"同"代"和"的说法，下列正确的是（　　）。

A．以自我为中心，抹杀其他人或他物的个性，从而谋求一种无差别的一致性关系

B．追求两方的和谐一致，达到"和"的目的

C．可从中使用民主、协商、对话等沟通方式

D．有利于加强群体的凝聚力

18．"将相不和国有大祸"体现的是中国人尚和心理中的（　　）。

A．和为贵　　　　　B．畏争　　　　　C．迁就　　　　　D．必须谦虚待人

19．关于尚"和"心态下列说法正确的是（　　）。

A．尚"和"心态是古代中国人的集体潜意识，现当代有了很大改变

B．在当代中国人的心中，"和为贵"的心态受到巨大冲击并渐趋弱化

C．古代中国人际交往的策略几乎都是为了达到和谐人际关系的目的，这一弊端正在被逐渐改善

D．对于尚"和"心态，和谐化的辩证观，有助于理解中国人处理冲突的方法

20．下列关于中国人"人情"的说法不恰当的是（　　）。

A．人情成为调节中国人际关系的一个重要准则

B．人情有道德化、伦理化的特点

C．人情也成为衡量一个中国人会不会做人的重要标尺

D．人情又具有社会文化规范的约束机能

21．人情有一定的社会规范功能，下列表述不合此意的是（　　）。

A．维护人际关系和谐，有利于和谐社会的建立与维持

B．非常看重"直系血缘关系的共同性"有内在关联

C．容易给人物质上和精神上带来巨大的压力

D．又容易使社会出现任人唯亲而不是任人唯贤的负面现象

22．关于中式人格的定义，下列不正确的是（　　）。

A．中国本土文化所讲的人格，不但有人品之义，还有个性之义

B．人品一词为中国文化所固有，它的含义有两个：一是指人的品格，二是指人的

行为

C．中国人讲的个性，实际上相当于西方心理学所讲的个性差异

D．中国本土文化里的人格包含两个相互关联的含义：一是指人所独具的品性，二是指人的品性与才能所呈现的不同等级

23．下列不属于古代中国人的现实人格特点的是（　　）。

A．"刑不上大夫"的人格不平等意识

B．方圆人格

C．"鱼与熊掌不可得兼，舍鱼而取熊掌者也"的现实人格

D．"君为臣纲"的依附性人格

24．关于中国人理想人格与现实人格脱节的缘由，下列表述不正确的是（　　）。

A．"内圣"与"外王"本是一对难以融会贯通的概念

B．现实人格与理想人格相距太远，很难达到

C．理想人格所设立的标准太高且单一

D．过于忽视知识教育，使理想人格的实现失去了现实基础

25．中国先哲所强调的天人合一式的整体思维对我们的影响有积极的一面，也有消极的一面，消极的一面主要体现在（　　）。

A．导致中国人从未真正将"个体"放在优先考虑的地位

B．不能客观把握事物真相

C．过分重视寻求事物与事物之间的因果关系

D．过分强调天人合一

26．中国人对辩证思维的重视的具体体现不正确的是（　　）。

A．中医善用辩证思维　　　　　　B．道家善用辩证思维

C．文艺人士善用辩证思维　　　　D．灵活运用一些看似矛盾的言论

27．人们对中庸的误解体现在多个方面，下列哪项不是对中庸的误解（　　）。

A．"中"有不彻底之意　　　　　　B．"中"有在中间之意

C．"庸"是"庸碌"之意　　　　　　D．"庸"是"庸俗"之意

28．中国先哲偏爱伦理型思维的原因是（　　）。

A．儒家思维影响　　　　　　　　B．道家思想影响

C．法家思想影响　　　　　　　　D．佛家思想影响

29．中庸思维的内涵是指（   ）。

A．指个体从当时所处的具体情境出发，用恰到好处的"分寸"把握自己所面临的一个或多个问题，以使问题获得正确且圆满的解决

B．具体问题具体分析对待

C．过犹不及

D．不偏不倚之谓中

二、多选题

1．下列关于"中国文化心理学"研究的说法中正确的是（   ）。

A．是指以中国文化为背景，兼顾中国文化与心理学两个角度来研究中国人的心理与行为规律的一门心理学分支学科

B．研究中国文化里蕴含的心理学思想

C．研究在中国文化熏陶下，个体在心理与行为上如何长成中国人

D．研究长成中国人后的个体所具有的重要心理与行为规律

2．中式"做人"与西式"社会化"的区别有（   ）。

A．"做事"问题是西方人心目中一个重要问题

B．西方人"做事"理念的实质是，重在行动

C．中国人认为，个体在"社会化"之前不能称作真正意义上的"人"

D．"做人"是中国人的头等大事，一个人在没有做好人之前，是没有精力也没有必要去做事的

3．中国文化中"做人"理念的不足有（   ）。

A．易抹杀人的生物属性，进而不易重视和尊重一个人的基本需要和基本的做人权利

B．割裂了德与才之间的辩证关系，过于优先考虑"德"在成人过程中的价值，轻视"才"在成人过程中的价值

C．要求树立"做人"与"做事"并重的理念

D．"必仁且智"的完整的做人理念，太过于追求完美

4．下列属于中式"社会化"的主要观点有（   ）。

A．成熟论　　　　B．社会学习论　　　C．慎染说　　　　D．童心失说

5．李贽提出"童心失说"，指出童心丢失的三个过程分别是（　　）。

A．个体在成长过程中受到名利的诱惑而渐渐失去本真的状态

B．起初，个体自觉或不自觉地将在日常生活中看到的某些社会现象内化到自己的内心中，使自己内心本有的童心慢慢丧失

C．随着年龄的增长，个体通过所见所闻获得了一些道理，尤其是一些所谓做人的道理，并让这些道理逐渐占据个体的心灵

D．随着岁月流逝，个体的社会阅历逐渐增多，懂得去追求名利，去掩盖丑恶

6．中式"社会化"中颇具现代价值的思想有（　　）。

A．所持的是多因素论

B．重视环境在个体社会化中所起的巨大作用

C．推崇"少成若天性，习惯成自然"的道理

D．突出双主体的作用

7．中式社会化的主要内容有（　　）。

A．政治社会化　　B．道德社会化　　C．文化社会化　　D．性别角色社会化

8．下列属于社会主义道德基本内容的是（　　）。

A．坚持社会主义核心价值体系，倡导集体主义和爱国主义，弘扬敬业、诚信、友善等道德规范

B．培育知荣辱、讲正气、促和谐的道德风尚，形成男女平等、尊老爱幼、扶贫济困、礼让宽容的人际关系

C．发扬艰苦奋斗精神，提倡勤俭节约，反对拜金主义、享乐主义、极端个人主义

D．与时代精神相融合，继承和发扬民族优秀文化和传统美德

9．当代中国人在性别角色社会化方面的重要特点有（　　）。

A．从持有"男尊女卑"式性别偏见，转向接受男女平等观念

B．"男主外，女主内"的性别分工思想，受到社会浪潮严重冲击而改变

C．随着妇女地位在当代中国的逐步提高，"惧内"有愈演愈烈的趋势

D．性别中性化初现端倪

10．下列说法中正确的是（　　）。

A．对于大多数中国人而言，在做人过程中多将本该连贯一致的个体社会化历程

分为明显的前后两节

B. 在个体未真正进入社会之前，主要按儒家的理想来塑造人，要求一个人要做君子

C. 古代做人的最高目标是实现"内圣外王"的理想人格做个圣人

D. 在个体真正走入现实社会后，迫于生存的需要，一个人又被要求做成熟人

11. 古代中国人在对"我"的称谓上有（　　）几个特点。

A. 多从自己与他人的关系入手来指称我

B. 重素质，尤其是品质

C. 推崇自我

D. 忽略个人价值

12. 中国人的自我的内容主要有（　　）。

A. 身体我、心理我与社会我　　　　B. 理想我与现实我

C. 人前我与人后我　　　　　　　　D. 大我与小我

13. 中国人自我表现的特点是（　　）。

A. 重礼节　　　　B. 不流俗　　　　C. 内外有别　　　　D. 含蓄和表里如一

14. 关于中国文化中"小我"与"大我"的说法，正确的是（　　）。

A. 大我代表多数人利益的自我，小我只代表少数人乃至个人利益的自我

B. 大我和小我的内容是固定不变的

C. 不赞同牺牲小我保全大我的做法

D. 凡事只追求小我而不顾大我的做法，都会受到中国文化的谴责

15. 关于中国文化中"人前我"与"人后我"的说法，正确的是（　　）。

A. "人前我"指在公共场合表现出来的我，"人后我"指私下场合或在极少数与自己关系非常亲密的人面前表现出来的自我

B. "人前我"像演戏一般是将我最好的一面展现给他人

C. "人后我"一般会以自我的真实想法行动

D. "人后我"比"人前我"高尚和纯粹

16. 下列关于中国人行为方式的说法中正确的是（　　）。

A. 中国人的行为特色并不是个人主义，而是自我主义

B. 一切价值是以自己作为中心的主义

C. 分析中国人的行为方式时，应该放弃对个人主义与集体主义这个表层特征的

探讨

D. 分析中国人的行为方式，应将中国人的我的特性作为分析的重点

17. 中国人的尚"和"心理包括（　　）。

A. 自然的和谐
B. 人与自然的和谐

C. 人际之和
D. 人自我身心内外之和

18. "真和"指的是（　　）。

A. 是真正意义上的和谐人际关系

B. 交往双方都从心底彼此尊重并接受对方合情合理的个性特征，并相互鼓励对方发展自己的健全人格

C. 交往双方都要从心底认同对方的思想或观念

D. 通过民主协商、对话互融、互谅或适度竞争的方式来寻求协调一致的关系

19. 中国人在与人交往和处理人际关系时的尚"和"心态，除了和而不同与谦和待人以外，主要有6种表征，下列正确的是（　　）。

A. 和为贵　　　B. 企盼和事佬　　　C. 不争　　　D. 逢迎

20. 下列关于中国文化中"人情"一词的含义解读中正确的有（　　）。

A. 人情即"人的情绪或情感"的简称，这是人情的本义

B. 合乎情理的人心或世情，正如曹雪芹所说："世事洞明皆学问，人情练达即文章。"

C. 婚丧喜庆交际中所送的礼物

D. 情面、情谊。如托人情，做个人情

21. 中国人重人情的原因主要是（　　）。

A. 小农经济：中国人重人情的经济基础

B. 伦理本位儒家文化的盛行

C. 重"仁"导致重人情

D. 人情的补偿功能

22. 在中国，人情有交换价值体现在（　　）。

A. 投桃报李　　　B. 施恩情　　　C. 欠人情　　　D. 一般性的礼尚往来

23. 中国文化里的人格类型说包括（　　）。

A. 儒家的君子与小人二分式人格类型说

B．中医的人格类型说

C．曾国藩的人格类型说

D．刘劭的人格类型说

24．理想人格是指表现一种文化的精神和价值，并为生活于该文化中的人们所崇尚、所效法的人格。中国传统文化里所蕴含的理想人格特点是（　　）。

A．"人皆可以为尧舜"的人格平等意识

B．"内圣外王"的完美人格

C．"匹夫不可夺志"的独立人格

D．"自强不息，厚德载物"的人格追求

25．下列选项中属于中西方人格观差异的有（　　）。

A．关注群体人格或个体人格的差异

B．鼓吹依附性人格或独立人格的差异

C．修养人格的途径与方式有差异

D．对道德人格与人格全面发展的态度有差异

26．下列说法中正确的是（　　）。

A．中国人的人格结构观念里，基本上排除了"本我"的地位

B．西方人的人格结构观念里，"本我"所占的比重最大

C．西方人的人格结构里，"超我"只占一小部分

D．中国人的人格结构里，"超我"占的比重最大

27．经典中式思维方式的特点包括（　　）。

A．善用整体思维　　　　　　　B．推崇辩证思维

C．向往中庸思维　　　　　　　D．惯用系统思维

28．经典中式思维方式的"先天不足"有（　　）。

A．思维偏重于伦理型而少认知型

B．少分析思维

C．少独立思维、批判性思维和创新思维

D．少逻辑思维

29．中国人"整体思维"的具体表征有（　　）。

A．中国人多重整体而轻局部，为了整体可以牺牲局部的利益

B. 就两个或多个客观事物之间的关系而言，中国人特别强调从整体的角度来把握彼此之间的关系

C. 中国人的家国情怀

D. 提倡身心合一，推崇知行合一

30. 中国人若要扬长避短，发展出健全的思维方式，还需做到（　　）。

A. 创新思维与独立思维要兼顾

B. 整体思维与分析思维要兼顾

C. 模糊思维与精确思维要兼顾

D. 训练逻辑思维和形象思维与培育直觉要兼顾

三、简答题

1. 中式社会化历程的主要特点是什么？

2. 中国人自我表现的特点是什么？

3. 中国文化中关于"大我"与"小我"的观点是什么？

4. 中国人在与人交往和处理人际关系时的尚"和"心态主要有哪 6 种表征？

5. 简述中西方人格观的差异。

6. 简述中国人为什么重"人情"。

7. 简述经典中式思维方式及其特点。

四、论述题

1. 中式"做人"与西式"社会化"的区别是什么？

2. 如何辩证地看待中国人的尚"和"心态？

3. 中国传统理想人格、现实人格脱节的原因。

4. 当代中国人如何培育完善的思维方式？

参考答案

一、单选题

1．D	2．A	3．B	4．B	5．C
6．D	7．C	8．A	9．D	10．D
11．A	12．C	13．B	14．A	15．D
16．B	17．A	18．B	19．D	20．B
21．B	22．B	23．C	24．A	25．A
26．B	27．B	28．A	29．A	

二、多选题

1．ABCD	2．ACD	3．AB	4．CD	5．BCD
6．ABCD	7．ABD	8．ABCD	9．AC	10．ACD
11．AB	12．ABCD	13．AC	14．AD	15．ABC
16．ABCD	17．ABCD	18．ABD	19．AB	20．ABCD
21．BC	22．ABD	23．ABD	24．ABC	25．ABCD
26．ABC	27．ABC	28．ABCD	29．AB	30．BCD

三、简答题

1．（1）呈现 U 字形曲线。绝大多数中国人的社会化历程或人生曲线犹如一条很大的浅底 U 字形曲线。此形状的表面寓意是：对许多中国人而言，人生犹如一个平底深渊或苦海，一般是先拥有一个幸福的童年，然后是从"快乐的童年"逐渐往下滑，进而陷入困难重重的深渊或苦海。在经历了无数次人生奋斗或挣扎后，终于可以远离这个深渊或苦海。不过，此时个体往往已在 60 岁以上了。换言之，大多数中国人的社会化历程有一个鲜明的特点，两头较舒服，中间颇艰辛。

（2）对不同个体有不同的社会化要求。对中国人而言，做人是一个持续终身的过程，所谓活到老，学到老。但对于大多数中国人而言，他们在做人过程中多将本该连贯一致的个体社会化历程分为明显的前后两节。在个体未真正进入社会之前，他们受儒家尚德文化的深刻影响，主要按儒家的理想来塑造人，要求做人至少要做个道德人，中间状态是做个君子，最高目标是实现"内圣外王"的理想人格，做个圣人。在个体真正走入现实社会后，迫于生存的需要，或是为了更好地适应生活的需要，他们又信奉中国式的实用主义，以现实指标来评价人，要求一个人要做成熟人。

2. 中国人的自我表现，仍有重礼节，随大流，内外有别，含蓄和表里不一的特点，至于好多圈子推崇牺牲小我成全大我和怕出格的心态，都在一定程度上有所减少，而推崇天人合一境界的心态又有增加的趋势，它和当代世人推崇人与自然和谐共处的思想相吻合。

3. 大我是代表多数人利益的自我，小我只代表少数人乃至个人利益的自我。在中国，大我和小我的内容都可以变化，并且随着内容的变化，大我内容也将发生相应的变化，同时中国文化赞同牺牲小我保全大我的做法，认为"没有国哪有家，没有家哪有我"，因此凡是追求大我而不惜牺牲小我的看法都会受到中国文化的赞许。相反，凡是只追求小我而不顾大我的做法，都会受到中国文化的谴责。

4. 中国人在与人交往和处理人际关系时的尚"和"心态主要有 6 种表征：

（1）和为贵：是指一种推崇"和"或崇尚"和"的心理。

（2）企盼和事佬：当自己在处理人际关系时，一旦不能达到和的状态，就期望和事佬的出现，从而使面临冲突或失衡的人际关系重新恢复到和谐的状态。

（3）畏争：是一种畏惧与人发生争论或争议的心理。

（4）从众或众从：从众俗称随大流，它是指实际存在或想象存在的群体压力下，个人改变自己的态度，放弃自己原先的观点，而采取与大多数人保持一致的心理或行为。众从，是指在实际存在或想象存在的压力下，多数人改变自己的态度，放弃自己原先的观点，而采取与少数人甚至某个人保持一致的心理和行为。

（5）迁就：是指一个人为了不失和，尽管心中不同意他人的意见或做法，表面仍对他人曲意求和或降格将就。

（6）迎合：迎合是指一种猜度别人的心意而投其所好的心理和行为，是一种个体为谋求和谐人际关系的局面，而主动去适应他人或群体的心态与行为。

5. 中、西方人格观的差异包括：

（1）性善论与性恶论的差异。

（2）人格是否平等的差异。

（3）中西式"自我"在人格结构中所占比重与所处位置的差异。

（4）关注群体人格或个体人格的差异。

（5）鼓吹依附性人格或独立人格的差异。

（6）修养人格的途径与方式有差异。

（7）对道德人格与人格全面发展的态度有差异。

6. 中国人重人情有其深刻而复杂的社会经济文化历史根源。

（1）农业经济是中国人重人情的经济基础。中国古代社会主要是一个农业社会，导致靠土地谋生的人在正常情况下也是少流动的，于是形成了熟人社会，熟人社会必是一个重人情的社会。

（2）伦理本位儒家文化的盛行。就文化因素看，中国人重人情主要是受到儒家学说的深刻影响。与儒家非常看重"直系血缘关系的共同性"有内在关联，重"仁"导致重人情，重"礼"也导致重人情。

（3）人情的功能：人情受到中国人的重视还有一个重要原因，那就是人情的功能，人情有交换价值，人情有一定的社会规范功能。

7. 中国文化能绵延几千年且至今仍充满生机与活力，这归功于孕育这一文化的中国人的思维方式的特色与长处。一是善用整体思维，二是推崇辩证思维，三是向往中庸思维。

四、论述题

1. 中国人和西方人在如何看待社会化问题上存在差异。

在达尔文的进化论未诞生前，西方人多相信人是上帝"制造"出来的，因此任何人都"天赋"地拥有做人的权利。个体在社会化之前已是一个拥有天赋人权的人，只不过此时的个体是还缺少必要的"智"与"德"的个体，在社会化之后，就会变成一个拥有更多"智"与"德"的人。既然"成人"的条件如此容易达到，那么"做人"在西方文化传统里就不构成一个重要问题。于是，西方人将目光转向"做事"，使"做事"问题成为西方人心目中一个重要问题。这是现代意义的科学最终在西方文化里诞生的深层原因之一。西方人这一"做事"理念的实质是，高扬人的理性而轻视人的德性。

从很大意义上说，中国人讲的"社会化"是一个"质变"过程。个体在"社会化"之前不能称作真正意义上的"人"。个体在社会化之后，只有习得了必要的德性，才能真正"成人"，若仅仅是生物性的成长则毫无意义。这个可以说是中西方人讲个体社会化时一个最大的差异。"做人"是中国人的头等大事，一个人在没有做好人之前，是没有精力也没有必要去做事的。这是中国传统文化具有伦理道德型特点的深层原因之一。

这种做人理念的明显不足有二：一是易抹杀人的生物属性，进而不易重视和尊重一个人的基本需要和基本的做人权利；二是割裂了德与才间的辩证关系，过于优先考虑"德"在成人过程中的价值，而轻视"才"在成人过程中的价值，进而主张为学之道，仅在"学为人而已，非有为也"。

因此，若想融会中西方做人理念并扬长避短，当代中国人在其社会化过程中就要树立"做人"与"做事"并重的理念。这实际上是一种"必仁且智"的完整的做人理念，它有利于促进当代中国人人格的完善发展。

2．一是尚和心态的积极功能。中国人的尚和心态在维护中华民族的统一，增强中华民族的群体凝聚力与合作精神，使中国人养成顾全大局的观念等方面起到了积极的作用。因此在中国历史上虽有春秋战国时期、三国鼎立时期、五代十国时期和宋金辽三国并立时期，但是中国人毕竟有分久必合的心态，使得大一统的中国绵延至今。同时，中国人的思想对于今日中国建立和谐社会和让世界大家庭逐渐建立和谐发展理念等都具有重要意义。

二是尚和心态的消极功能。中国人过于尚和，忽略了适度竞争在平衡人物关系与群我关系中的重要作用，有时为了和甚至有委曲求全或掩盖矛盾之嫌，这又带来了至少6个方面的消极影响：

（1）容易让人因恐惧竞争而委曲求全，最终失去自我。

（2）因担心伤了和气而不愿意表露自己的真心，最容易使人与人之间缺乏真情的碰撞与沟通，也不利于不同意见产生。

（3）不能激发中国人本身自由竞争意识与冒险精神。因而古代中国没有产生出资本主义精神。

（4）在社会生活中，若一味求和，一味避免斗争，有时就会使善为恶所战胜，使人失去做人的原则而变得世故圆滑。

（5）为了达到集体的和谐及团结，中国人往往会不过分坚持己见，甚至会牺牲自己的原则。这种中国式团结观念，不利于社会文化结构和意志的多元化，也不利于个人的主体化。

（6）尚和心态深深地渗入中国古代司法领域，使司法领域追求的最高境界是"无讼"，以便和气生财，以和为贵，正如孔子所说："听讼，吾犹人也。必也使无讼乎！"

因此，为了限制尚和心态的消极影响，最有效的解决办法是限制中国人尚和的范围，如不渗透进司法等不宜尚和的领域。同时鼓励中国人在保持自我个性的前提下适度参与双赢性的竞争与合作双赢交往，双方通过求同存异、真诚合作使双方合法权益得到增加。

3. 造成中国人的理想人格与现实人格相脱节的根源是多种多样的，概而言之，主要有以下几种：

（1）"内圣"与"外王"本是一对难以融会贯通的概念。从一定意义上讲，"内圣外王"的想法是非常好的。但是，无论就理论而言还是就事实而言，"内圣"与"外王"本身就是一对难以融会贯通的概念，因为这两个概念不是同一维度上的概念："内圣"重在"德"的维度（当然也涉及"聪明才智"），并且往往是先修"私德"，然后再将之拓展为"公德"；"外王"重在"智"的维度，当然有时也涉及"德"，所谓"以德服人"是也。虽然"私德"与"公德"在满足一定条件时是可以相互影响与转化的，但是这个转化并不那么容易。

（2）理想人格所设立的标准太高且单一。在中国传统社会，儒、道、释诸家所设计的理想人格虽然内涵不尽相同，不过，究其实质，实都推崇单一的"内圣外王"式的理想人格。这种理想人格的标准定得如此之高，以至于绝大多数中国人即便严格按照先圣设计的修身路线去做且将一生的时间都用来研习修身的功夫，也不见得能大功告成。因此，"内圣外王"式的理想人格除了对极少数人产生真实的影响力以外，对芸芸众生并无多大的实际吸引力。于是，表里不一致或言不由衷的心理与行为方式也就随之产生了，从而导致理想人格与现实人格的脱节。

（3）过于忽视知识教育，使理想人格的实现失去了现实基础。若想将理想人格变成现实人格，那么就要求人们既要有较高的德行，也要有一定的知识基础，后者是实现理想人格的现实基础。说得明白点，就是一个人不但要有为理想格而奋斗的志向，更要有能力去实现理想人格。但是，事实上，因为中国传统文化的实质是一种泛道德文化，过于强调人们要进行德行修养，而将求知的事情一贬再贬，这就使得人们空有想践行理想人格之志，却没有能力去践行理想人格，使理想人格的实现失去了现实基础。

4. 要培养一个人成才，一个关键因素是培养其科学的思维方式。提高中华民族的思维水平，改变中华民族思维方式里因循守旧的保守心理与恪守常规的落后心理，继承中华民族思维里的积极因素，是关系到启蒙愚昧、解放思想的重要方面。在认识到中国人的思维方式的特点与不足之后，今后中国人若想发展出健全的思维方式，还须做到以下几点：

（1）整体思维与分析思维要兼顾。整体思维虽然有助于先哲们从整体上把握自己的研究对象，并使先哲们形成了用"事物是普遍联系的"的观点来看待世界的习惯，但是，毋庸讳言的是，中国传统的整体思维在没有经过对事物进行科学的分解，没有对事物的细节进行精确研究之前，只凭直觉大谈事物的整体性，这种缺少分析思维的整体思维带有明显的不足。

（2）模糊思维与精确思维要兼顾。模糊思维是指思维中关于对象的类属边界及其性态的不清晰、不确定的一种思维方式，或者说是指思维中关于客观事物相互联系与相互过渡时所显示出来的"亦此亦彼"的思维现象。

（3）训练逻辑思维和形象思维与培育直觉要兼顾。逻辑思维与直觉思维是人类思维中普遍存在的两种形态，二者之间有较大差异。中国先人重视直觉思维的重要作用，这有一定的合理之处，不过，只是一味强调直觉，强调受教育者要在践履中去体验与顿悟，强调一个人"触心"要能"警悟"（王夫之语），以致忽视逻辑思维，这又有失偏颇，因此要兼顾训练逻辑思维和形象思维与培育直觉。

埃里克森认为，人格发展的每个阶段都存在着一种冲突或两极对立，构成一种危机，他所说的危机实际上是指人格发展中的重要转折点，既可能是灾难或威胁，又可能是发展的机遇。因为危机的消极解决会削弱自我的力量，使人格不健全，阻碍对环境的适应；危机的积极解决则会增强自我的力量，使人格得到健全发展，促进对环境的适应。

阶段	年龄	冲突	人格发展任务	发展障碍者的心理特征
婴儿期	0~1 岁	基本的信任感对基本的不信任感	发展信任感，克服不信任感	面对新环境时会焦虑不安

儿童早期	1~3岁	自主对羞怯与怀疑	培养自主感，克服羞怯与怀疑	缺乏信心，行动畏首畏尾
学前期	3~6岁	主动对内疚	培养主动感，克服内疚感	畏惧退缩，缺少自我价值感
学龄期	6~12岁	勤奋对自卑感	培养勤奋感，克服自卑感	缺乏生活基本能力，充满失败感
青年期	12~20岁	同一性对角色混乱	建立同一性，防止角色混乱	生活无目的、无方向感，时而感到彷徨迷失
成年早期	20~40岁	亲密对孤独	发展亲密感，避免孤独感	与社会疏离时感到寂寞孤独
成年中期	40~60岁	繁殖感对停滞感	获得繁殖感，避免停滞感	不关心别人与社会，缺少生活意义
成年晚期	60岁后	完善对绝望	获得完善感，避免绝望与沮丧	悔恨旧事，徒呼负负

第三部分　团体心理咨询知识习题

第九章　团体心理咨询发展史知识习题

一、单选题

1. （　）创建了世界上第一个儿童心理诊所。

A．赖特纳·韦特墨　B．罗杰斯　　　　C．罗洛梅　　　　D．普拉特

2. （　）杂志是心理咨询诞生的标志。

A．《临床心理学》　　　　　　　B．《心理咨询》

C．《儿童心理咨询》　　　　　　D．《临床心理咨询》

3. （　）为西方团体心理咨询的探索期。

A．从心理咨询产生到第二次世界大战爆发前

B．从心理咨询产生到第一次世界大战爆发前

C．从心理咨询产生到之后的 20 年时间

D．两次世界大战之间

4. （　）为西方团体心理咨询的发展期。

A．从心理咨询产生到第二次世界大战爆发前

B．从心理咨询产生到第一次世界大战爆发前

C．第二次世界大战爆发之后

D．两次世界大战之间

5. （　）是人们公认的团体心理咨询与治疗之父。

A．赖特纳·韦特　　B．罗杰斯　　　C．罗洛梅　　　　D．普拉特

6. 最早进行班级团体辅导尝试的是（　　）。

A. 戴维斯　　　　B. 帕森斯　　　　C. 普拉特　　　　D. 马施

7. 心理剧是（　　）首创的。

A. 戴维斯　　　　B. 帕森斯　　　　C. 莫雷　　　　　D. 莫林诺

8. （　　）最先提出实施集体分析治疗。

A. 帕森斯　　　　B. 福尔克斯　　　C. 艾利克·柏恩　D. 埃里克森

9. T-小组是由（　　）提出的。

A. 埃里克森　　　B. 勒温　　　　　C. 罗杰斯　　　　D. 阿德勒

10. （　　）咨询心理学从临床心理学中独立出来。

A. 1952 年　　　 B. 1949 年　　　 C. 1950 年　　　 D. 1951 年

11. （　　）极大地推动了团体心理咨询实践的开展。

A. 阿德勒式团体治疗理论　　　　B. 存在主义团体治疗理论

C. 格式塔团体治疗理论　　　　　D. 罗杰斯的个人中心团体治疗理论

12. 森田疗法是（　　）开创的。

A. 日本　　　　　B. 美国　　　　　C. 德国　　　　　D. 英国

13. 日本的心理咨询是（　　）受到美国的影响而兴起和发展起来的。

A. 从 1946 年教育改革开始　　　 B. 从 1947 年教育改革开始

C. 从 1947 年社会改革开始　　　 D. 从 1946 年社会改革开始

14. 会心团体实践最火爆的国家是（　　）。

A. 日本　　　　　B. 美国　　　　　C. 德国　　　　　D. 英国

15. 日本的团体心理咨询主要以（　　）为基础。

A. 阿德勒式团体治疗理论　　　　B. 存在主义团体治疗理论

C. 格式塔团体治疗理论　　　　　D. 罗杰斯的个人中心团体治疗理论

16. 地区集谈会是（　　）开展一次。

A. 每月　　　　　B. 每周　　　　　C. 每半月　　　　D. 每三天

17. 地区集谈会的话题中心是（　　）。

A. 生活中为什么事而烦恼　　　　B. 充实现实生活

C. 人的欲望与焦虑　　　　　　　D. 行动的原则

18. 我国台湾地区心理咨询起步于（　　）。

A．20世纪50年代中期　　　　　B．20世纪60年代中期

C．20世纪70年代中期　　　　　D．20世纪40年代中期

19．我国台湾地区心理咨询先在（　　）中出现。

A．学校教育　　　B．政府　　　C．社会机构　　　D．医院

20．我国台湾地区最早出现团体辅导是在（　　）中。

A．侨生的生活辅导　　　　　B．学生的生活适应

C．学生的学习方法　　　　　D．学生的品德行为

21．1958年12月，为了推动辅导与心理咨询工作的开展，我国台湾成立了（　　）机构。

A．"心理辅导学会"　　　　　B．"台湾辅导学会"

C．"中国辅导学会"　　　　　D．"心理咨询学会"

22．（　　）阶段，各级各类学校正式设置辅导室或辅导中心。

A．体制建立期　　B．推动发展期　　C．繁荣发展期　　D．萌芽生长期

23．（　　）我国台湾地区开始实施九年义务教育。

A．1966年　　　B．1967年　　　C．1968年　　　D．1969年

24．我国台湾地区教育主管部门设置的"指导工作推行委员会"，主要是为了推动（　　）学校的工作。

A．小学　　　　B．中学　　　C．小学及中学　　　D．大学

25．我国台湾地区青少年辅导工作的常设机构是（　　）。

A．"张老师"　　　　　　B．"指导工作推行委员会"

C．教育主管部门　　　　D．"青年辅导委员会"

26．我国台湾地区从1991年至今，心理咨询发展的主要特点是（　　）。

A．台湾地区大、中、小学全面推行辅导工作

B．学校、社会多方合作，建立全面辅导体制

C．各级各类学校正式设置辅导室或辅导中心

D．各类团体咨询活动全面发展

27．香港高校的成长教育手段是（　　）。

A．小组辅导　　B．自我成长　　C．同辈辅导　　　D．领袖训练

28．团体心理咨询（　　）被介绍到中国大陆。

A. 20世纪90年代   B. 20世纪80年代

C. 20世纪90年代后期   D. 20世纪80年代后期

29. 团体心理咨询在大陆的发展初期，由（   ）组织了团体心理咨询培训班。

A. 中国心理卫生协会   B. 樊富珉

C. 中国心理学会   D. 北京师范大学

30. 团体心理咨询在大陆的发展初期，团体心理咨询培训班的学员主要是（   ）。

A. 全国各地的爱好者   B. 全国各地的教师

C. 北京各高校的教师   D. 北京各学校的教师

31. 樊富珉编著的关于团体咨询的书籍是（   ）。

A. 《社交焦虑团体心理咨询》

B. 《团体心理咨询》

C. 《团体咨询的理论与实践》

D. 《团体心理咨询操作指南》

32. 本会团体心理咨询模式主要是在（   ）思想指导下开展工作。

A. 人本主义   B. 积极心理学   C. 认知主义   D. 存在主义

33. 标志着中国大陆从此告别没有团体心理治疗学术组织的是（   ）。

A. 安徽省团体心理治疗学会   B. 山西省团体心理治疗学会

C. 陕西省团体心理治疗学会   D. 河北省团体心理治疗学会

34. 首届中国团体咨询与团体治疗大会在（   ）召开。

A. 2012年5月   B. 2011年5月   C. 2011年9月   D. 2012年9月

35. 首届中国团体咨询与团体治疗大会在（   ）召开。

A. 天津   B. 北京   C. 上海   D. 广州

二、多选题

1. 普拉特开展的团体心理咨询形式有（   ）。

A. 讲课   B. 讲座   C. 家访   D. 患者日记交流

2. 阿德勒运用（   ）形式开展团体心理咨询。

A. 小组讨论   B. 小组社交活动   C. 心理剧   D. 讲课

3. 阿德勒开展的团体心理咨询主要讨论（   ）。

A．人的生活价值   B．认识生活方式   C．发展社会兴趣   D．识别错误态度

4. 艾利克·柏恩的贡献主要有（   ）。

A．在军人中试验团体心理咨询

B．提出了"人际相互作用分析"的人格理论

C．与心理学家埃里克森一起做精神分析研究

D．最先提出实施集体分析治疗

5. "人际相互作用分析"的人格理论主要包括（   ）。

A．自我的三种状态   B．人际沟通的三种类型

C．有效沟通的三种基本能力   D．无效沟通的三种类型

6. 勒温的主要贡献是（   ）。

A．提出了"群体动力学"和"场论"   B．做了大量的实验研究

C．提出了人际关系训练   D．为正常人提供发展性教育和培训

7. 西方团体心理咨询的迅速发展表现在（   ）。

A．团体咨询与治疗的理论纷纷确立，并出现了各种学术流派

B．团体辅导的实践不但在美国，而且在西方其他各国也蓬勃发展

C．团体辅导工作的专业准则和伦理准则也在不断地规范

D．会心团体在西方得到普及和发展

8. 著名精神病专家沃尔夫将（   ）方法系统运用于团体心理咨询，以释放团体成员被压抑的情绪。

A．移情   B．自由联想   C．梦的分析   D．解释

9. （   ）倡导"人类潜能运动"。

A．马斯洛   B．罗杰斯   C．阿德勒   D．勒温

10. 《团体领导者训练的专业标准》规定一个合格的指导者必须具有（   ）。

A．知识能力   B．技能能力   C．临床团体经验   D．领导能力

11. 日本教育法规规定（   ）。

A．心理辅导由地方教育部门管理和监督

B．初级中学应设立学生辅导主任，掌管学生辅导

C．设立前途辅导主任，掌管学生选择职业和其他前途辅导事项

D．初级小学应设立学生辅导主任，掌管学生辅导

12．对于"生活发现会"，下列说法正确的是（　　）。

A．"生活发现会"是一种以集体形式学习森田疗法理论的自助团体

B．"生活发现会"是自助心理健康的活动形式

C．"生活发现会"的目的是使参加活动者领悟并努力实践，从神经质症状中解脱出来，更加建设性地工作和生活

D．"生活发现会"于20世纪70年代初出现在日本

13．参加"生活发现会"的学习人群是（　　）。

A．在生活中为神经症而苦恼，但仍能正常生活的人

B．已经克服了神经症症状，想更加充实地生活的人

C．健康人群

D．被各种心理问题困惑的人群

14．"生活发现会"的成员关系是（　　）。

A．老会员根据自身的体验给予新会员帮助

B．新会员以老会员的经验和帮助为行为指导，努力克服神经症

C．老会员在帮助新会员的同时，也加深对自我的洞察，发挥自己的个性

D．新老会员集体学习

15．"生活发现会"的学习形式是（　　）。

A．地区集谈会　　B．基础学习会　　C．中级学习会　　D．研讨会

16．基础学习会的学习时间为（　　）。

A．每周1次，持续3个月　　　　B．集中住宿，学习5天

C．每周1次，持续5个月　　　　D．集中住宿，学习3天

17．基础学习会的学习内容包括（　　）。

A．神经症是怎么得的　　　　　B．人的欲望与焦虑

C．神经质的性格特征　　　　　D．关于"顺其自然"

18．研讨会的参与对象是（　　）。

A．精神科医生　　　　　　　　B．心理学专家

C．对心理学有兴趣的社会人士　　D．心理学系学生

19．我国台湾地区心理咨询的发展大致经历三个阶段，分别是（　　）。

A．萌芽生长期　　B．体制建立期　　C．推动发展期　　D．繁荣发展期

20．我国台湾地区的"青年辅导委员会"制定了一些政策目标，下列属于此目标的是（　　）。

A．辅导青少年重视身心健全成长

B．辅导青少年规划终身事业发展

C．辅导青少年培育文化内涵及素养

D．辅导青少年培养恢宏气度及国际视野

21．为了推行辅导工作，我国台湾地区做了（　　）工作。

A．在中学课程标准中增设"指导活动"科目

B．在中学学校行政体制中设置"指导工作推行委员会"

C．教育主管部门公布了"高级中学学生评量与辅导工作实施要点"

D．教育主管部门颁布"高级中学辅导工作实施方案"

22．进入20世纪80年代，我国台湾地区大、中、小学全面推行辅导工作，下列正确的是（　　）。

A．公立大专院校将学生辅导中心正式纳入编制

B．高中设有专职辅导人员负责辅导工作

C．小学普遍设有辅导室

D．各级各类学校正式设置辅导室或辅导中心

23．我国香港地区从事团体咨询的指导者多有（　　）背景。

A．临床心理学　　B．咨询心理学　　C．社会工作训练　　D．社工

24．香港地区青少年团体心理咨询的发展特点有（　　）。

A．通过团体指导个人的方法，以促进青少年间互相尊重、互相了解

B．协力培养青少年的社会性，学习社会规范，利用团体辅导来帮助青少年平安度过人生中最危险的阶段

C．主要是帮助青少年成长以及解决青少年问题，并以发展为主

D．一个社区中心通常有四五十个小组或团体

25．20世纪80年代以后，香港地区团体咨询与活动的发展特点是（　　）。

A．团体咨询与活动进入多元化发展阶段

B．服务对象从青少年扩大到老人及各年龄段

C. 服务模式有发展性、康复性、预防性、行为矫正性等

D. 主要是帮助青少年成长以及解决青少年问题，并以发展为主

26. 香港高校学生辅导工作的信念是（　　）。

A. 支持学生发挥潜能　　　　　B. 促进个人成长

C. 使学生实现自我价值　　　　D. 使学生服务社会

27. 团体心理咨询在中国大陆的发展阶段分为（　　）。

A. 导入期　　　　B. 探索期　　　　C. 发展期　　　　D. 萌芽期

28. 1999 年，北京高校心理健康教育工作普查结果表明，高校心理教育内容主要分为四个部分，下面属于这四部分的是（　　）。

A. 心理问题预防与治疗　　　　B. 心理发展辅导与训练

C. 心理健康知识普及与宣传　　D. 心理健康教学与研究

29. 团体心理咨询在大陆的发展期，其发展形势有（　　）。

A. 心理咨询与心理健康教育受到政府的重视

B. 劳动和社会保障部制定了国家职业标准《心理咨询师国家职业标准（试行）》

C. 北京大学心理系开设了研究生课程"团体心理咨询与治疗"

D. 首都师范大学、美中国际心理学院等单位联合主办了团体心理咨询与治疗培训项目

30. 本会团体的三个模式有（　　）。

A. 体验式团体心理教育模式　　B. 表达性艺术团体心理成长模式

C. 文化动力团体心理治疗模式　D. 表达性艺术团体心理治疗模式

31. 团体心理咨询未来的发展趋势有（　　）。

A. 团体心理咨询的健康发展与普及取决于未来社会发展的需要

B. 团体心理咨询理论的探讨和效能研究

C. 本土化和各领域的应用

D. 团体领导者的训练以及与多种现代化手段的结合

32. 团体心理咨询理论的发展前景是（　　）。

A. 团体心理咨询理论的整合

B. 本土化心理辅导理论的建构

C. 团体心理咨询实践与理论的结合

D. 团体心理咨询理论的创新

参考答案

一、单选题

1．A	2．A	3．A	4．C	5．D
6．A	7．C	8．B	9．B	10．D
11．D	12．A	13．A	14．A	15．D
16．A	17．A	18．A	19．A	20．A
21．C	22．A	23．C	24．B	25．A
26．B	27．A	28．A	29．A	30．C
31．C	32．A	33．B	34．A	35．B

二、多选题

1．ABCD	2．ABC	3．ABCD	4．ABC	5．ABC
6．ABCD	7．ABC	8．ABCD	9．AB	10．ABC
11．ABC	12．ABCD	13．AB	14．ABCD	15．ABCD
16．AB	17．ABCD	18．AB	19．ABC	20．ABCD
21．ABCD	22．ABCD	23．ABC	24．ABCD	25．ABC
26．ABCD	27．ABC	28．ABCD	29．ABCD	30．ABC
31．ABCD	32．ABC			

第十章 团体咨询主要理论习题

一、单选题

1. 个人中心治疗理论是由（ ）创立的一种心理咨询与心理治疗方法发展而来的理论。

A. 马斯洛 　　 B. 罗杰斯 　　 C. 杜威 　　 D. 皮亚杰

2. 个人中心治疗理论发展的第二阶段是来询者中心疗法的确立时期，其创立者在此期间提出了人格的（ ）。

A. 需要层次理论 　 B. 机械理论 　 C. 自我理论 　　 D. 现实理论

3. 下列著作中，（ ）提出了个性及其变化的理论，主张个人的知觉及其对知觉的解释决定他的行为。

A.《来询者中心治疗：它的实践、含义和理论》

B.《在来询者中心框架中发展出来的治疗、个性和人际关系》

C.《问题儿童的临床治疗》

D.《咨询与心理治疗：新近的概念与实践》

4. 在个人中心治疗理论发展的四个阶段里，该疗法从来询者中心疗法发展为个人中心理论的时期是（ ）。

A. 第一阶段 　　 B. 第二阶段 　　 C. 第三阶段 　　 D. 第四阶段

5. 个人中心理论的创立者否定（ ）学派对人性的悲观和消极看法，认同人是可信赖的、乐观的、积极的、自立的和有尊严的。

A. 人本主义 　　 B. 精神分析 　　 C. 行为主义 　　 D. 现实主义

6. 个人中心治疗理论的创立者认为，心理适应不良的程度取决于（ ）与经验之间的不和谐的程度。

A. 自我概念 　　 B. 内心需求 　　 B. 现有能力 　　 D. 人际交往

7. 个人中心理论的创立者认为，（ ）是人格结构中唯一的动机，能不断接近保留那些符合理想自我的经验，避开消除那些抵触自我实现倾向的经验。

　　A. 自我实现　　　B. 内省　　　　　C. 理性思维　　　D. 真诚一致

　　8. 在个人中心理论者看来，人们为趋近于理想的自我而对符合自我价值体系的经验进行接近和甄别，这种选择有一定的参考体系，而选择的过程，我们叫它（　　）。

　　A. 自我建构过程　　　　　　　　　B. 价值完善过程

　　C. 机体评价过程　　　　　　　　　D. 经验同化过程

　　9. 领导者能感受成员的情感，就好像是自己的情感一样，但并不迷失在这些情感中，这表示领导者具备了（　　）的基本态度。

　　A. 温暖　　　　　B. 接受他人　　　C. 共情　　　　　D. 倾听

　　10. 20 世纪 60 年代中期，个人中心理论的代表人物将当时存在于美国的许多强调团体中的人际交往经验，注重此时此地的情感问题的性质相同的咨询团体统称为（　　）。

　　A. 成长团体　　　B. 开放团体　　　C. 本会团体　　　D. 会心团体

　　11. 个人中心团体领导者的角色，主要是扮演（　　）的工作。

　　A. 催化者　　　　B. 参与者　　　　C. 调节者　　　　D. 旁观者

　　12. 下列对于"以团体为中心"的个人中心咨询团体的理解和说明，正确的是（　　）。

　　A. 团体领导者可以进行无限制的全程自我开放

　　B. 培养接纳他人的能力，最好的训练是倾诉

　　C. 领导者尽可能多地提供结构式与预先计划或指导

　　D. 领导者应该肯定成员的自我决定能力

　　13. 在"以团体为中心"的咨询团体中，个人中治疗理论的代表人物认为团体领导者的（　　）是最重要的。

　　A. 技术技巧　　　B. 人格特质　　　C. 控制能力　　　D. 洞察和分析

　　14. 下列关于个人中心理论的人性观，说法错误的是（　　）。

　　A. 人是理性的，能够自立，对自己负责，有积极的人生取向

　　B. 人是建设性的、社会性的，值得信任，也可以合作

　　C. 人没办法自己去发现自己心理上的适应不良

　　D. 负面情绪的出现是由于人在基本需要上受挫而产生的

15. 下列关于个人中心理论的团体咨询中的领导者的看法，正确的是（　　）。

A. 领导者无须鼓励其他人表达自己的真实情感

B. 领导者就是一位处于较高地位的他人或者专家

C. 领导者尊重成员为独立的个体

D. 领导者要鼓励成员追溯过去所受的创伤并解决它们

16. 下列属于人的负面情绪的是（　　）。

A. 失望　　　　　B. 欣喜　　　　　C. 错觉　　　　　D. 刻板印象

17. 来询者中心疗法的深化和进一步实践，更接近现实的时期是个人中心治疗理论发展的（　　）。

A. 第一阶段　　　B. 第二阶段　　　C. 第三阶段　　　D. 第四阶段

18. 心理分析治疗理论由（　　）创立。

A. 皮亚杰　　　　B. 荣格　　　　　C. 弗洛伊德　　　D. 华生

19. 首先在团体治疗中使用心理分析原理和技术的人是（　　）。

A. 沃尔夫　　　　B. 安娜　　　　　C. 埃里克森　　　D. 蒙台梭利

20. 下列关于精神分析治疗理论的主要人性观，说法错误的是（　　）。

A. 人能主宰自己的命运

B. 个人的行为受过去经验的影响很深

C. 人类行为取决于潜意识动机

D. 人类行为取决于非理性力量、潜意识动机及生物与本能驱动力

21. 精神分析治疗理论的创立者认为，一个人（　　）以前的性心理事件会影响成年人的行为。

A. 3 岁　　　　　B. 6 岁　　　　　C. 12 岁　　　　D. 18 岁

22. 精神分析治疗理论的人性观认为，人基本上是（　　）。

A. 积极的　　　　B. 机械的　　　　C. 正面取向的　　D. 有自我觉知的

23. 精神分析的新派学者（　　）从"心理—社会发展"将人格分八阶段，认为每阶段都有一对发展的危机。

A. 安娜·弗洛伊德　　　　　　　　B. 沃尔夫

C. 埃里克森　　　　　　　　　　　D. 荣格

24. （　　）指储存了许多经验、希望、冲动及记忆在知觉不到的状态下运作的心

理功能。

    A．前意识   B．意识   C．后意识   D．潜意识

25．下列观点中，对于精神分析治疗理论理解错误的是（   ）。

    A．精神分析的创始人非常重视人在幼年时期的生活经验对人格的影响

    B．人类行为取决于理性力量和意识动机

    C．被压抑的本能和欲望，往往以心理障碍或心理疾病的形式表现出来

    D．精神分析治疗能促进来询者对不适应的心理发展根源的洞察

26．精神分析的人格八阶段论是以（   ）为理论出发点而形成的。

    A．心理—社会发展   B．心理内驱力解析

    B．心理—人际交往   D．自我效能感的培养

27．精神分析的人格八阶段论中，0~1岁的小孩所面临的发展危机是（   ）。

    A．自主行动对羞怯怀疑   B．自动自发对退缩愧疚

    C．信任对不信任   D．勤奋进取对自贬自卑

28．精神分析的人格八阶段论中，1~3岁的小孩所面临的发展危机是（   ）。

    A．自主行动对羞怯怀疑   B．自动自发对退缩愧疚

    C．信任对不信任   D．勤奋进取对自贬自卑

29．精神分析的人格八阶段论中，3~6岁的小孩所面临的发展危机是（   ）。

    A．自主行动对羞怯怀疑   B．自动自发对退缩愧疚

    C．自我统合对角色混乱   D．勤奋进取对自贬自卑

30．精神分析的人格八阶段论中，6岁到青春期阶段的青少年所面临的发展危机是（   ）。

    A．自我统合对角色混乱   B．自动自发对退缩愧疚

    C．勤奋进取对自贬自卑   D．友爱亲密对孤僻疏离

31．精神分析的人格八阶段论中，在青年期这一时间段内，人所面临的发展危机是（   ）。

    A．自我统合对角色混乱   B．信任对不信任

    C．勤奋进取对自贬自卑   D．友爱亲密对孤僻疏离

32．精神分析的人格八阶段论中，在成年期这一时间段内，人所面临的发展危机是（   ）。

A. 完美无缺对悲观绝望   B. 友爱亲密对孤僻疏离

C. 自我统合对角色混乱   D. 精力充沛对颓废迟缓

33. 精神分析的人格八阶段论中，在中年期这一时间段内，人所面临的发展危机是（   ）。

A. 完美无缺对悲观绝望   B. 友爱亲密对孤僻疏离

C. 自我统合对角色混乱   D. 精力充沛对颓废迟缓

34. 精神分析的人格八阶段论中，在老年期这一时间段内，人所面临的发展危机是（   ）。

A. 完美无缺对悲观绝望   B. 友爱亲密对孤僻疏离

C. 自我统合对角色混乱   D. 精力充沛对颓废迟缓

35. 心理分析疗法认为焦虑的产生是本我、自我和超我彼此争夺有限的（   ）而相互冲突的结果。

A. 潜意识   B. 心理能量   C. 心理防卫   D. 道德

36. 精神分析治疗团体中，下列对于焦虑的解读，错误的是（   ）。

A. 心理分析疗法认为焦虑是促动我们做某些事的紧张状态

B. 当成员袒露自己的防卫心理时，他们会体验到焦虑

C. 焦虑被看作是在团体中承担风险的一种必要的副产品

D. 焦虑被看作是导致团体成员心理疾病的致病根源

37. 精神分析的团体咨询过程中，自我以合理的方式消除焦虑而未能奏效时，则可以改用（   ）的方法如自我防卫机制来缓解焦虑，从而达到自我保护免于发生身心疾病的目的。

A. 思辨   B. 共情   C. 非理性   D. 接纳

38. 下列选项，属于精神分析治疗理论中的自我防卫方式的是（   ）。

A. 投射   B. 督导   C. 接纳   D. 倾听

39. 精神分析认为，个体不愿把被压抑或否定的潜意识内容带到意识中来经验的行为叫作（   ）。

A. 固着   B. 反向作用   C. 退化   D. 抗拒

40. 精神分析认为，将自己过去生活里对重要他人的感情、态度等，不自觉地转移向领导者的现象叫作（   ）。

A. 同感　　　　　B. 移情　　　　　C. 补偿　　　　　D. 升华

41. （　　）是由来询者在未经思索的状态下自发性地说出内心的话，以获取潜意识里冲突线索的方法。

A. 抗拒　　　　　B. 移情　　　　　C. 自由联想　　　　D. 梦的解析

42. 精神分析的团体咨询过程中，我们可以通过（　　）的方法来探索成员的潜意识，让其袒露自己的梦，以分析和理解成员混乱的思想、情感和行为背后的原因。

A. 解释　　　　　B. 移情　　　　　C. 自由联想　　　　D. 梦的解析

43. 精神分析治疗认为，（　　）是一种用于对自由联想、梦、抗拒、移情等进行分析的治疗技术。

A. 解释　　　　　B. 移情　　　　　C. 自由联想　　　　D. 梦的解析

44. 对于精神分析治疗的团体咨询，下列说法错误的是（　　）。

A. 自由联想可以促进团体的整体性和对团体历程的积极参与

B. 梦表达了个人潜意识的需要、愿望、恐惧和被压抑的经验

C. 解释包括领导者的提示、认同、澄清、界定、联结、比较等具体方法

D. 解释只能揭示症状背后的意识动机，指出成员的逃避成分

45. 行为主义心理学家（　　）的行为主义理论为行为疗法奠定了基础。

A. 华生　　　　　B. 卢梭　　　　　C. 霍尔　　　　　D. 皮尔斯

46. 下列关于行为治疗理论的说法，正确的是（　　）。

A. 行为治疗理论是 20 世纪五六十年代由一位心理学家创立的

B. 行为治疗理论是在行为主义心理学理论基础上发展起来的

C. 行为学派的基本观点是不适应的行为是先天获得的

D. 行为学派认为不适应的行为不能经由学习历程而被矫正

47. 关于行为学派人性论所持观点的说法，错误的是（　　）。

A. 行为学派持环境决定论的观点

B. 行为学派强调人的发展受社会文化制约

C. 行为学派持遗传决定论的观点

D. 行为学派认为通过环境的改变可以改变来询者的行为

48. 下列说法，关于行为治疗团体中领导者的任务的说法错误的是（　　）。

A. 领导者要主动教给成员应对技巧和行为矫正方法

B．领导者教给成员方法的目的是让成员在生活中进行实践

C．领导者适当的行为和价值观将为成员提供示范

D．确定治疗目标后，直奔目标，一步到位地做行为矫正

49．下列方法中，属于常使用的行为治疗技术的是（　　）。

A．系统脱敏法　　B．自由联想　　C．支持与面质　　D．适度的自我开放

50．下列关于行为治疗团体咨询的基本技术，说法错误的是（　　）。

A．行为咨询法的主要技术是以行为和学习原理为基础而发展出来的

B．行为咨询法的主要技术就是各种具体行为咨询策略

C．行为咨询法的主要技术包括各种挑战和改变认知的方法

D．教导和示范作用不属于行为咨询法的主要技术

51．理性情绪治疗理论简称是（　　）。

A．RET 法　　　B．ABC 疗法　　　C．TA 法　　　D．PASS 法

52．理性情绪治疗理论是由美国心理治疗家（　　）在 20 世纪 50 年代后期至 60 年代初期发展的一种心理治疗理论和方法。

A．柯里　　　B．埃利斯　　　C．柏恩　　　D．罗杰斯

53．关于理性情绪疗法的人性观，下列说法错误的是（　　）。

A．理性情绪疗法认为人生来就具备理性和非理性两种思维

B．理性思维使人在爱中生存和发展，拥有愉快的情绪

C．非理性思维使人迷信固执、自怨自艾和盲目冲动

D．理性思维使人难于与他人建立和谐的关系

54．下列关于理性情绪疗法中人格的 ABC 理论，说法错误的是（　　）。

A．人格的 ABC 理论在理性情绪治疗中有核心意义

B．人们应该以新的观念、意见和价值代替原有的错误观念

C．人们的问题根源于诱发事件本身

D．改变负面情绪的最佳途径在于改变对事件的信念

55．下列关于 ABC 理论及治疗过程的说法，正确的是（　　）。

A．影响来询者情绪和行为的直接原因是其所持的信念

B．该理论强调个人的焦虑等情绪都来自事件的发生

C．理性情绪团体咨询的着眼点在于鉴别成员的不适应的行为问题

D. 理性情绪团体咨询要消除潜意识的负面情绪，产生新的意识

56. 非理性信念的定义是（　　）。

A. 非理性信念是指人没有能力去改变自己的观念和价值的想法

B. 非理性信念是指人们有自怨自艾、盲目冲动的负面情绪

C. 非理性信念是指会导致情绪和行为问题的不合理认知

D. 非理性信念是指人们自我挫败的信念体系

57. 下列关于非理性信念的观点，说法错误的是（　　）。

A. 人有能力改变自己的认知，方法是通过辩论

B. 成员要提醒自己，非理性信念没有任何证据支持

C. 驳斥非理性信念时，要看到其不合逻辑和不符合现实的地方

D. 成员没有必要区别非理性思考和理性思考

58. 下列关于理性情绪团体的目标的说法，正确的是（　　）。

A. 理性情绪治疗的目标就是引导成员学习有效的行为模式

B. 理性情绪治疗的目标包括减少对自己和对他人种种不合理的要求

C. 理性情绪治疗的目标只是矫正成员适应不良的行为

D. 理性情绪治疗的目标只是重建来询者的人格系统

59. 下列关于理性情绪团体领导者任务的观点，错误的是（　　）。

A. 领导者要协助成员正视并面对自己非理性、不合逻辑的思想

B. 领导者要引导成员认识自我挫败的行为和非理性信念之间的联系

C. 领导者要有不偏不倚的态度，进而促进成员投射与移情作用的发生

D. 领导者要教导成员如何改变自己思考和行为的模式

60. 理性情绪治疗理论的持有者柯里，将理性情绪治疗团体的技术表述为三个策略，下列选项哪个不属于这三个策略？

　　A. RET 团体的认知策略　　　　　B. RET 团体的情绪策略

　　C. RET 团体的行为策略　　　　　D. RET 团体的潜意识策略

61. 下列关于柯里的理性情绪团体技术的三大策略，说法错误的是（　　）。

A. RET 团体的情绪策略操作中，可以进行角色扮演

B. RET 团体的认知策略操作中，可以使用幽默技巧

C. RET 团体的潜意识策略操作中，可以布置家庭作业

D. RET 团体的行为策略操作中，可以开展放松练习

62. 人际相互作用分析是在 1959 年创立的一种心理治疗的理论和方法，其创立者是（　　）。

A. 柯里　　　　　B. 埃利斯　　　　　C. 柏恩　　　　　D. 埃里克森

63. 人际相互作用分析的别称是（　　）。

A. 沟通分析　　　B. 精神分析　　　C. 行为分析　　　D. 理性分析

64. 人际相互作用分析认为，社会交往的单位称为（　　）。

A. 心理关系场　　B. 相互影响　　　C. 相互作用刺激　　D. 相互作用反应

65. 人际相互作用分析认为，当两三个人或更多的人相互碰在一起时，迟早某人要说话，或者向其他人的出现致意。这叫作（　　）。

A. 心理关系场　　B. 相互影响　　　C. 相互作用刺激　　D. 相互作用反应

66. 人际相互作用分析认为，当两三个人或更多的人相互碰在一起时，迟早某人要说话，或者向其他人的出现致意，而另外的人就会说一些或做一些与这种致意有某种联系的事，那就叫作（　　）。

A. 心理关系场　　B. 相互影响　　　C. 相互作用刺激　　D. 相互作用反应

67. 相互作用分析是以（　　）为基础创立的一种简便易行的治疗方法，用于检查"我对你做些什么，你反过来对我做些什么"一类的相互作用。

A. 精神分析原理　　　　　　　B. 行为治疗原理

C. 理性情绪疗法原理　　　　　D. 个人中心疗法原理

68. （　　）是由父母或父母型人物的行为内化来的，是一大堆装在脑子里的个人早年获得的印象深刻的外部经验，包括"必须"和"应该"。

A. 过渡自我状态　　　　　　　B. 父母自我状态

C. 儿童自我状态　　　　　　　D. 成人自我状态

69. （　　）的特征是"理智的""逻辑的"，注意事实资料的搜集，而不受其他自我状态的干扰。

A. 过渡自我状态　　　　　　　B. 父母自我状态

C. 儿童自我状态　　　　　　　D. 成人自我状态

70. （　　）的特征是"情绪的""冲动的""自发的"，常常凭感觉。

A. 过渡自我状态　　　　　　　B. 父母自我状态

C. 儿童自我状态　　　　　　　D. 成人自我状态

71. 关于相互作用分析理论的三种自我状态，下面说法错误的是（　　）。

A. 父母自我状态是"教诲的""权威的"

B. 成人自我状态的人能够站在客观的立场上冷静地分析

C. 过渡自我状态的人也会表现出统治他人，责骂、训斥人的行为

D. 儿童自我状态的人表现为服从和任人摆布

72. 按照相互作用分析的观点，三种自我状态中，最合适与外界交流、最能让个体感到舒适的自我状态是（　　）。

A. 过渡自我状态　　　　　　　B. 父母自我状态

C. 儿童自我状态　　　　　　　D. 成人自我状态

73. 人际相互作用分析就个人与他人的关系创立了四种生活态度，其中（　　）被认为是抑郁者的态度。

A. 我不好—你也不好　　　　　B. 我不好—你好

C. 我好—你不好　　　　　　　D. 我好—你也好

74. 人际相互作用分析就个人与他人的关系创立了四种生活态度，其中（　　）被认为是严重精神紊乱或厌世者的态度。

A. 我不好—你也不好　　　　　B. 我不好—你好

C. 我好—你不好　　　　　　　D. 我好—你也好

75. 人际相互作用分析就个人与他人的关系创立了四种生活态度，其中（　　）被认为是怀疑的和独断的态度。

A. 我不好—你也不好　　　　　B. 我不好—你好

C. 我好—你不好　　　　　　　D. 我好—你也好

76. 人际相互作用分析就个人与他人的关系创立了四种生活态度，其中（　　）被认为是健康的态度，认可自己也认可他人。

A. 我不好—你也不好　　　　　B. 我不好—你好

C. 我好—你不好　　　　　　　D. 我好—你也好

77. 下列关于相互作用分析理论的团体咨询的目标的说法，错误的是（　　）。

A. 相互作用分析的理论与方法着眼于人与人之间的互动、沟通的研究

B. 相互作用分析的理论与方法不太适用于团体咨询

C. 通过分析相互作用的类型，帮助成员建立强有力的成年自我状态

D. 相互作用分析能激发成员重新检视早期的决定，做出新的有效决定

78. 关于相互作用分析团体领导者的任务的观点，下列正确的是（　　）。

A. 相互作用分析团体领导者扮演着知心朋友的角色

B. 团体的领导者引导成员去了解和认识所玩的游戏

C. 引导成员只关注此时此刻的积极情绪并保持这种状态

D. 相互作用分析团体领导者认为可以忽略成员的人际关系状况

79. 关于相互分析团体基本技术的阐述，下列错误的是（　　）。

A. 结构分析让成员学会鉴别自我状态，以改变其感到僵滞的行为模式

B. 沟通是来自某一个人自我状态的刺激以及另一个人自我状态的反应

C. 相互作用分析理论鼓励成员继续开展和改造游戏，以享受生活

D. 生活脚本分析的目的是要帮助成员们获得改变早期规划的机会

80. 格式塔疗法的别称是（　　）。

A. 完形心理疗法　　B. 个人中心疗法　　C. 认知心理疗法　　D. 精神分析疗法

81. 格式塔疗法是由（　　）创立的。

A. 苛勒　　　　　　B. 考夫卡　　　　　C. 惠特海默　　　　D. 皮尔斯

82. 下列关于格式塔疗法的阐述，观点错误的是（　　）。

A. Gestalt 字面意思强调将事物当作完整的整体看待

B. Gestalt 字面意思重视人的各部分整合所产生的完形状态之恢复

C. 格式塔心理疗法本质是"我必须对于自己的存在承担一切责任"

D. 格式塔团体疗法只注重成员当下的行为模式的矫正和整合

83. （　　）是格式塔疗法的核心。

A. 自我觉察　　　　　　　　　　　B. 此时此地的经验

C. 形与景　　　　　　　　　　　　D. 完成事件的解决

84. 格式塔团体咨询中，关于强调成员此时此刻的经验的阐述，正确的是（　　）。

A. 领导者要协助成员觉察过去的经验并体验过去的情绪，但不做任何处理

B. 不论过去与一个人现实功能的重要问题有无关联，过去都不重要

C. 当成员谈及他们的过去时，领导者指导成员"将想象带到此地"

D. 成员再度体验当初所受到的伤害进而再度压抑住这些伤害，以保护自己

85. 格式塔团体咨询中，关于成员自我觉察的阐述，错误的是（　　）。

A. 心理具有先天的组织能力，会对人们如何感知世界产生影响

B. 个体有自我调整的功能，自我觉察本身即具有治疗的效果

C. 觉察指发现某些事情，让个体感觉到自己的思考、动作、身体姿势等

D. 在觉察中，个体与环境不做接触，仅以经验内在的冲突统整其人格

86. 格式塔团体咨询中，关于形与景的阐述，错误的是（　　）。

A. 行为疗法所说的行为异常，即格式塔疗法所指病理的完形

B. 格式塔疗法认为个体形成形即形成兴趣的焦点

C. 格式塔疗法认为个体形成背景即形成忽视的部分

D. 固执的人就是一旦形成形与背景，再也无法看出其他形与背景的人

87. 格式塔疗法中，在帮助成员解决未完成事件时，可以采用一些技术性的方法，下列选项不属于此列的是（　　）。

A. 讲习班　　　　B. 小组治疗　　　　C. 角色扮演　　　　D. 深度催眠

88. 格式塔团体咨询中，关于强调未完成事件解决的阐述，错误的是（　　）。

A. 帮助成员认识到自己在逃避为自己的情绪应负的责任

B. 成员发现的情绪或需要，以及需要担负的责任，即为"未完成事件"

C. 未完成事件每个人都有，不会妨碍自己与他人间的有效接触

D. 这些"未完成事件"指未表达出来的情感，如悔恨、遗弃感等

89. 格式塔团体咨询中，关于人性观的阐述，正确的是（　　）。

A. 格式塔治疗并不是要整合一个人的内在冲突，而是在于分析

B. 格式塔治疗法的人性观主要以存在哲学与现象学为基础

C. 格式塔疗法认为正确的知识是由知觉者的经验再现和记忆提取而产生

D. 人们内心整合的过程可以在做出决断和做好准备的情况下一步完成

90. 在格式塔团体咨询中，对于领导者需要关注到成员的方面，下列说法正确的是（　　）。

A. 语言线索能完全察觉出来询者本身未能察觉的感觉

B. 真正的沟通其实是超越语言文字和口头表达的

C. 领导者仅需要注意组员言语的内容，就能了解对其本质

D. 成员们的语言与肢体动作间往往是一致的且无可指摘的

91. 在格式塔团体咨询中，关于成员的语言形式的看法，下列说法正确的是（　　）。

A. 成员用不同的语言形式，也无法流露其情感、思想和态度

B. 格式塔疗法团体领导者需要去注意成员们的说话习惯

C. 成员通过自身的语言与经验和情绪不一致来发展自己

D. 领导者就像一位教师，教给成员们正确的生活方式和行为模式

92. 在格式塔团体中，关于领导者参与度的问题，需要注意的是（　　）。

A. 领导者的经验、洞察力和察觉是达成疗效的最终目的

B. 领导者不能受到成员的影响，不能与成员分享自己的知觉经验

C. 领导者也可以在旁观察，不用对成员的身体反应进行反馈

D. 领导者要与成员共同探索其内心的恐惧、灾难性的期望及抗拒

93. 下列对格式塔团体中完形梦境治疗技术的理解，正确的是（　　）。

A. 格式塔疗法跟精神分析一样，也主张去解析梦境

B. 格式塔疗法认为应该把梦境带至现实生活中使之重现

C. 格式塔疗法对于梦境的处理方式主要是解析梦境中的事物的隐含意义

D. 格式塔疗法的关键点就在于改变成员在梦境中的行为模式

94. 下列关于认知疗法产生的说法，错误的是（　　）。

A. 认知疗法认为可以根据人的认知过程，影响其情绪和行为

B. 认知疗法最早起源于古希腊哲学家苏格拉底的"辩证法"

C. 维特根斯坦提出的语言分析哲学也对认知疗法有着深远的影响

D. 认知疗法与精神分析和人本主义一起成为心理学最早的三股势力

95. 认知疗法企图从三个不同的水平纠正成员的认知。下列不属于这三个水平的是（　　）。

A. 自动化认知　　　　　　　　B. 设想

C. 策略和复杂思维　　　　　　D. 自我觉察

96. 下列选项中，不属于认知团体咨询的目标的是（　　）。

A. 纠正成员们所有三级水平的错误认识

B. 保证成员们以后的生活中再也不会有错误认知

C. 领导者要解除成员歪曲的认知，与其共同努力发展

D. 解决成员们非功能性的认知问题

97. 下列方法中，不属于认知治疗团体的基本技术的是（　　）。

A. 改变成员的现实评价　　　　　B. 改变信条的技术

C. 贝克的一系列认知治疗技术　　D. 生活脚本分析技术

98. 现实疗法是由美国精神病学家（　　）所开创的一个心理咨询和治疗流派。

A. 皮尔斯　　　　B. 格拉塞　　　　C. 埃里克森　　　　D. 安娜

99. 关于现实疗法的特征，下列说法错误的是（　　）。

A. 现实疗法反对医疗模式

B. 现实疗法鼓励成功认同

C. 现实疗法认为成员的问题需要团体领导者来负责

D. 现实疗法建议成员培养积极的嗜好

100. 下列关于现实疗法核心理论的观点，错误的是（　　）。

A. 现实疗法认为人们总是生活在一个"虚幻的"世界中

B. 现实疗法的早期理论中，需要包括爱的需要和自我价值感需要

C. 该疗法后期认为人的需要包括生存、归属、力量感、乐趣和自由

D. 现实疗法认为，每个人都在追求一种"成功的统合感"

101. 现实团体咨询中领导者行动有八条原则，下列选项中不属于这八条原则的是（　　）。

A. 帮助成员评价自己的行为　　　　B. 帮助成员探讨过去的行为

C. 帮助成员承诺履行行为计划　　　　D. 不接受任何借口和开脱

102. 下列选项，（　　）不是存在主义深度反思的主要问题。

A. 死亡　　　　B. 无意义　　　　C. 孤独　　　　D. 意识化

103. 存在主义关于意志的心理治疗，下列说法错误的是（　　）。

A. 积极意志是被动安排的、外界强加的促使自己行动与改变的意志

B. 人们宁愿选择"未完成状态"或外界替自己做决定，以逃避责任

C. 人在决定的同时，就意味着放弃其他选项，故迟迟不能做出选择

D. 在消极情绪中，成员的自我、情绪是压抑的

104. 下列心理学家，（　　）不是存在主义疗法的代表人物。

A. 维克多·弗兰克尔　　　　　B. 罗洛·梅

C. 卡尔·罗杰斯　　　　　　　D. 杰姆斯·巴肯托

105. 下列关于团体动力学的阐述，说法错误的是（　　）。

A. 团体动力学旨在探索团体形成与发展的规律

B. 团体动力学由阿德勒于 1933 ～ 1935 年在进行团体行为研究时创立

C. 团体动力学研究团体的内部人际关系及对其他团体的反应等

D. 团体动力学强调团体是一个动力整体，应把它作为一个整体来研究

106. （　　）对现代心理学，特别是社会心理学在理论和实践上都做出了重要贡献，被誉为"实践的理论家"。

A. 阿德勒　　　　B. 华生　　　　C. 荣格　　　　D. 勒温

107. 团体动力学的理论基础是场论，关于场论的阐述，错误的是（　　）。

A. 团体动力学公式为：B=f（P,E）。B 是行为，P 是个人，E 是环境

B. E 指的环境是心理环境，是一个整体，其中各部分相互依存

C. 场论非常强调内部决定因素的心理学倾向，有一定的唯心主义的色彩

D. 场论坚持心理要研究个人与心理场之间的相互作用

108. 社会学习理论是一种在（　　）原理基础上发展起来的理论，着重阐明人是怎样在社会环境中学习的。

A. 行为主义刺激—反应学习　　　　B. 人际相互分析理论

C. 认知行为治疗　　　　　　　　　D. 精神分析治疗

109. 关于模仿的实验研究的相关概述，下列错误的是（　　）。

A. 班杜拉认为模仿非天生，而是后天的社会化过程中所习得

B. 观察习得的是行为的方式，环境条件允许时会外化为行为

C. 模仿既是对外显行为的模仿，也是对内隐心理的模仿

D. 按模仿意识的程度，自觉模仿分为适应性模仿和选择性模仿

110. 人际沟通的概念或者相关的表述，下列错误的是（　　）。

A. 人际沟通指个体之间运用语言或非语言符号系统进行交流的过程

B. 团体过程就是人际沟通的过程，人际沟通的理论能推动团体发展

C. 沟通不良使个人无法传达信息、团体无法运作、组织任务无法完成

D. 人际冲突是由于个体价值观等不同导致，与沟通不良无关

二、多选题

1. 在个人中心团体咨询的过程中，以下（　　）符合领导者必须具备的基本态度。

A. 真诚或一致 　　　　　　　　B. 控制团体进程

C. 积极关注 　　　　　　　　　D. 共情

2. 下列团体或者小组中，哪些属于强调团体中人际交往经验，注重此时此地感情问题，不追溯过去经历，并以促进个人成长为目的的咨询团体？（　　）

A. 释梦团体 　　　　　　　　　B. 人际关系小组

C. T– 小组 　　　　　　　　　D. 敏感性训练小组

3. 日本咨询心理学家国分康孝把以团体为中心的咨询或治疗团体的原理概括为六条具体内容，以下选项属于这六条原则的有（　　）。

A. 自我知觉 　　B. 自我反思 　　C. 感情抑制 　　D. 接受他人

4. 个人中心治疗理论不仅被应用于个别和团体心理咨询中，而且被应用于其他众多领域，如（　　）等方面。

A. 教育 　　　B. 职业训练 　　C. 家庭生活 　　D. 组织发展

5. 个人中心团体强调领导者的态度与行为，以下（　　）是该团体领导者开展团体咨询的基本技巧。

A. 积极倾听 　　　　　　　　　B. 分享个人经验

C. 与成员会心 　　　　　　　　D. 肯定成员的自我决定能力

6. 个人中心团体咨询中，领导者为来询者提供具有建设性的充满（　　）的人际关系，这样，来询者会减少防卫心理。

A. 真诚 　　　B. 尊重 　　　C. 敌视 　　　D. 信任

7. 个人中心团体中，领导者鼓励成员活在当下，使成员发展出（　　）的特质，表现出新的适应的行为。

A. 焦虑 　　　B. 开放 　　　C. 诚实 　　　D. 自然

8. 精神分析治疗理论的人性观认为，人类所有的行为都是根据（　　）这两个原则来决定的。

A. 自我肯定的原则 　　　　　　B. 享乐的原则

C. 符合社会规范的原则 　　　　D. 避免痛苦的原则

9. 精神分析治疗理论的人性观认为，人同时具有（　　）的本能。

A. 生存　　　　　B. 知觉　　　　　C. 死亡　　　　　D. 信任

10. 精神分析理论的创立者认为人格包括（　　）这几个部分。

A. 真我　　　　　B. 本我　　　　　C. 自我　　　　　D. 超我

11. 精神分析治疗的创立者将人格发展分为五个阶段，以下属于这五个阶段的是（　　）。

A. 口唇期　　　　B. 性器期　　　　C. 青年期　　　　D. 生殖期

12. 在精神分析人格八阶段论中，对处于老年期这一阶段的人而言，下列说法正确的是（　　）。

A. 发展顺利的人处于随心所欲的状态

B. 发展顺利的人能安享晚年

C. 发展障碍的人内心感觉完美无缺

D. 发展障碍的人心里会悔恨旧事

13. 在精神分析人格八阶段论中，对处于6岁到青春期这一阶段的人而言，下列说法正确的是（　　）。

A. 发展顺利的青少年具有待人的基本能力

B. 发展顺利的青少年会缺乏生活基本能力

C. 发展障碍的青少年表现为充满失败感

D. 发展障碍的青少年具有求学的基本能力

14. 在精神分析人格八阶段论中，对处于0~1岁这一阶段的婴儿而言，下列说法错误的是（　　）。

A. 发展顺利的婴儿表现出对人的信任

B. 发展顺利的婴儿面对新环境时焦虑不安

C. 发展障碍的婴儿会表现得很有安全感

D. 发展障碍的婴儿能按照社会要求表现目的性行为

15. 在精神分析人格八阶段论中，对处于青年期这一阶段的青年而言，下列说法错误的是（　　）。

A. 发展顺利的青年会感觉生活无目的

B. 发展顺利的青年时而感到彷徨迷失

C. 发展障碍的青年会感觉生活没有方向

D. 发展障碍的青年有了明确的自我概念

16. 在精神分析人格八阶段论中，对处于成年期这一阶段的人而言，下列说法正确的是（　　）。

A. 发展顺利的人会感觉与人相处有亲密感

B. 发展顺利的人会出现与社会疏离的现象

C. 发展障碍的人会时而感到寂寞孤独

D. 发展障碍的人会达到随心所欲、安度余生的状态

17. 在精神分析人格八阶段论中，对处于中年期这一阶段的人而言，下列说法错误的是（　　）。

A. 发展顺利的人会热爱家庭

B. 发展顺利的人感觉缺少生活的意义

C. 发展障碍的人会关怀别人与社会

D. 发展障碍的人有责任心，有义务感

18. 在精神分析人格八阶段论中，对处于3~6岁这一阶段的儿童而言，下列说法错误的是（　　）。

A. 发展顺利的儿童会表现得畏惧退缩

B. 发展顺利的儿童会缺少自我价值感

C. 发展障碍的儿童会产生愧疚感

D. 发展障碍的儿童会主动好奇，行动有方向

19. 在精神分析人格八阶段论中，对处于1~3岁这一阶段的幼儿而言，下列说法正确的是（　　）。

A. 发展顺利的幼儿能产生自主行动的行为

B. 发展顺利的幼儿能按照社会要求表现目的性行为

C. 发展障碍的幼儿会缺乏信心

D. 发展障碍的幼儿行动有点畏首畏尾

20. 在精神分析的团体咨询过程中，关于领导者的任务，下列说法正确的是（　　）。

A. 领导者要激发成员矫治性的情绪经验

B．领导者要帮助病人进行潜意识的意识化

C．在出现各种抗拒和移情现象时，领导者不用理会

D．在团体摇摆不前时，领导者可以保持悲观的态度

21．下列内容中，属于精神分析疗法的创始人对自我防卫机制的看法是（　　）。

A．自我防卫机制是在潜意识层面进行的

B．自我防卫机制具有自欺性质，是一种潜意识层的自卫

C．自我防卫机制具有否定或歪曲事实的特点，其作用在于保护自我

D．自我防卫机制具有道德上的欺骗含义

22．每个人会根据发展的层次和焦虑的程度而选择不同的自我防卫方式，常见的自我防卫机制有（　　）。

A．压抑　　　　　B．否定　　　　　C．退化　　　　　D．积极关注

23．下列选项中，关于精神分析团体咨询中的抗拒，说法正确的是（　　）。

A．成员的抗拒常表现为对团体毫无反应或拒绝参与

B．成员的抗拒行为表现为总是迟到或缺席

C．抗拒的出现使成员重新经历以前不敢碰触的情感

D．成员的抗拒表现为行为上不合作，以此来逃避个人探索

24．下列选项中，关于精神分析团体咨询中的移情，说法正确的是（　　）。

A．成员发生了移情后的态度是漠不关心的、不信任的

B．移情分析能协助成员从此刻的经验中领悟过去对现在的影响

C．移情分析使成员化解那些曾使他固着、妨碍情绪成长的矛盾

D．移情分析后，便能对他之前惯有的行为模式进行固着

25．关于心理分析治疗的目标，下列说法错误的是（　　）。

A．心理分析治疗的目标是通过使潜意识冲突进入意识层面来实现的

B．目标在于为成员提供一种重新体验早年家庭关系的气氛

C．成员在治疗中不能发掘出那些影响现在行为的、被压抑的情感

D．抑制成员的内心洞察力，搁置成员新的情绪经验

26．心理分析治疗的团体基本技术包括（　　）。

A．自由联想　　　B．梦的解析　　　C．解释　　　　　D．积极倾听

27．行为治疗或行为矫正的理论与方法，超出了行为主义心理学的范围，涵盖

了许多行为治疗家的贡献，下列哪些治疗家为行为疗法的发展做出了重要的贡献？
（　　）

A. 艾森克　　　　B. 皮亚杰　　　　C. 斯金纳　　　　D. 巴普洛夫

28. 下列关于行为疗法的人性论的理解，正确的是（　　）。

A. 行为是学习的结果

B. 行为就是对刺激的反应

C. 行为治疗的焦点是潜意识的意识化

D. 行为治疗需要领导者对成员无条件积极关注

29. 行为疗法认为通过哪些方法可以提高来询者的自我控制能力进而改变其心理
行为问题？（　　）

A. 学习和训练　　B. 控制情绪　　　C. 调整行为　　　D. 调整内脏生理活动

30. 对于行为治疗的过程，柯里将团体行为咨询与治疗的一般过程分为三个阶段，
以下选项属于这三个阶段的是（　　）。

A. 明确治疗目标　　　　　　　　B. 选择方法与技术

C. 治疗计划　　　　　　　　　　D. 客观评价

31. 团体行为咨询与教育过程相类似，关于团体目标的说法，正确的是（　　）。

A. 教导成员建立有关学习方法的新观点

B. 尝试可以更有效地改变成员行为认知、情绪的方法

C. 团体行为治疗的目的包括协助成员排除适应不良行为

D. 团体行为治疗的领导者需要挖掘成员潜意识中的负面情绪

32. 在行为咨询团体中，领导者常扮演的角色包括下列哪些？（　　）

A. 行为矫治的专家　　　　　　　B. 教师

C. 训练师　　　　　　　　　　　D. 知心朋友

33. 下列团体咨询的方法中，属于常使用的行为治疗技术的是（　　）。

A. 肯定训练　　　B. 厌恶治疗　　　C. 强化和支持　　D. 示范作用

34. 关于行为咨询团体的进程，下列说法正确的是（　　）。

A. 在团体的初期阶段，重点在建立团体凝聚力

B. 在团体的工作阶段，需要使用不同的治疗策略和技术

C. 在团体结束阶段，重点在于成员如何将适应行为迁移到日常生活

D．在团体的任何阶段，都不需要鉴别要被矫正的问题行为

35．下列关于理性情绪疗法的观点，正确的是（　　）。

A．人的情绪主要由信念、评价、解释和对生活事件的反应而产生

B．在理性情绪疗法中，成员学习一些技巧去找寻和驳斥非理性信念

C．该疗法主张采用非理性的方法帮助来询者解决问题

D．该疗法强调人的价值观在治疗心理障碍中的作用

36．下列关于理性情绪治疗理论中人类思想、情绪和行为之间的关系，理解正确的是（　　）。

A．人类的思想、情绪和行为不是同时发生的

B．当人类感受时他们同时思想和行动

C．当人类思想时他们同时行动和感受

D．当人类行动时他们同时感受和思想

37．在理性情绪治疗理论者看来，下列所示的信念中，导致情绪困扰的原因有（　　）。

A．每个人都必须得到每个重要他人的喜爱和赞赏

B．个人必须能力十足，在各方面均有成就，这样的人才是有价值的人

C．每个人均应经验快乐而非痛苦，如果环境不能使个人快乐的话，那是令人难以忍受的事

D．我是完美无缺的，我的家人也要做到同样的优秀才是对的

38．理性情绪治疗理论认为，片面的、不合理的认知往往是个体产生（　　）等一系列不良情绪的原因，甚至会导致神经症。

A．抑郁　　　　　B．焦虑　　　　　C．真诚　　　　　D．移情

39．下列关于理性情绪团体目标的说法，正确的是（　　）。

A．理性情绪团体的目标是协助成员消除非理性与自我挫败的观念

B．要以更坚韧、更理性的理性信念取代成员之前的非理性信念

C．理性情绪团体目标包括改善成员个人不适应的情绪和行为

D．通过理性情绪团体咨询，成员能处理他生活中的不愉快事件

40．下列关于理性情绪团体领导者的首要任务的观点，正确的是（　　）。

A．领导者的首要任务是向成员显示他们如何突破自己的困境

B．领导者的首要任务是澄清成员的情绪困扰与其价值观之间的关系

C．领导者的首要任务是澄清成员的行为困扰与信念和态度之间的关系

D．领导者的首要任务是将要达到的行为目标分解为具体的小目标

41．下列选项中，哪些是理性情绪团体中领导者广泛使用的行为技术？（　　）

A．角色扮演　　　　B．家庭作业　　　　C．自由联想　　　　D．厌恶治疗

42．下列关于 RET 团体的认知策略的说法中，正确的是（　　）。

A．使成员知道如何将 ABC 理论应用于生活遭遇的问题上

B．驳斥成员非理性、不合逻辑、绝对性、灾难化，以及不合理的想法

C．教导成员如何以有意义的自我陈述来对抗潜意识的内驱力

D．鼓励成员阅读有关理性生活的书籍和利用录音带

43．下列关于 RET 团体的情绪策略的说法中，正确的是（　　）。

A．领导者要无条件接纳每一个团体成员

B．鼓励成员回忆起孩童时期的潜意识中的创伤事件

C．鼓励成员适度冒险，以挑战害怕难堪的神经质恐惧感

D．训练成员以负面的情绪去替换正面的情绪

44．下列关于 RET 团体的行为策略的说法中，正确的是（　　）。

A．具体的策略如指定家庭作业，包括读书练习、冒险练习等

B．成员完成家庭做业后可得到自己喜欢的事物，未完成则惩罚

C．成员在团体中做肯定训练，将团体中其他人视为楷模以效仿

D．成员在团体中训练特定的技巧，如催眠、释梦等

45．下列关于人际相互作用分析理论的说法中，正确的是（　　）。

A．能确定人格中的父母、儿童与成人三种意识，哪种出现在了沟通中

B．该理论还能确定交往双方关系是相辅、互补，还是矛盾冲突的

C．相互作用分析治疗要以成员为中心，无条件积极关注其当下的状态

D．相互作用分析治疗的目的是协助人们了解他们和别人行为模式的区别

46．下面所列中哪些是以相互作用分析理论为基础而写作的论文或著作？（　　）

A．《人际相互作用分析：一种新型有效的团体治疗法》

B．《人们玩的游戏》

C．《在来询者中心框架中发展出来的治疗、个性和人际关系》

D.《问题儿童的临床治疗》

47. 相互作用分析理论把人的自我状态分成三种，包括（　　）。

A. 父母状态　　　B. 成人状态　　　C. 儿童状态　　　D. 过渡状态

48. 相互作用分析理论把人的自我状态分成三种，关于下列这三种自我状态的阐述，正确的是（　　）。

A. P、A、C 三种自我状态汇合成人的性格，蕴藏在人的潜意识之中

B. 每个人三种状态的比例不同，形成了丰富多彩、千差万别的行为表现

C. 在一定条件下，P、A、C 三种自我状态会不自觉地表露出来

D. 相互作用分析的目的是让个人的三种自我状态都达到圆满

49. 由相互作用分析的目的而形成了三种相互作用分析的形态，它们分别是（　　）。

A. 综合型　　　　B. 交叉型　　　　C. 隐含型　　　　D. 互补型

50. 相互作用分析关于成年自我状态的观点，下列正确的有（　　）。

A. 成人状态不像儿童状态那么理智、客观和公正

B. 成人状态不像父母状态那么陈旧、恪守惯例

C. 成人状态能够预计到事情的结果及延续下来的喜悦，更维护个体发展

D. 成人状态具有"得到比付出更幸福"的观念

51. 人际相互作用分析就个人与他人的关系创立了四种生活态度，他们分别是（　　）。

A. 我不好—你好　　　　　　　　A. 我不好—你也不好

B. 我好—你不好　　　　　　　　D. 我好—你也好

52. 人际相互作用分析就个人与他人的关系创立了四种生活态度，关于我不好—你好这种生活态度的阐述，下列正确的是（　　）。

A. 持我不好—你好态度的人依赖他人的施惠，急需抚爱或承认

B. 我不好—你好这种态度源于幼年时的认知

C. 持我不好—你好的态度的人幼年时，容易产生自卑感

D. 如果我不好—你好这种态度固着下来，要么放弃自我，要么顺从他人

53. 人际相互作用分析就个人与他人的关系创立了四种生活态度，关于我不好—你也不好这种生活态度的阐述，下列错误的是（　　）。

A．这种态度源于孩子开始走路时，以为抚爱到此为止

B．这种态度源于孩子想探究一切而不愿老实待着而造成了受伤或被惩罚

C．持有我不好—你也不好生活态度的儿童的成人意识会正常健康发育

D．持有我不好—你也不好生活态度的儿童长大后，也能乐观地适应社会

54．人际相互作用分析就个人与他人的关系创立了四种生活态度，关于我好—你不好这种生活态度的阐述，下列正确的是（　　）。

A．长期被父母虐待、凌辱的孩子会转向我好—你不好这种态度

B．持有我好—你不好态度的人擅长并经常主动认识自己的内心

C．持我好—你不好这种态度的人极端的表现是伤害他人

D．持我好—你不好这种态度的人社交很好，常常有成群结伴的朋友

55．人际相互作用分析就个人与他人的关系创立了四种生活态度，关于我好—你也好这种生活态度的阐述，下列错误的是（　　）。

A．我好—你也好的态度依赖于情感，常常会引发心理适应不良

B．经过证明自身的价值以及他人的价值，容易形成我好—你也好的态度

C．一旦接受了我好—你也好的新态度后，就能产生好的情感

D．持有我好—你也好态度的人会认为它能立竿见影，能马上奏效

56．人际相互作用分析理论中关于游戏的理解和观点，下列正确的是（　　）。

A．TA 理论的心理游戏，除了表面讯息外，还隐含着许多讯息

B．团体情境为游戏提供了一个理想环境，使成员觉察自我的真实状态

C．成员们可通过观察团体中他人的行为来了解自己的游戏和困境

D．TA 理论的心理游戏的结果不会让人产生不愉快的感觉

57．下列关于相互作用分析理论的团体咨询的目标的说法，正确的是（　　）。

A．在团体中成员可以观察到他人的变化与示范，学会如何与他人沟通

B．团体可以帮助成员把焦点放在对团体中其他成员的监督和教育上

C．团体中成员间的互动给成员充足的机会去练习作业并履行契约

D．团体能帮助成员把焦点放在过去成功的事情上，以增强成员的自信

58．相互作用分析团体的基本技术包括下列哪些？（　　）

A．冒险练习　　　B．深度催眠　　　C．沟通分析　　　D．重新决定方式

59．对于相互作用分析团体技术中的结构方面，下列说法正确的是（　　）。

A. 成员通过结构分析能挖掘出早年在原生家庭所受的抑制的心理创伤

B. 成员们通过结构分析，能探索个人的思维、感觉与行为模式

C. 成员能分析自己言行受何种自我状态操纵，在其人格中哪方面最突出

D. 成员们能意识到其父母、成人、儿童的自我状态的内容与功能

60. 下列关于互补沟通的说法，正确的是（   ）。

A. 一个自我状态的讯息，得到另一个人特定自我状态的预期反应

B. 是一种符合正常人际关系的自然状态下的反应

C. 互补沟通中的沟通双方相互影响中刺激和反应是不平行的

D. 互补沟通举例说明的话，如儿童状态对父母状态

61. 下列关于交叉沟通的说法，错误的是（   ）。

A. 交叉沟通指当一个人发出信息后，没有得到预期的反应

B. 交叉沟通中的沟通双方相互作用是交叉的、矛盾的

C. 交叉沟通中，双方沟通会一直持续，过程会很顺畅，也很和谐

D. 交叉沟通举例说明的话，如父母状态对父母状态

62. 下列关于隐含沟通的说法，错误的是（   ）。

A. 隐含沟通是一种最为简单直接的交流方式

B. 在隐含交流中，真正的信息隐含在另一种社交客套的交流中

C. 隐含沟通的方式可以多用，沟通的双方往往会很清楚对方所想

D. 隐含沟通举例的话，如儿童自我对成人自我的沟通状态

63. 下列关于游戏分析的说法，正确的是（   ）。

A. 《人们所玩的游戏》一书中探讨了很多关于游戏分析的问题

B. 人们常以防止亲密性和操纵别人来得到想要的东西

C. 生活中人们常常以"把戏"的形式沟通，这种方式使人们更亲密

D. 领导者要协助成员学习如何终止和避免游戏

64. 下列关于生活脚本分析的说法，正确的是（   ）。

A. 团体活动中成员要继续保持童年时不加批判地接受种种禁令

B. 生活脚本分析是指 TA 治疗过程中用于鉴别一个人生活风格的部分

C. 团体要求成员回忆童年故事，了解故事融入其当下生活的方式

D. 团体成员要意识到现在为维持这些早期抉择所运用的游戏和骗局

65. 下列关于重新决定方式的说法，错误的是（　　）。

A. 重新决定方式是由高尔丁夫妇建立的一种咨询与治疗的方法

B. 重新决定方式的核心是协助处于儿童自我状态的成员保持原样

C. 具体做法是使他们重新体验早期情境，以做出新的决定计划

D. 重新决定方式的操作与柏恩式团体的技术方法如出一辙

66. 重新决定方式具体做法按团体阶段不同来实施，具体实施的步骤包括（　　）。

A. 团体初期阶段要建立良好关系，审查契约，关注能够促成改变的事

B. 团体的工作阶段，进行游戏与分析，了解经历，激励成员承担责任

C. 团体后期阶段，成员从儿童自我状态解脱出来，发展至成人自我状态

D. 团体最后需要鼓励成员把父母自我状态应用到他们的日常生活中去

67. 下列关于格式塔疗法的阐述，观点正确的是（　　）。

A. 格式塔疗法是一种非解释性的心理治疗方法

B. 格式塔团体疗法注重成员当下的行为模式的矫正和整合

C. 格式塔心理学与格式塔疗法并不相关

D. 格式塔疗法是一种非分析性的心理治疗方法

68. 下列对完形心理疗法基本观点的阐述，正确的是（　　）。

A. 该心理疗法认为健康的人生就是完整的人生

B. 该疗法也注重追溯成员幼年被压抑的潜意识创伤，以矫正其行为模式

C. 格式塔疗法注重帮助成员重新获得一个完整的认识，完满的印象

D. 该心理疗法认为健康的心态就是完好的心态

69. 格式塔团体咨询中，关于成员自我觉察的阐述，正确的是（　　）。

A. 觉察是改变的开始，觉察等同于内省，都是有目的性及评价性的

B. 因为觉察，个体知道可以改变，也知道可以不改变

C. 个体觉察的愈多，选择也愈少，选择后就必须为自己的选择负责

D. 自我觉察是一种提供选择的工具，它也意味着改变的可能性

70. 格式塔团体咨询中，关于形与景的阐述，正确的是（　　）。

A. 人的需求的出现，成为整个人环境的焦点，这个焦点就是形

B. 个人环境即为背景，一旦需求满足，形象便退回背景

C. 困难就是形，只注意困难而忽略环境背景，便找不出解决之道

D. 有些完形深深印在脑海里，无法忘记，就很难形成新的完形

71. 格式塔团体咨询中，关于未完成事件的阐述，正确的是（　　）。

A. 未完成事件如负面情感没有被充分知觉，便在潜意识中徘徊

B. 未完成事件不会持续存在，会自行消散，或潜在着不产生影响

C. 格式塔疗法认为悔恨是未完成事件中最常见最恶劣的一种

D. 当有罪恶感时，找出悔恨的原因，并把它表达出来，问题迎刃而解

72. 格式塔团体咨询中，关于人性观的阐述，正确的是（　　）。

A. 格式塔疗法强调接纳真实的自己，不去受到自己或他人观念的操纵

B. 格式塔疗法认为个体的人格分成两部分：胜利者和失败者

C. 个体人格中的胜利者很具权威也很完美，类似心理分析学派的自我

D. 个体人格中的失败者常表达为"我希望"，类似心理分析学派的超我

73. 关于格式塔团体咨询的目标的阐述，正确的是（　　）。

A. 格式塔团体的目标在于达到组员互相或者自己察觉的状态

B. 格式塔团体成员的察觉包括了解环境和自己，能与别人全心接触

C. 格式塔疗法的目的是要规整成员的本能内驱力，使其能够适应社会

D. 完形治疗法是帮助来询者能够为自己负责，能够有所筛选地做选择

74. 在格式塔团体咨询过程中，领导者需要注意的点有哪些？（　　）

A. 留意肢体动作　　　　　　B. 注意语言形式

C. 适当地个人分享而不试图操纵　　D. 设计新的行为模式以指导成员

75. 在格式塔团体的领导者对成员采用"空椅子"治疗技术的时候，他应该注意的点包括（　　）。

A. 每个人都可能会存在内心冲突，"分裂"是每个人都可能经历的状态

B. 在团体中要教导的不是避免冲突，而是如何面对和处理

C. "空椅子"技术能协助成员们去接触他们潜藏深处的情感

D. 成员若能演出内在的对立面，亦能吸收两者差异并整合两者力量

76. 关于格式塔团体中领导者在采用"我负责……"的话语引导技术的理解，下列正确的是（　　）。

A. 成员被要求在每个陈述之后加上"而且我会为它负责"

B. "我负责……"语言技术的进行可有效拓展成员们的感觉领域

C. 该技术同时也能帮助成员们接纳和认识本身的情感

D. 这项技术不机械化，很灵活，但却不太具有意义

77. 对于格式塔团体中领导者采用绕圈子的技术的理解，下列错误的是（　　）。

A. 在团体中，一旦使用了一种形式的绕圈子技术，将不能改用其他形式

B. 绕圈子技术的目的就是要去达成面质、冒险、表达自我、试验新行为模式、促进成长及改变

C. 情绪的宣泄有助于个人的成长，但不利于团体融洽氛围的形成

D. 此项技术要求成员走到他人面前向对方说话，或做某些事

78. 关于格式塔疗法中的投射技术，理解正确的是（　　）。

A. 投射指某人在别人身上看到的事物，其实是自己有但不愿看见和接纳的

B. 团体的某人在说别人的时候，常常说是他自己本身属性的投射

C. 格式塔疗法认为梦里的每个人、物都代表做梦者投射的对象

D. 投射技术的本质是在要求成员人去"试扮"他在团体中对别人的叙述

79. 关于格式塔疗法中的倒转技术，理解正确的是（　　）。

A. 成员的某些症状和言行，常是其潜在行动的倒转表现

B. 可要求因过分胆怯而痛苦的人，试着在团体中扮演一个爱表现的人

C. 在倒转技术产生效果后，成员的"消极面"困扰就会马上消失

D. 倒转技术能帮助成员去接纳从前被否定的某些个人属性

80. 关于格式塔疗法中的预演练习技术，理解正确的是（　　）。

A. 我们常在想象世界里预演我们在现实社会中所期望扮演的角色

B. 实际表演时因为怕自己演不好，恐惧与焦虑便袭涌而至

C. 具体方法是：团体成员相互帮助并彼此分享预演的情境

D. 预演练习让成员更能察觉他人对自己的期望并设法去达成

81. 关于格式塔疗法中的夸张练习技术，理解正确的是（　　）。

A. 夸张练习不可以应用在语言行为中，只有肢体动作适合夸张练习

B. 弯腰缩肩、握拳、皱眉、苦瓜脸等行为颇适于运用此项夸大技术

C. 成员们重复地夸张其欲表达的动作，更能凸显出隐藏的意义

D. 夸张练习有助于成员们倾听自己真正的心声并更加深刻地认识自己

82. 关于格式塔疗法中的感觉留置技术，理解错误的是（　　）。

A．成员被要求保持并体验负面情绪，直到不愉快的情绪变弱

B．成员愿意倾诉不愉快的经历或情绪时不适合采用感觉留置

C．领导者要鼓励成员趁机去深入探讨那些想要逃避的感觉

D．完形疗法的技术性很强，在所有场合都能发挥良好的作用

83．关于认知疗法的基本观点，下列说法正确的是（ ）。

A．认知过程及其导致的错误观念是行为和情感的中介

B．认知疗法常采用认知重建、心理应付、问题解决等技术

C．认知疗法的技术中，认知重建这一方法是最为关键的

D．认知疗法是由皮亚杰一个人组建并发扬光大的理论

84．对于认知如何影响个体行为方面的看法，下列观点正确的是（ ）。

A．适应不良的行为与情绪，与其对事件的认知没有太大关系

B．客观事物被不同的人认知滋生不同的情绪，从而影响人的行为反应

C．个体的认知包括信念和信念体系、思维和想象

D．认知疗法的策略，在于帮助当事人重新构建认知结构和评价自己

85．下列关于认知的三个水平的观点，正确的有（ ）。

A．自动化思考产生自动化的认知，这种认知源于习惯性思维

B．设想是最接近于表面思维的一个认知水平，比较简单

C．设想是基于原有的条件，及相关的情况所形成的信念

D．策略或复杂的思维模式可能是一种固定的先入为主的信念

86．关于认知疗法团体咨询的领导者的任务，下列说法正确的是（ ）。

A．领导者要让成员自己探索认知对个体行为的影响

B．帮助成员去检讨其对己、对人以及对环境的看法

C．督促成员重建功能性的、健康的看法与态度

D．领导者和成员可以忽略成员错误认知的非功能性与病态性

87．关于认知疗法团体咨询的基本技术，下列说法正确的是（ ）。

A．贝克设计了如 M 和 P 治疗、认知重评和转换治疗等系列治疗技术

B．角色扮演指的是领导者与成员间互换角色或扮演其他角色

C．领导者采用提问、自我演示或模仿等方法识别成员的自动思维

D．认知疗法的核心技术是去中心化的技术

88. 下列观点关于现实疗法的叙述，正确的是（　　）。

A. 《现实疗法》一书问世，标志着现实疗法的正式推出

B. 现实疗法赞同以医学的或"疾病"的模式来看待人的心理困难

C. 现实疗法强调现在和将来，不强调过去，是"怎么办"，而非"为什么"

D. 从基本倾向看，现实疗法属于认知—行为的治疗，有这一取向的特色

89. 关于现实疗法早期的应用情况，说法正确的是（　　）。

A. 1956 年，现实疗法被用于给违法的少女做咨询，结果发现有效果

B. 现实疗法曾被用于精神病院治疗病人，病人被鼓励为自己的行为负责

C. 现实疗法不接受成员的借口，而是努力帮助他们控制他们的生活

D. 药物滥用和酗酒咨询师、矫正工作者等人都认可现实疗法

90. 关于现实疗法的人性观，下列说法错误的是（　　）。

A. 现实疗法认为人有四种心理需求：归属、权力、自由、快乐

B. 现实疗法推崇的人格理论是控制理论和选择理论

C. 格拉塞经常以汽车的动作来做比喻，前轮是感觉和生理

D. 格拉塞经常以汽车的动作来做比喻，后轮是思想和行动

91. 下列关于现实团体咨询的目标，说法正确的是（　　）。

A. 现实治疗团体的领导者关注的外显行为是过去的行为

B. 负责任的行为是现实团体治疗的核心目标

C. 负责任的行为即满足自己的需要，而不影响他人满足他们的需要

D. 现实治疗的总目标是满足成员归属、权力、自由、快乐等需要

92. 现实疗法的价值观有助于人的自我开放，（　　）等技巧均可应用于此类问题，在学校或家庭中处理不情愿或行为习惯不良有效。

A. 客观检核　　　B. 价值澄清　　　C. RET 行为策略　D. 个人中心

93. 关于存在主义对"死亡"的心理治疗，下列说法正确的是（　　）。

A. 引导个体觉察死亡，分享脆弱，卸下面具，呈现真我

B. 存在主义者认为认识到死亡是人类的一个基本状态，可以给生活更重要的意义

C. 存在疗法强调真诚对待对潜意识过去的压抑情绪觉察的重要性

D. 害怕死亡的人也害怕生活，我们要尽量完全生活在现在

94. 关于存在主义中承担责任的心理治疗，下列说法正确的是（　　）。

A．不愿意接受责任的成员，也能从治疗中获益，也能获得改变领导者的钥匙

B．意识要从"我不愿"到"我不能"，从"他烦我"到"我让他烦我"

C．存在主义者认为，自由与责任不相关联，获得自由就不用承担责任

D．成员意识到，是自己的选择创造了痛苦，应对自身行为负责

95．关于存在主义关系中的心理治疗的观点，下列说法正确的是（　　）。

A．领导者要帮助成员与他人建立工具型和索取型的关系模式

B．孤独、无根、异化的问题是与他人和自然建立过多的联系造成的

C．领导者尝试与成员探讨存在孤独，引导成员们在孤独中认识自己

D．在与他人建立稳固的关系之前，要倾听自己，与自己建立关系

96．下列选项属于存在主义对"无意义感"的心理治疗的方法的是（　　）。

A．重过程而非结果　　　　　　　　B．进行有意义的世俗活动

C．找到自己的路　　　　　　　　　D．沉浸在过去的失败体验中

97．下列关于存在主义疗法对"焦虑"的理解，正确的是（　　）。

A．焦虑来自生存的挣扎、保持和确定个体的存在

B．焦虑产生的情感是人类生存不可避免的方面

C．当运用自由从已知走向未知时，就会体验到焦虑

D．当成员体验到新的生活方式的满意感时，焦虑将会消除

98．存在主义的团体咨询与治疗有四个主要任务，下列选项属于其中的是（　　）。

A．帮助成员看到困扰他们的问题在治疗外是怎样限制他们的

B．领导者要成员压抑他们长时间避免的焦虑，不用面对焦虑

C．帮助成员沉浸在自我内心体验中，但是不用接触外界的世界

D．促进成员对生活进行反思，在各种选择中做出决定

99．下列关于存在主义团体咨询中领导者的任务的表述，正确的是（　　）。

A．领导者要让成员知道他们是有选择的，成员们从未逃避这些选择

B．领导者的工作是相信成员能发现自己能赋予生活意义的价值系统

C．领导者自我开放或认错，并帮助成员发现其躲避自由的方式

D．领导者的角色功能还包括为成员承担责任，直接告诉他怎么做

100．关于存在主义团体咨询的基本技术，下列说法正确的是（　　）。

A．存在主义疗法有概念性的框架，它帮助成员寻找生活的意义

B. 第一阶段，咨询师帮助成员找出并弄清他们对世界的想法

C. 第二阶段，鼓励成员更全面地考察他们当前价值系统的来源和权威

D. 第三阶段，帮助成员将所学到的有关对自己的了解付诸行动

101. 团体动力学的研究中，专制式团体氛围的特征包括以下哪些？（　　）

A. 所有政策都由集体决定，领导鼓励、支持，最后认定

B. 实现目标的步骤由权威独断，成员无法知悉团体未来的方向

C. 权威者经常控制每个团体成员的活动，即由领导决定与谁一起干活

D. 领导者出工作的步骤与行动方案，指导时会提出几种可行方案

102. 团体动力学的研究中，民主式团体氛围的特征包括以下哪些？（　　）

A. 团体中所有政策的决定由领导者个人操纵和指导

B. 领导不参加实际工作，只对关系到整个团体的工作提出表扬或批评

C. 成员可以自由选择和自己一起干活的人，分工由大家决定

D. 权威者批评和表扬成员个人的活动，但他不与成员待在一起

103. 实验结果表明成员在不同团体氛围下行为有很大差异，这些差异表现在
（　　）。

A. 专制型团体成员的攻击言行显著，而民主型团体成员友好相处

B. 专制型团体成员多以自我为中心，而民主型团体注重"我们"的感情

C. 领导不在时，专职团体成员继续工作，民主型团体成员工作动机降低

D. 专制的领导方式比民主的领导方式创造的团体气氛更能提高工作效率

104. 下列选项中，关于团体凝聚力的表述，正确的是（　　）。

A. 团体凝聚力是指团体对其成员的吸引力和团体成员之间的吸引力

B. 团体中成员心情和精神振奋，行为、认知、情感一致，凝聚力就低

C. 有高度凝聚力的团体成员彼此不合作，精神受压抑，工作效率低

D. 影响团体凝聚力的因素分为两大类，包括团体内部因素及外部因素

105. 社会学习理论最早是由（　　）提出的。他们以社会刺激（他人的行为）取代
物理刺激，运用刺激回报和强化的基本概念来解释人们的模仿行为。

A. 米勒　　　　　B. 多拉德　　　　C. 班杜拉　　　　D. 斯金纳

106. 班杜拉发展了社会学习理论的观点，关于他的主张，下列说法正确的是
（　　）。

A．把依靠直接经验的学习和依靠间接经验的学习综合起来说明人类的学习

B．强调人的思想、感情和行为受直接经验影响，但不受间接经验的影响

C．班杜拉强调观察学习，所以自我调节过程不那么重要

D．班杜拉的这些理论为团体咨询中成员改善不适应行为提供了方法

107．班杜拉的主要著作包括下列哪些？（　　）

A．《人们所玩的游戏》　　　　　　B．《社会学习理论》

C．《社会学习与人格发展》　　　　D．《问题儿童的临床指导》

108．下列对于社会学系理论基本观点的阐述，错误的是（　　）。

A．社会学习理论认为个人的行为由个人与他人的交互关系决定

B．社会学习理论认为人的大多社会行为是通过观察和模仿他人学会的

C．观察学习中的决定性因素是他人，若他人行为变化，个体行为也变化

D．榜样，特别是受到人们尊敬的人物的行为具有替代性的强化作用

109．人际沟通的基本特点包括以下哪些？（　　）

A．沟通中，一方把沟通伙伴看成是某种客体，强势的一方为主体

B．沟通能够调整双方的关系，沟通的结果是改变行为

C．沟通的双方具备统一或相近的符号系统，如使用共同的语言等

D．沟通出现的障碍是因为双方生理外貌、经济地位等不同而造成的

110．人际沟通既有传递信息的功能和心理保健的功能，还有自我认识的功能和人际协调的功能，下列具体的阐述，正确的是（　　）。

A．传递信息的功能指通过沟通可以交流消息、知识、经验、思想和感情

B．心理保健的功能指通过沟通，可以满足人交往、合群的心理需求

C．自我认识的功能指通过沟通可以深化自我认识，更客观地评价自己

D．人们还通过沟通，了解自己在他人心中的形象和在社会中的地位

三、简答题

1．简述什么是团体动力学。

2．罗杰斯对团体咨询的贡献表现在哪些方面？

3．简述行为治疗学派的团体目标、团体技术和领导者的角色和功能。

4．如何理解团体心理咨询就是沟通的过程？

5．在格式塔疗法中，为什么非语言沟通对于团体领导者很重要？

6．团体中良好的人际沟通有哪些表现和特点？

参考答案

一、单选题

1. B	2. C	3. A	4. D	5. B
6. A	7. A	8. C	9. C	10. D
11. A	12. D	13. B	14. C	15. C
16. A	17. C	18. C	19. A	20. A
21. B	22. B	23. C	24. D	25. B
26. A	27. C	28. B	29. B	30. C
31. A	32. B	33. D	34. A	35. B
36. D	37. C	38. A	39. D	40. B
41. C	42. D	43. A	44. D	45. A
46. B	47. C	48. D	49. A	50. D
51. A	52. B	53. D	54. C	55. A
56. C	57. D	58. B	59. C	60. D
61. C	62. C	63. A	64. B	65. C
66. D	67. A	68. B	69. D	70. C
71. C	72. D	73. B	74. A	75. C
76. D	77. B	78. B	79. C	80. A
81. D	82. D	83. A	84. C	85. D
86. A	87. D	88. C	89. B	90. B
91. B	92. D	93. B	94. D	95. D
96. B	97. D	98. B	99. C	100. A
101. B	102. D	103. A	104. C	105. B
106. D	107. C	108. A	109. C	110. D

二、多选题

1. ACD	2. BCD	3. AD	4. ABCD	5. ABCD
6. ABD	7. BCD	8. BD	9. AC	10. BCD

11. ABD	12. ABD	13. AC	14. BCD	15. ABD
16. AC	17. BCD	18. ABD	19. ABCD	20. AB
21. ABC	22. ABC	23. ABD	24. BC	25. CD
26. ABC	27. ACD	28. AB	29. ABCD	30. ACD
31. ABC	32. ABC	33. ABCD	34. ABC	35. ABD
36. BCD	37. ABCD	38. AB	39. ABCD	40. ABC
41. AB	42. ABD	43. AC	44. ABC	45. AB
46. AB	47. ABC	48. ABC	49. BCD	50. BC
51. ABCD	52. ABCD	53. CD	54. AC	55. AD
56. ABC	57. AC	58. CD	59. BCD	60. AB
61. CD	62. AC	63. ABD	64. BCD	65. BD
66. AB	67. ACD	68. ACD	69. BD	70. ABCD
71. ACD	72. AB	73. ABD	74. ABC	75. ABCD
76. ABC	77. AC	78. ABCD	79. ABD	80. ABCD
81. BCD	82. BD	83. ABC	84. BCD	85. ACD
86. BC	87. ABC	88. ACD	89. ABCD	90. CD
91. BCD	92. AB	93. ABD	94. BD	95. CD
96. ABC	97. ABCD	98. AD	99. BC	100. ABCD
101. BC	102. CD	103. AB	104. AD	105. AB
106. AD	107. BC	108. AC	109. BC	110. ABCD

三、简答题

1. 团体动力学旨在探索团体发展的规律。

它研究团体的形成与发展，团体内部人际关系及对其他团体的反应，团体与个体的关系、团体的内在动力、团体间的冲突、领导作用、团体行为等。团体动力学理论内容庞杂，理论演变的历史也较为悠久。团体动力学由勒温于1933~1935年在进行一系列的团体行为研究时提出并创立，他强调团体是一个动力整体，应把它作为一个整体来研究。他所研究的主要是小团体。

2. 个人中心治疗理论是1940年由美国人本主义心理学家罗杰斯创立的一种心理

咨询和心理治疗方法发展而来的理论。

它的发展经历了四个阶段，每一个阶段都离不开罗杰斯艰苦卓绝的理论研究和实践探索。个人中心理论是建立在罗杰斯人性观的哲学基础之上的。罗杰斯提出了自我理论，他认为心理适应不良的程度取决于自我概念与经验之间的不和谐的程度。自我概念是人格形成、发展和改变的基础，是人格能否正常发展的重要标志。他还提出了团体中领导者促成成员人格成长的几大条件：真诚、无条件积极关注、共情、适度地自我开放、积极地倾听。罗杰斯著述很多，给个人中心疗法打下了坚实的理论基础。

个人中心疗法是由罗杰斯创立并发展的，而个人中心方法被广泛应用于团体治疗之中。个人中心团体强调催化者的态度与行为，基本技巧包括：积极倾听、感受的反映、澄清、支持、连接、摘要、分享个人经验、非批评性、与成员会心、支持与面质、肯定成员的自我决定能力、随着团体的自然发展而不试图指导团体发展等。

3. 行为治疗学派的团体目标：消除来询者不良适应的行为和帮助他们学习建设性的行为。

行为治疗学派的团体领导者角色和功能：领导者常扮演行为矫治的专家、教师或训练师角色。在团体中，领导者主动传授方法给成员、教给成员应对技巧和行为矫正方法，以便成员能在团体外进行实践。

行为治疗学派的团体技术是以行为和学习原理为基础而发展出的各种具体行为咨询策略，常使用的技术包括系统脱敏法、肯定训练、厌恶治疗、强化和支持、教导、示范作用、回馈，以及各种挑战和改变认知的方法。

4. 人际沟通是指人与人之间运用语言或非语言符号系统交换意见、传达思想、表达感情和需要的交流过程，是人们交往的一种重要形式和前提条件。

人际沟通的特点及功能心理学的研究证明，当人清醒的时候，70%以上的时间都花在沟通上，沟通不良使个人无法传达感情、团体无法运作、组织任务无法完成。人际冲突往往是由于沟通不良所致。所以说，团体心理咨询的过程就是人际沟通的过程，了解人际沟通的理论有助于认识和把握团体发展的过程，进面有效地引导团体发展。

5. 完形治疗的团体领导者重要职能之一，就是去留意来询者们的肢体动作，其中的非语言线索可提供给领导者非常丰富的资讯，因为它经常流露出来询者本身未能察觉的感觉。皮尔斯认为，来询者的姿势、行为手势、声音等动作，均说明了事实的一些真相，这些真相有时通过语言的沟可能形成误导。所以，如果领导者仅止于注意组员言语的内容，就容易对其本质形成误解，真正的沟通其实是超越语言文字的。领导者尤需注意成员们的语言与肢体动作间是否有不一致的现象，特别是当成员们时时刻刻都在避免与现实做充分的接触时，就必须试着去引导他们用语言把肢体动作说出来。

6. 团体中良好的沟通具有以下几个表现和特点：

（1）沟通双方互为主体。人际沟通的双方都是以积极主动的状态参加交流，沟通过程中每个参加者都要求对方具有积极性，不能把沟通伙伴看成是某种客体。

（2）沟通能够调整双方的关系。人际沟通的双方同时扮演着发信者与受信者的双重角色，此外沟通双方可以借助符号系统相互影响，制约和调整双方的心理和行为。沟通的结果是改变行为。

（3）沟通的双方具备统一或相近的符号系统。人际沟通交流观念、思想、情感，只有统一的符号及意义体系才能保证沟通和相互理解，如使用共同的语言。如果符号不一致，就会出现沟通障碍。因此，沟通中使用的符号必须形、声、意义通用。

（4）沟通中可能出现社会性、心理性、文化性的障碍。由社会因素引起的沟通障碍主要是因为交流双方对交往情境缺乏统一的理解，由心理因素引起的沟通障碍主要是由个性心理差异造成的，由文化因素引起的沟通障碍主要是因为双方风俗习惯、宗教信仰等不同而造成的。在良好的沟通中，沟通双方如果站在理解和接纳的视角看待对方，这些障碍也会减少许多。

第四部分　本会团体心理咨询知识习题

第十一章　本会团体心理咨询概述知识习题

一、单选题

1. （　　）是本会团体咨询的基本观念。

A. 历史观、发展观、总体观　　　　B. 历史观、符号观、总体观

C. 历史观、问题观、符号观　　　　D. 问题观、总体观、符号观

2. （　　）不属于本会团体咨询的三个核心。

A. 人　　　　　　B. 团体领导者　　C. 团体动力　　　D. 团体技术

3. 团体咨询的三种主导模式是（　　）。

A. 导师动力型、技术主导型、团体动力型

B. 目标导向型、技术主导型、团体动力型

C. 目标导向型、技术主导型、成员主导型

D. 导师动力型、技术主导型、成员主导型

4. 导师动力型的主导模式特点不包括（　　）。

A. 以导师的功力为导向，包括导师人格的修养和技术的修养等

B. 以解决当下问题为导向，导师需解决现场出现的各种问题

C. 以解决最终问题为导向，导师要带领成员立下准确的共同目标

C. 以当下促动效果为导向，导师需推动团体目标的达成和动力的变化

5. 团体动力型的主导模式特点不包括（　　）。

A. 以成员当下会心状态为主导　　　B. 以成员的最终目标为主导

C. 以团体真实心理世界为主导　　　　D. 以团体成员心理空间真实现象为主导

6.（　　）不属于本会团体心理咨询模式的特点。

A. 科学性　　　　B. 先进性　　　　C. 全面性　　　　D. 系统性

7. 场理论用公式 B=f（P,E）来表示人与环境的交互关系，其中哪项是错误的（　　）。

A. B：Behavior 行为　　　　　　　B. P：Personality 个性

C. E：Environment 环境　　　　　　D. f：function 函数

8. 此时此地技术的运作主要体现在（　　）。

A. 制造此时此地、寻找并发现此时此地事件、描述此时此地

B. 寻找并发现此时此地、描述此时此地事件、解决此时此地事件

C. 制造此时此地、寻找并发现此时此地事件、解决此时此地事件

D. 制造此时此地、感受此时此地事件、描述此时此地

9. 会心技术不包括（　　）。

A. 理性的技术　　　B. 描述的技术　　　C. 感性的技术　　　D. 潜意识的技术

10. 导师角色的三位一体不包括（　　）。

A. 时而在前　　　　B. 时而在后　　　　C. 时而在左右　　　　D. 时而在其中

11. 团体过程中的三位一体是（　　）。

A. 分享、体验、分析　　　　　　　B. 讲解、体验、分析

C. 讲解、交换、分享　　　　　　　D. 讲解、体验、分享

12. 本会团体认为团体导师的带领分享可分为（　　）三个层次。

A. 澄清、强化、升华　　　　　　　B. 诠释、强化、升华

C. 总结、诠释、升华　　　　　　　D. 诠释、总结、澄清

13. 根据罗杰斯的说法，（　　）不是会心团体的缺点。

A. 成员离开团体回到原来的环境后容易恢复原状

B. 每个成员的交流时间有限

C. 无法解决深层次的心理问题

D. 成员之间容易产生矛盾

14. 本会团体的快速发展期是在（　　）。

A. 2008 年后　　　B. 2004~2008 年　　　C. 2009 年　　　　D. 2012 年后

15．罗杰斯的会心团体注重于（ ）。

A．团体中的人际交往经验，挖掘过去的个人史

B．团体中的人际交往经验，此时此地的情感问题

C．团体的指导意义，此时此地的情感问题

D．团体的指导意义，挖掘过去的个人史

16．"团体动力"是团体成员之间进行互动之后，对团体产生高度认同感而产生的（ ），这种（ ）使得团体本身具有了一定的力量进而推动着团体以及其中的成员自我成长。

A．团体意识　　B．集体意识　　C．集体观念　　D．团体观念

17．从根本上讲，团体动力来自团体成员的（ ）和（ ）。

A．需要、动机　B．需求、渴望　C．需求、动机　D．本能、需求

18．场论是（ ）一手创建的。

A．阿德勒　　　B．荣格　　　　C．勒温　　　　D．罗杰斯

19．（ ）是勒温心理学体系中的一个最重要的概念，同时也是其理论的核心。

A．心理空间　　B．动力场　　　C．能量场　　　D．心理场

20．勒温指出，只要团体的（ ）没有改变，就很难使个体放弃团体的标准来改变自己的意见，一旦团体标准发生了变化，那么由于个体依附于该团体而产生的那种对变化的抵抗也就会消失。

A．价值观　　　B．世界观　　　C．心理观　　　D．人生观

21．由于勒温借用了几何学上拓扑学的概念来解释个人生活空间内各部分的关系，所以他的场理论又称为（ ）。

A．拓扑心理学　B．几何心理学　C．场动力心理学　D．空间心理学

22．心理空间包括两个区域：（ ）区域和情绪情感区域。

A．人格　　　　B．人性　　　　C．人品　　　　D．人文

23．刚开始组成一个团体的时候，当每个心理空间都能和其他的心理空间通过外部人际动力表现得很正性的时候，也是团体成员在自我心理空间重新修复和调整的时候，这个过程就是（ ）。

A．团体心理训练　B．心理修复　　C．团体康复　　D．团体心理咨询

24．中国的当务之急就是构建和谐社会，而构建和谐社会的根本就在于构建人

的（　　）。

　　A．人际和谐　　　B．内外和谐　　　C．内部和谐　　　D．外部和谐

　　25．团体心理活动效益又可称为（　　）。

　　A．团体效率　　　B．团体效能　　　C．团体效益　　　D．团体成效

　　26．团体心理咨询，是团体导师在团体动力运作的过程中，应用一系列（　　）团体心理技术，让团体成员参与其中，实现团体成员共同目标的过程。

　　A．体验式　　　B．个性化　　　C．实证式　　　D．研讨式

　　27．心理品格是指（　　），或者是指心理健康的程度。

　　A．心理品德　　　B．心理资本　　　C．心理修养　　　D．心理素质

　　28．（　　）是指一个人的社会道德修养，不仅指坐公交车时给老、弱、病、残、孕让座或不乱丢垃圾等遵守社会公德的行为，更重要的是指一个人的社会责任感和使命感。

　　A．思想品德　　　B．社会品格　　　C．社会公德　　　D．社会自觉

　　29．（　　）是指一个人的天赋，是其对自然规律的辩证思考能力，它会限制团体导师最终的发展。

　　A．天性　　　B．才能　　　C．智力水平　　　D．自然品格

　　30．（　　）是团体导师通过将团体成员在现场的行为、语言、表情等线索反馈给团体成员，使其觉察到自己的表现，促使其反思，引发其反馈，以帮助团体导师确定其问题所在的一种技术。

　　A．描述技术　　　B．会心技术　　　C．此时此地技术　　　D．此地此刻技术

　　31．（　　）是指通过语言来呈现和表达一个物理场景、心理变化、个人观点的过程。

　　A．描述技术　　　B．会心技术　　　C．此时此地技术　　　D．此地此刻技术

　　32．所谓（　　）是指运用一系列的心理学技术，使团体达到一种温暖的氛围。

　　A．描述技术　　　B．会心技术　　　C．此时此地技术　　　D．此地此刻技术

　　33．（　　）又称质疑、对质、对抗、正视现实等，是指咨询师指出来访者身上存在的矛盾。

　　A．面质　　　B．指导　　　C．解释　　　D．释义

　　34．（　　）也称参与性概述，指咨询师把来访者的言语和非言语行为（包括情感）

综合整理后，以提纲的方式再对来访者表达出来。

A. 总结　　　　　B. 指导　　　　　C. 解释　　　　　D. 归纳

35. （　　）即咨询师直接地指示来访者做某件事、说某些话或以某种方式行动。指导是影响力最明显的一种技术。

A. 总结　　　　　B. 指导　　　　　C. 解释　　　　　D. 归纳

36. （　　）技术是指模仿主角的内心思想与感受，帮助主角觉察到内部心理过程，引导主角表达出非言语思想和感受，强化主角与配角之间的相互影响。

A. 表演　　　　　B. 补偿　　　　　C. 替代　　　　　D. 替身

37. （　　）是心理咨询的第一步，是建立良好咨询关系的基本要求。

A. 共情　　　　　B. 自我暴露　　　C. 真诚　　　　　D. 倾听

38. （　　）被人本主义心理学家认为是影响咨询进程和效果的最关键的咨询特质。

A. 共情　　　　　B. 自我暴露　　　C. 真诚　　　　　D. 倾听

39. （　　）亦称自我开放、自我表露，是指咨询师提出自己的情感、思想、经验与来访者共同分享。它与情感表达和内容表达十分相似，是二者的一种特殊组合。

A. 共情　　　　　B. 自我暴露　　　C. 真诚　　　　　D. 倾听

40. （　　）就是停止知性和理性的大脑皮质作用，而使自律神经呈现活动状态。简单地说就是停止意识对外的一切活动，而达到"忘我之境"的一种心灵自律行为。这不是让意识消失，而是在意识十分清醒的状态下，让潜在意识的活动更加敏锐与活跃。

A. 冥想　　　　　B. 瑜伽　　　　　C. 想象　　　　　D. 催眠

41. （　　）是以人为诱导（如放松、单调刺激、集中注意力、想象等）引起的一种特殊的类似睡眠又非睡眠的意识恍惚心理状态。

A. 冥想　　　　　B. 瑜伽　　　　　C. 想象　　　　　D. 催眠

42. （　　）概括为"一种无结构的作业"。刺激材料无结构，回答不受限制，发挥自由联想。

A. 投射技术　　　B. 认同技术　　　C. 精神分析技术　　D. 催眠技术

43. （　　）是以积极心理学和积极组织行为学的观点为思考框架，侧重研究和开发个体的自身优势和积极心理状态中所蕴藏的力量。

A. 心理资本　　　B. 心理品质　　　C. 心理能力　　　D. 心理能量

44. （ ）等人首次明确将心理资本定义为"个体一般积极性的核心心理要素，具体表现为符合积极组织行为标准的心理力量，它超出了人力资本和社会资本之上，并能够通过有针对性的投资和开发而使个体获得竞争优势"。

A. 路桑斯   B. 阿德勒   C. 海灵格   D. 罗杰斯

二、多选题

1. 勒温动力场理论特点有（ ）。

A. 动力观   B. 整体观   C. 系统观

D. 心理取向   E. 整合倾向   F. 建构法和数学表达

2. 心理空间的三种防御系统是（ ）。

A. 正常防御   B. 非正常心理障碍防御

C. 心理疾病防御   D. 精神疾病防御

3. 团体中主要包括（ ）几个方面的力量。

A. 带领者   B. 团体技术   C. 团体动力

D. 团体成员   E. 团体契约

4. 在团体心理咨询过程当中，有三种主导模式，分别是（ ）。

A. 导师能力型   B. 技术主导型

C. 团体动力型   D. 文化主导型

5. 导师能力型团体模式的特点有（ ）。

A. 以导师的功力为导向，包括导师人格的修养和技术的修养等

B. 以解决当下问题为导向，导师需解决现场出现的各种问题

C. 以当下促动效果为导向，导师需推动团体目标的达成和动力的变化

D. 以成员当下会心状态为主导，每个成员在当下表现的都是最真实的自己

6. 导师能力型团体的两种类型是（ ）。

A. 以导师为主导的权威性   B. 以导师为主导的温暖型

C. 以导师为主导的严厉性   D. 以导师为主导的会心型

7. 技术主导型团体模式主要有以下特点（ ）。

A. 以技术为主导暴露问题，在使用技术过程中使成员的问题逐渐暴露并被觉

察到。

B. 以技术为主导解决问题，问题在技术互动中得到解决

C. 以技术为主导引出问题，问题在小组讨论中得到解决

D. 以技术为主导升华问题，小组成员在解决问题中成长

8. 以团体的动力为主导型的团体模式有（   ）这几个特点。

A. 以成员当下会心状态为主导，每个成员在当下表现的都是最真实的自己

B. 以成员当下的表现为主导

C. 以团体真实心理世界为主导

D. 以团体成员心理空间真实现象为主导

9. 团体动力的基本要素主要包括（   ）。

A. 成员需求　　　　B. 团体导师　　　　C. 团体目标

D. 成员的个性特点　　　　　　E. 环境　　　　　　F. 团体结构

10. 樊富珉教授指出，团体心理咨询要取得成功需要四个要素，包括（   ）。

A. 要有明确的目标，并得到全体成员认同

B. 要有称职的领导者，有爱心、责任感和领导能力

C. 团体成员积极地参与投入

D. 要有适当的团体活动，且生动有趣使人乐于参加

11. 人格特征的三个层面，分别是（   ）。

A. 心理品格　　　B. 社会品格　　　C. 自然品格　　　D. 思想品格

12. 樊富珉指出，一个成功的团体领导者最基本的条件是（   ）。因为当一位领导者自信自爱时，他才有能力信任和爱护他的团体成员，并且不会陷入完美主义的圈套。

A. 认识自己、了解自己　　　　　　B. 接纳自己、肯定自己

C. 欣赏自己、相信自己　　　　　　D. 爱惜自己、鼓励自己

13. 团体导师术的三位一体是指（   ）。

A. 学习术　　　B. 应用术　　　C. 制作术　　　D. 运用术

14. 角色的三位一体是指团体导师在带领团体的过程中适时地出现在团体的前方、后方、左右方，扮演对团体进行恰当的（   ）的三个角色。这是本会团体多年来带领团体的实践经验，也是本会团体的经典。

A. 引领　　　　　B. 推动　　　　　C. 陪伴　　　　　D. 领导

15. 会心技术是指运用一系列的心理学技术，使团体达到一种温暖的氛围。导师运用技术带领成员进入（　　）。这三个世界相互连接、交融在一起就会形成一种良好的工作状态，也就是团体工作状态，此时会心就产生了。

A. 一个感性的世界　　　　　　　B. 一个理性思考的世界

C. 一个潜意识的世界　　　　　　D. 一个意识的世界

16. 团体内的人际互动包括三个层面（　　）。

A. 外在的人际关系　　　　　　　B. 内在的心理连接

C. 潜意识内部的连接　　　　　　D. 意识与潜意识层面的连接

17. 在团体心理咨询过程中，导师可以透过（　　）三种途径实现团体目标。

A. 讲解　　　　　B. 体验　　　　　C. 分享　　　　　D. 引领

18. 心理资本的核心因素包括（　　）几个维度。

A. 自我效能感　　　B. 希望　　　　　C. 乐观　　　　　D. 韧性

19. 本会团体心理资本建设提升的几个途径是（　　）。

A. 感恩拜访　　　B. 求助拜访　　　C. 帮助拜访　　　D. 感谢拜访

20. 成为本会团体的一名合格导师，通常需要经历（　　）三个阶段。

A. 初级助教　　　B. 中级助教　　　C. 高级助教　　　D. 特级助教

三、简答题

1. 简述团体导师的道。

2. 简述团体导师的"三位一体"。

参考答案

一、单选题

1．C	2．B	3．A	4．C	5．B
6．B	7．B	8．A	9．B	10．D.
11．D	12．A	13．D	14．D	15．B.
16．B	17．A	18．C	19．D	20．A
21．A	22．A	23．D	24．C	25．B
26．A	27．B	28．B	29．D	30．C
31．A	32．B	33．A	34．D	35．B
36．D	37．D	38．A	39．B	40．A
41．D	42．A	43．A	44．A	

二、多选题

1．ABCDEF	2．ABC	3．ABCD	4．ABC	5．ABC
6．ABC	7．AB	8．ABCD	9．ABCDEF	10．ABCD
11．ABC	12．ABC	13．ABC	14．ABC	15．ABC
16．ABC	17．ABC	18．ABCD	19．ABC	20．ABC

三、简答题

1．（1）要了解人类个体从出生到死亡的整个过程中心理发展变化的基本规律和法则，即心理学理论及相关的学科知识。

（2）要认识到每个人都是独一无二的个体。

（3）要认识到文化规范是地域所赋予的。

（4）要认识到"变化是不变"的真理。

（5）要用系统的观点看问题。

2．（1）角色的三位一体——时而在前、时而在后、时而在左右。

（2）技术的三位一体——此时此地技术、描述技术、会心技术。

（3）团体过程的三位一体——讲解、体验、分享。

第十二章　本会团体心理咨询模式知识习题

一、单选题

1. （　　）不属于本会团体心理咨询模式。

A. 体验式团体心理教育模式

B. 表达性艺术团体心理成长模式

C. 文化动力团体心理治疗模式

D. 人际交互团体心理治疗模式

2. 下列不属于体验式团体心理教育模式操作特点的有（　　）。

A. 以结构式、开放式训练的形式为主

B. 主题内容以传播心理学知识为主，以传播心理学知识为手段，进行意识层面的认知提升

C. 适用于大型团体，且成员没有很大的心理问题。可以在企业、学校里面实施

D. 对带领者要求较低。只需要对团体成员做一些有目标的训练并且有结构地进行活动

3. 下列不属于表达性艺术团体心理成长模式优点的是（　　）。

A. 治疗媒介少而精简

B. 艺术表达能够突破口语表达的限制

C. 在艺术治疗团体中，成员易流露真实情感，接纳各自的开放经验，达到成长的目的

D. 可以减轻成员的互相防卫心理

4. 表达性艺术团体的人数限制为（　　）。

A. 10~20 人　　　B. 100 人以内　　C. 50 人以内　　　D. 30~60 人

5. 下面关于体验式团体心理教育模式的意义，错误的是（　　）。

A. 能体现对受教育者个体的主体性和能动性的尊重

B. 更符合人们心灵建构的社会过程，即从感知到领悟、从情绪到理智

C. 可以实现心理教育效率最大化

D. 心理教育过程中的收获更易于泛化到个体的自然生活中

6. 体验式团体心理教育模式的功能有（   ）。

A. 引导、促进、传递、氛围、目标

B. 引导、促进、教育、氛围、目标

C. 引导、监督、传递、氛围、目标

D. 引导、教育、传递、合作、目标

7. （   ）不属于体验式团体心理教育模式的特点。

A. 指导性　　　　　B. 可操作性　　　　　C. 针对性　　　　　D. 灵活性

8. 下列不属于艺术性表达治疗作用的是（   ）。

A. 发泄情感　　B. 提升自己的艺术水平　　C. 感染他人情绪　　D. 投射作用

9. 下面不属于表达性艺术治疗特点的是（   ）。

A. 根据不同的对象选择相应合适的艺术治疗种类

B. 根据艺术作品的心理效应和治疗目标选择相应的艺术题材

C. 根据被治疗者的艺术能力确定艺术治疗的方式

D. 艺术治疗只能以集体形式进行

10. 文化动力团体心理治疗模式的特点是（   ）。

A. 本土性、可操作性、科学系统性、主导模式的共性

B. 本土性、可操作性、科学系统性、主导模式的独创性

C. 本土性、可操作性、科学针对性、主导模式的共性

D. 本土性、理论完整性、科学系统性、主导模式的共性

11. 体验式团体心理教育模式的过程分为（   ）四个阶段。

A. 呈现现象、评估目标、问题解决、心理康复

B. 确立目标、描述问题、问题解决、心理康复

C. 呈现现象、描述问题、评估目标、问题解决

D. 确立目标、评估目标、呈现现象、问题解决

12. 体验式团体心理教育模式以（   ）为理论基础。

A. 人本主义心理学和教育心理学

B. 人本主义心理学和学校心理学

C. 行为主义心理学和教育心理学

D. 行为主义心理学和学校心理学

13. 体验式团体心理教育模式的核心指导思想是（　　）。

A. 行为主义思想　　　　　　　　B. 人文主义思想

C. 存在主义思想　　　　　　　　D. 集体主义思想

14. 在制作团体技术的时候，需要考虑的最重要的因素是（　　）。

A. 技术的针对性　　　　　　　　B. 技术的实用性

C. 技术的科学性　　　　　　　　D. 技术的操作性

15. 工作坊是依据（　　）理论提出的。

A. 团体动力学　　　　　　　　　B. 体验式教育

C. 艺术治疗理念　　　　　　　　D. 会心团体理论

16. 我们常说的"心理工作坊"其实最初是个（　　）。

A. 辅导工作坊　　　　　　　　　B. 行为工作坊

C. 生理工作坊　　　　　　　　　D. 治疗工作坊

17. （　　）是第一个认为团体具有促使个人行为好转潜力的人。

A. 麦独孤　　　　B. 勒庞　　　　C. 弗洛伊德　　　　D. 勒温

18. （　　）是指一种使用小团体理论和实践的方式达到促进自我成长的效果的团体。

A. 敏感度团体　　　　　　　　　B. 会心团体

C. 自我成长团体　　　　　　　　D. 工作坊

二、多选题

1. 团体技术制作共分为两个阶段，分别是（　　）。

A. 灵感阶段　　　B. 针对性阶段　　　C. 制作阶段　　　D. 转换阶段

2. 下面属于团体技术制作第一阶段特点的是（　　）。

A. 这个阶段在制作技术能力上还是盲目的

B. 大多数在这个阶段"发明"的技术，都不是为了目标而设计的

C. 这些技术虽然在某些时候很有效果，但往往不具备针对性

D. 如果运用在团体中，若团体目标效果很好的话，那么多少有些运气的成分

3. 下面属于团体技术制作第二阶段的特点是（　　）。

A. 在这个阶段，团体心理咨询师除了有灵感之外，还有目标性、针对性

B. 此阶段开始考虑团体技术的可操作性，以及团体目标制作技术原则

C. 一些团体技术就可以作为治疗和危机干预之用

D. 恰当使用团体技术，将能很好地把团体动力发挥出来，促进团体的成长

4. 在团体培训前期，通过一定的技术，有利于（　　）。

A. 由冷到热的热身

B. 从外部空间到内部空间

C. 从过去（未来）心理空间到现在心理空间

D. 从心理分散到心理集中

5. 在制作团体技术的时候，下列需要考虑的因素有（　　）。

A. 技术的针对性

B. 团体中的各个环节的小目标

C. 技术与团体匹配问题

D. 团体目标的可操作性

6. 团体心理咨询的技术主要分为（　　）。

A. 艺术类　　　　　B. 语言类　　　　　C. 体验类　　　　　D. 工具类

7. 下列描述属于体验式团体心理教育模式的优势的是（　　）。

A. 服务面广，符合中国特色，可达到教育效果最大化

B. 符合人的神经心理分工需要

C. 符合东方人的文化特点

D. 符合中国人的集体意识

8. 传统教育的特点是（　　）。

A. 在内容上过分强调知识

B. 在方法上过分强调灌输、讲授

C. 对学生的认识上是把学生看作知识的容器而不是来源

D. 重视受教育者的间接知识的获得

9. 体验式教育的特点是（　　）。

A. 把受教育者看作是教育的创造者而不是接受者

B. 在内容上，更多地强调学习者的主动参与、体验、感悟等

C. 强调教师的引领作用

D. 以学生为中心的教育理念

10. 大脑左半球主要负责（　　）功能。

A. 语言　　　　　B. 逻辑　　　　　C. 想象　　　　　D. 分析

11. 大脑右半球主要负责（　　）功能。

A. 音乐　　　　　B. 逻辑　　　　　C. 想象　　　　　D. 空间

12. 体验式教育是符合中国文化（　　）的一种心理健康教育模式。

A. 集体性　　　　B. 合作性　　　　C. 整体性　　　　D. 情感性

13. 表达性艺术治疗的基本信念是（　　）。

A. 相信每个团体成员均有与生俱来的能力

B. 相信每个团体成员可以自我引导

C. 无论个体人格生长正常或异常，都源自关系

D. 人心的丰富性与团体互动的多样化

14. 表达性艺术治疗的形式主要有（　　）。

A. 绘画　　　　　B. 隐喻　　　　　C. 叙说　　　　　D. 诗歌

15. 整个表达性创作过程能够让当事人经历到（　　）。

A. 人类经验的扩增　　　　　　　B. 自动平衡

C. 生活整合　　　　　　　　　　D. 渐增的自我认识

16. 艺术治疗具有两种取向，分别是（　　）。

A. 心理分析导向的艺术治疗模式

B. 通过艺术创作，缓和情感上的冲突

C. 通过体验叙说，缓和情感上的冲突

D. 文化导向的艺术治疗模式

17. 心理工作坊的作用是（　　）。

A. 能够帮助个体缓解困惑和焦虑　　B. 缓解亚健康心理状态

C. 促进心理成长　　　　　　　　　D. 治疗心理创伤

18．下面属于心理工作坊特点的是（　　）。

A．来参加的成员都有交往与成长的需要

B．更倾向选择建设性的方式来互动

C．每个人都更容易维护好自尊心，更容易开放和宽容

D．多数参与者是有一定了解的

19．工作坊工作的一般流程是（　　）。

A．资讯的分享　　　　　　　　B．讨论的过程

C．全体表达意见　　　　　　　D．团队的组建

20．工作坊的主要分类有（　　）。

A．单场工作坊　　　　　　　　B．系列工作坊

C．自主配课型工作坊　　　　　D．固定课型工作坊

21．在共同成长中，工作坊动力发展会经历的阶段有（　　）。

A．春季——种下希望的种子　　B．夏季——共同面对问题

C．秋季——让感动深入心灵　　D．冬季——带着成功感受离开

22．表达性艺术治疗的独特性体现在（　　）。

A．治疗媒介最多

B．艺术形式既不受时空限制，又是真实存在

C．艺术表达能够突破口语表达的限制

D．可以减轻成员的互相防卫心理

23．表达性艺术治疗的服务人群主要是（　　）。

A．亲子关系不良的人群　　　　B．夫妻关系不良的人群

C．人际交往障碍的人群　　　　D．情绪不良的人群

24．表达性艺术治疗可以按照以下（　　）原则进行选择。

A．根据不同的对象选择

B．根据艺术作品的心理效应和治疗目标选择

C．根据被治疗者的艺术能力选择

D．根据问题类型选择

25．勒庞认为促使团体成员改变的因素有（　　）。

A．一个人成为团体的成员时，会觉得自己的能力增加，甚至是无法击败的

B. 团体中出现传染的现象

C. 一个人的受暗示性在团体中会大大增加

D. 团体中的支持力量

26. 动力性团体的治疗因素主要有两个，分别是（　　）。

A. 团体成员因素　　　　　　　　B. 团体导师的因素

C. 团体场的因素　　　　　　　　D. 团体技术的因素

27. 团体成员能够投入和参与团体的前提包括以下几方面（　　）。

A. 团体成员首先要有改变的动机　　B. 对团体的信任

C. 自我暴露、自我开放的态度　　　D. 具有内省和反思能力

28. 团体导师应该具备的能力有（　　）。

A. 需要确认团体治疗的重要性和意义

B. 分离自我的能力

C. 动力性治疗的学习和训练

D. 允许自己成为组员移情和投射的客体

29. 团体导师的任务有（　　）。

A. 保证过程的安全性

B. 团体导师是专业的权威

C. 团体导师倾向于跟随而不是去引导团体的进程

D. 团体导师需要有节制的态度

30. 文化动力团体心理治疗模式的优势主要体现在（　　）。

A. 将团体治疗引入中国，适应当下的国情需要

B. 结合中国传统文化因素，使治疗更加有效

C. 将团体技术应用于动力团体治疗，使会心团体从一种理论体系走向应用发展

D. 文化动力团体心理治疗模式以团体心理技术作为载体

参考答案

一、单选题

1. D	2. A	3. A	4. D	5. B
6. A	7. A	8. B	9. D	10. B
11. A	12. A	13. B	14. A	15. A
16. C	17. A	18. A		

二、多选题

1. AB	2. ABCD	3. ABCD	4. ABC	5. ABCD
6. ABD	7. ABCD	8. ABCD	9. AB	10. ABD
11. A CD	12. ABC	13. AB	14. ABCD	15. ABCD
16. AB	17. ABC	18. ABC	19. ABC	20. ABC
21. ABCD	22. ABCD	23. ABCD	24. ABC	25. ABC
26. AB	27. ABCD	28. ABCD	29. ABCD	30. ABC

《团体心理服务技能（本会团体方向）培训教材

（实务技能）》习题

第五部分　心理咨询基础习题

第十三章　心理咨询评估知识习题

一、单选题

1. 有精神障碍的人其心理活动（　　）。

A. 部分异常　　　B. 不能被矫正　　C. 完全异常　　　　D. 可直接测量

2. 精神发育迟滞形成的原因是（　　）。

A. 内心冲突变形　　　　　　　B. 获得性知识的丧失

C. 内心冲突强烈　　　　　　　D. 早期大脑发育不良

3. 如果个体出现妄想的症状，可将其称为（　　）。

A. 精神病性问题　　　　　　　B. 智力缺陷

C. 神经症性问题　　　　　　　D. 人格缺陷

4. 适应障碍的病程特点是（　　）。

A. 一般不超过一个月　　　　　B. 遭遇生活事件后数小时起病

C. 一般不超过六个月　　　　　D. 遭遇生活事件后一周内起病

5. 经典精神分析理论认为，心理健康的充分和必要条件是（　　）。

A. 存在固着现象　　　　　　　B. 合理地解释各种本能的欲望

C. 存在防御机制　　　　　　　D. 合理度过性心理发展各个阶段

6. 关于人的心理活动，下列陈述中正确的是（　　）。

A. 有正常和异常心理活动两个方面

B. 心理健康水平不高就属于心理异常

C. 精神障碍者的心理活动是完全异常的

D. 正常和异常心理活动之间无法转换

7. 关于"力比多"，符合弗洛伊德观点的陈述是（　　）。

A. 自出生起到发展结束有不确定的发展阶段

B. 是心理活动的动力

C. 不一定是人类的生物本能

D. 是人格结构的核心

8. 判断正常心理与异常心理的心理学原则不包括（　　）。

A. 主客观世界统一性原则　　　　　B. 心理活动的内在协调性原则

C. 个人需求与社会需求一致性原则　D. 人格的相对稳定性原则

9. 心理咨询师掌握心理异常症状，是为了（　　）。

A. 诊断精神障碍和进行治疗　　　　B. 鉴别精神障碍和非精神障碍

C. 对精神病患者进行心理咨询　　　D. 对人格障碍进行有效的咨询

10. 急性应激障碍的主要症状之一是（　　）。

A. 思维迟缓　　　B. 幻觉　　　　C. 意识狭窄　　　D. 妄想

11. 强迫观念是（　　）。

A. 思维内容障碍　B. 意志障碍　　C. 思维形式障碍　D. 情绪障碍

12. 适应障碍的主要症状是（　　）。

A. 思维迟缓　　　B. 心理丧失感　C. 意识狭窄　　　D. 无力应付感

13. 精神障碍的患者将墙上的裂纹看成狰狞的面孔，这种现象属于（　　）。

A. 幻觉　　　　　B. 妄想　　　　C. 错觉　　　　　D. 视物变形症

14. 某年轻女性同时被两个男人追求，其中一人英俊但经济条件差，另一人富有但年龄大，此时该女性难以做出决定是因为面临（　　）。

A. 双趋冲突　　　B. 双避冲突　　C. 驱避冲突　　　D. 双重驱避冲突

15. 对一些能引起正常人情绪波动的事情以及与自己切身利益有密切关系的事情缺乏相应的情绪反应，这属于（　　）。

A. 情绪淡漠　　　B. 情绪迟钝　　C. 情绪倒错　　　D. 情绪脆弱

16. 病理性错觉的症状违背了（　　）。

A. 主客观世界统一性原则　　　　　B. 心理活动的内在协调性原则

C．人格的相对稳定性原则　　　　D．社会适应标准

二、多选题

1．健康心理学的工作领域包括（　　）。

A．躯体疾病治疗中的心理问题　　B．压力的防御

C．躯体疾病治疗中的医学问题　　D．流行病调查

2．一般心理问题的特点包括（　　）。

A．不良情绪持续一个月或间断地持续两个月仍不能自行化解

B．产生内心冲突，并因此而体验到不良情绪

C．始终能保持行为不失常态

D．不良情绪的激发因素仅局限于最初事件

3．强大自然灾害后的心理反应可称为（　　）。

A．灾难症候群　　　　　　　　　B．兴奋性行为

C．破坏性行为　　　　　　　　　D．创伤后应激障碍

4．关于精神分裂症，下列陈述中正确的包括（　　）。

A．是一组器质性障碍症候群

B．患病期的个体基本丧失自知力

C．个体的情绪、情感以及行为脱离现实

D．自己的内部世界与外部客观世界一致

5．判断求助者主客观是否统一，可分析其（　　）。

A．现实检验能力　B．自知力　　　C．情绪调节能力　D．快感度

6．从动态的角度看，健康心理活动（　　）。

A．是一种稳定的心理状态　　　　B．始终能发挥自身功能

C．有利于个体生存与发展　　　　D．可围绕常模上下波动

7．对求助者自知力的分析应该包括（　　）。

A．心理活动是否协调　　　　　　B．人格结构的稳定性

C．能否觉察自身行为　　　　　　D．对自己行为的解释

8. 许又新教授提出的心理健康标准包括（　　）。

A. 发展标准　　　　B. 适应标准　　　　C. 体验标准　　　　D. 操作标准

9. 抑郁发作的特点主要包括（　　）。

A. 情绪低落　　　　B. 言语动作减少　　C. 思维贫乏　　　　D. 精神运动性兴奋

10. 强迫观念包括（　　）。

A. 强迫性回忆　　　B. 强迫性计数　　　C. 强迫性怀疑　　　D. 强迫性穷思竭虑

11. 关于精神分裂症，正确的说法包括（　　）。

A. 以精神活动的不协调和脱离现实为特征

B. 多起病于中老年

C. 病程迁延

D. 发作期自知力基本丧失

三、案例分析题

案例一

一般资料：女性，20岁，大学二年级学生，主述别人讨论她，说她下流，她内心极其痛苦。

案例介绍：求助者为大学二年级学生。3个月前的一天因不舒服在宿舍休息，不想看书就上网，不知怎么就点开了一个成人网站。有些东西她从来没见过，看得脸都红了，但由于好奇，并没有关掉。也许是有些入神，同学回来她都没发现。那个同学见她正聚精会神地上网，没有喊她，悄悄地来到她身后，一拍她的肩膀大声说："看什么呢！"求助者没有防备，吓了一大跳，自己觉得看的东西很不好，脸涨得通红，竟哭了起来。接着宿舍内的其他同学纷纷回来了，见她的样子很奇怪，询问是怎么回事，求助者只是哭并不回答。自此以后求助者总是对同学说："别人在讨论我，说我下流。"上课时她总觉得别人在自己背后指指点点，自己受不了，要求回家。老师、同学说求助者变了。求助者现已回到另外一个城市自己的家，整天躲在家里不敢出门，觉得世界太可怕，觉得自己家乡的人也在讨论自己，说自己下流。为此她觉得活着没有一点意思，对什么事情都不感兴趣，一天到晚都在想着这件事，白天没精神，晚上睡不着。

家长反映的情况：求助者的父母是高级知识分子，从小对她要求严格。求助者性格内向，很听大人的话，很少与其他同学来往，从小学习认真，以高分考上重点大学。在父母的眼中她是一个非常乖的孩子，只有一次因为发现她不穿衣服待在自己家里而严厉地批评了她，她感到很委屈，但后来没有发现类似的事。求助者回家后，父母向老师同学了解情况，证实没有人在议论，多次解释都无法说服。求助者也说不出到底谁在说自己，但就是坚信不疑。求助者回家后常常待在自己的房间里，或自言自语，或呆坐，几乎不外出，甚至不洗脸刷牙，家人没有办法，带她来心理咨询。

单选题

1. 该求助者最主要的感知觉症状是（ ）。

A. 意志减退　　　B. 幻听　　　　　C. 情感淡漠　　　D. 幻视

2. 该求助者的思维障碍包括（ ）。

A. 关系妄想　　　B. 影响妄想　　　C. 被害妄想　　　D. 钟情妄想

3. 该求助者听到别人讨论自己，说自己下流可能是属于（ ）。

A. 真性幻听　　　　　　　　B. 可能存在他人评价

C. 假性幻听　　　　　　　　D. 目前无法判定真伪

4. 该求助者的症状特点不包括（ ）。

A. 存在感知觉障碍　　　　　B. 思维被控制感

C. 情绪高涨或低落　　　　　D. 社会功能受损

5. 对该求助者的诊断可能是（ ）。

A. 抑郁性神经症　　　　　　B. 人格障碍

C. 严重心理问题　　　　　　D. 精神分裂症

多选题

1. 判断该求助者心理健康水平正常与否的依据是（ ）。

A. 症状泛化　　　B. 被动求医　　　C. 无自知力　　　D. 功能受损

2. 该求助者主要的特点是（ ）。

A. 幻视　　　B. 无自知力　　　C. 幻听　　　D. 被动求治

案例二

一般资料：求助者，女性，50岁，高级职员，身高1.52米，体重78公斤。

求助者自诉：两年前，体检中发现自己心脏有毛病，除药物治疗外，大夫要求我瘦身及改善饮食结构，多运动少吃油腻食物。我照办了。四个月曾减肥10公斤，但好景不长，因调换工作原减肥计划"泡汤"了，新公司有免费午餐，既丰盛又不花钱，这样不到两个月，我又长了好几公斤。心情郁闷，经朋友介绍来做心理咨询。

心理咨询师：您感到有什么不好吗？

求助者：我换工作后胃口特别好。您看这两个多月我都胖得不成形了。

心理咨询师：当然，形体美很重要，但……

求助者：（抢话）我知道，胖得这么快准会影响健康。我两年前就发现心脏有问题。

心理咨询师：知道是一回事，能否坚持瘦身是另外一回事，我希望这次您能坚持下去。

经双方商定，使用阳性强化法进行心理治疗。

单选题

1. 心理咨询师首先应（　　）。

A. 制订干预措施　　B. 制订咨询方案　　C. 矫正歪曲认知　　D. 评估咨询效果

多选题

1. 心理咨询师使用的提问方式包括（　　）。

A. 开放式提问　　　B. 直接逼问　　　　C. 封闭式提问　　　D. 间接提问

2. 阳性强化法的咨询目标应包括（　　）。

A. 广泛的　　　　　B. 具体的　　　　　C. 可测的　　　　　D. 客观的

3. 关于阳性强化法，下述说法正确的包括（　　）。

A. 一个后天习得的行为如得以持续，一定被其结果所强化

B. 如建立或保持某种行为，必须对其施以奖励

C. 如要消除某种行为，就得设法给予惩罚

D. 奖惩法适用于有行为障碍的求助者

4. 该求助者的关键问题包括（　　）。

A. 怕发胖影响形象

B. 怕发胖影响职业生涯

C. 怕发胖影响健康

D. 怕发胖影响夫妻关系

5. 阳性强化法的治疗环节包括（　　）。

A. 明确靶目标　　　　　　B. 适度模仿

C. 监控靶行为　　　　　　D. 及时强化

6. 在使用阳性强化法时，应注意的内容包括（　　）。

A. 及时奖励正常行为

B. 漠视、淡化异常行为

C. 合理安排强化程序

D. 重视负强化作用

7. 行为疗法包括（　　）。

A. 系统脱敏法

B. 求助者中心疗法

C. 阳性强化法

D. 精神分析法

8. 行为疗法的理论基础包括（　　）。

A. 应答性经典条件反射

B. 操作性条件反射

C. 认知心理学理论

D. 实验室发现的学习原则

9. 在阳性强化法的实际操作中，错误的做法是（　　）。

A. 靶目标设定得越全面越好

B. 设定的目标可以测量

C. 设定的目标可以分析

D. 设计新结果取代以往不良行为产生的直接后果

参考答案

一、单选题

1. A	2. D	3. A	4. C	5. D
6. A	7. B	8. C	9. B	10. C
11. A	12. D	13. C	14. D	15. A
16. A				

二、多选题

1. AB	2. ABCD	3. AD	4. BC	5. AB
6. ACD	7. CD	8. ACD	9. AB	10. ABCD
11. ACD				

三、案例分析题

案例一
单选题

1. B	2. A	3. A	4. B	5. D

多选题

1. BC	2. BCD

案例二
单选题

1. B

多选题

1. AB	2. BCD	3. AB	4. AC	5. ACD
6. ABC	7. AC	8. ABD	9. A	

第十四章　心理咨询的基本技术习题

一、单选题

1. 在咨询过程中求助者会有意无意地回避某些话题，使治疗重心偏移，这种现象是（　　）。

A. 阻抗　　　　　B. 移情　　　　　C. 抵消　　　　　D. 强化

2. 心理咨询中需要进行会谈，第一次会谈最主要的目的是（　　）。

A. 收集资料　　　B. 诊断　　　　　C. 评估　　　　　D. 矫治

3. 咨询过程中向求助者叙述个人的有关信息有助于建立良好咨访关系的影响技巧是（　　）。

A. 提供忠告　　　B. 反馈信息　　　C. 角色互换　　　D. 自我暴露

4. 咨询者借助言语的引导。真正"听"出对方讲述的事实、体验的情感、持有的观念，这种引导技术是（　　）。

A. 谈话的技巧　　B. 倾听的技巧　　C. 治疗的技巧　　D. 诊断的技巧

5. 咨询师在咨询中用"他对你好不好""这事是不是……""……对不对"等语句，这种询问属于（　　）。

A. 开放式询问　　B. 封闭式询问　　C. 试探式询问　　D. 开场式询问

6. 将求助者的主要言谈、思想予以综合、整理，再反馈给求助者，这种基本的倾听技术是（　　）。

A. 鼓励　　　　　B. 释义　　　　　C. 概述　　　　　D. 反应

7. 咨询师辨认求助者明显或隐含的情感，并反应给当事人，协助他觉察、接纳自己的感觉。这种技术是（　　）。

A. 同理心　　　　B. 具体化　　　　C. 情感反应　　　D. 专注与倾听

8. 咨询师对求助者的问题、困扰做出合理化的说明，使其能够从新的角度来看自己的问题。这种技术是（　　）。

A．劝告　　　　　B．解释　　　　　C．指导　　　　　D．反馈

9．咨询师用含蓄的间接的方式，对求助者的心理和行为产生影响的过程被称为（　　）。

A．指导　　　　　B．劝告　　　　　C．安慰　　　　　D．暗示

10．在咨询过程中求助者对自己的言行、情感进行反思、体验时表现出的沉默属于（　　）。

A．创造性沉默　　B．自发性沉默　　C．冲突性沉默　　D．爆发性沉默

11．在咨询过程中求助者由于愤怒、恐惧以及内疚感等负面情绪所引起的沉默属于（　　）。

A．创造性沉默　　B．自发性沉默　　C．冲突性沉默　　D．爆发性沉默

12．精神分析认为，人格中受"理想原则、道德原则"支配的部分被称为（　　）。

A．本我　　　　　B．自我　　　　　C．超我　　　　　D．原我

13．各种心理咨询的理论学派，其具体的咨询与治疗目标的侧重点是不同的。治疗目标侧重于消除来访者的神经症症状，使自我变得具有更大的调控能力等方面，这属于（　　）。

A．精神分析学派　B．行为主义学派　C．人本主义学派　D．认知主义学派

14．精神分析疗法理论的创始人是（　　）。

A．班杜拉　　　　B．弗洛伊德　　　C．埃利斯　　　　D．罗杰斯

15．精神分析认为，人格中最原始、最模糊和最不易把握的，由一切与生俱来的本能冲动所组成的部分是（　　）。

A．本我　　　　　B．自我　　　　　C．超我　　　　　D．原我

16．"系统脱敏"疗法，属于（　　）的基本方法之一。

A．精神分析疗法　B．行为疗法　　　C．认知疗法　　　D．以人为中心疗法

17．首先创立并应用合理情绪疗法的心理学家是（　　）。

A．班杜拉　　　　B．弗洛伊德　　　C．埃利斯　　　　D．罗杰斯

18．以自己的意愿为出发点，认定某事件必定会发生或必定不会发生，这种不合理信念是（　　）。

A．绝对化要求　　B．过分概括化　　C．糟糕至极　　　D．防御反应

19．面对失败或极坏的结果时，往往会认为自己"一无是处""一钱不值"，这

种不合理的信念属于（　　）。

A. 绝对化要求　　　B. 过分概括化　　　C. 糟糕至极　　　D. 防御反应

20. "顺应自然"的治疗原则属于（　　）的基本原则之一。

A. 精神分析疗法　B. 行为疗法　　　C. 认知疗法　　　D. 森田疗法

二、多选题

1. 指出下列心理咨询与心理治疗的相同或相似点（　　）。

A. 都注重场合的布置和选择

B. 都注重建立良好的咨访关系

C. 都希望通过互动使求助者改变和成长

D. 两者的工作对象常常是相似的

E. 理论和方法、技术常常是一致的

2. 指出下列影响心理咨询关系质量的重要因素（　　）。

A. 共情　　　　　B. 积极关注　　　C. 尊重和温暖　　D. 真诚可信

E. 领悟

3. 影响求助者的咨询技巧主要包括（　　）。

A. 解释　　　　　B. 指导　　　　　C. 联想　　　　　D. 反馈

E. 总结

4. 指出需要转介的来访者情况（　　）。

A. 咨询内容与咨询者专长不匹配

B. 价值观念与咨询者不相容

C. 个性与咨询者不相容

D. 与咨询者有私人关系

E. 来访者有特殊背景

5. 咨询师身体的专注和倾听应当包括（　　）。

A. 面对当事人　　B. 身体姿势开放　C. 身体稍微前倾　D. 良好的目光接触

E. 放松的姿态

6. 指出封闭性询问常用的句式（　　）。

A. 是不是　　　B. 要不要　　　C. 有没有　　　D. 对不对

E. 谈一谈

7. 求助者的信息表达出现（　　）的情况时，咨询者必须使用"具体化"的手段。

A. 问题模糊　　　B. 过分概况　　　C. 概念不清　　　D. 事件描述

E. 话题选择

8. 情感反应技术的功能主要有（　　）。

A. 咨访双方交流情感

B. 促使来访者觉察情感

C. 协助来访者重新拥有自己的情感

D. 让咨询师正确了解来访者

E. 建立良好的咨询关系

9. 指出"合理情绪疗法"中最常用的区别与其他心理治疗的治疗技术（　　）。

A. 观念辩论方法　　B. 理情想象技术　　C. 认知家庭作业　　D. 代笔管制法

E. 自由联想法

10. 指出下列属于精神分析的治疗技术和方法（　　）。

A. 自由联想　　　B. 释梦　　　C. 阻抗分析　　　D. 移情分析

E. 脱敏治疗

三、判断题

（　　）1. 咨询关系是指咨询者和求助者之间所发生的社会联系。

（　　）2. 心理咨询的发展模式认为，咨询是帮助咨询对象得到充分的发展，扫除其成长过程中的障碍。

（　　）3. 心理咨询不同于其他领域的咨询，它最主要的特点是咨询内容的心理性。

（　　）4. 心理咨询和心理治疗工作的主要对象是正常人。

（　　）5. 心理咨询按其场所的安排可分为个别咨询和团体咨询。

（　　）6. 心理咨询过程中最根本的核心条件就是共情、理解和尊重来访者。

（　　）7. 心理咨询的过程也可以说是一种教育的过程，与来访者的成长无关。

（　　）8. 咨询师应该对来访者的个人信息进行无条件的保密。

（　　）9. 真诚可以缩短咨询双方的距离，促进来访者对咨询者的认同，有助于形成有效咨询关系。

（　　）10. 真诚就是我完全说真话，真诚就是有什么说什么，想什么说什么。

（　　）11. 对咨询者而言，真诚应符合一个基本原则，要有利于来访者成长和进步。

（　　）12. 专注与倾听技术适用于整个心理咨询过程。

（　　）13. 尊重来访者要求咨询师能接受对方，能容忍甚至接受对方的不同观点、习惯等。

（　　）14. 罗杰斯所讲的"共情"就是我们平时所讲的同情。

（　　）15. 按照罗杰斯的观点，共情是体验别人的内心世界，就好像那是自己内心世界一样的能力。

（　　）16. 一般认为共情是心理咨询中影响咨询关系建立和发展的首要因素，是心理因素的基本特质。

（　　）17. 积极关注在罗杰斯早期的文章中被称为"无条件积极关注"。

（　　）18. 积极关注就是集中全力对待来访者，既关注积极因素也关注消极因素的发生和变化。

（　　）19. 咨询者对来访者的积极关注不仅有助于建立良好的咨询关系，而且本身就能产生咨询效果。

（　　）20. 咨询中倾听就是指要无条件地听来访者诉说情况，不需要更多的其他反应。

（　　）21. 咨询师的专注与倾听可分为两个层面，一是身体的专注和倾听，二是心理的专注和倾听。

（　　）22. 开放式提问被咨询者认为是一种十分有用的倾听技巧。

（　　）23. 封闭式问题可以把来访者偏离某一主要内容的话题重新牵引回来。

（　　）24. 封闭式提问可以帮助咨询者偏离主要问题的话头引回正题上，但是不能过多使用。

（　　）25. 需要进一步澄清事实、缩小讨论范围或集中探讨某些特定问题的时候，可适当用封闭式提问。

（　　）26. 释义就是对来访者的回答进行再编排，换种形式向来访者再说一遍。

（　）27. 给予劝告和提供信息在职业辅导、教育辅导类型的咨询中特别有效。

（　）28. 对峙就是咨询者告诉来访者身上有哪些过错，进而表达自己的观点。

（　）29. 对峙又称对质、面质、质询、正视现实等。

（　）30. 情感反应是对来访者的情感内容进行再编排后反馈给来访者。

（　）31. 解释是咨询者对来访者思想、情感、行为和事件之间的矛盾进行阐述的过程。

（　）32. 解释的种类根据不同的心理咨询与治疗的理论可以是心理分析式的，也可以是行为治疗式的，还可以是认知治疗式的。

（　）33. 指导有两种类型：一种是根据各种不同的心理咨询理论做出的，另一种则是咨询者根据个人的咨询经验所做出的。

（　）34. 具体化就是帮助来访者清楚、准确地表述自己所持的观点、所用的概念、所体验到的情感以及所经历的事件，澄清那些重要、具体的事实。

（　）35. 具体化即使会谈话题指向事实和细节，使咨询双方对所讨论的内容有准确、清晰的理解。

（　）36. 对峙是指咨询者向来访者指出并与之讨论存在于他身上的各种思想、情感、行为之间的矛盾。

（　）37. 影响性总结既可以在会谈中间使用，也可以在会谈结束时使用。

（　）38. 影响性总结是指咨询者将来访者叙述的主题、意见等经组织整理后以简明扼要的形式表达出来。

（　）39. 自我暴露是指将自己的思想、情感、经验等有关信息告诉来访者。

（　）40. 适度的自我暴露能使来访者产生共情、温暖和信任的体验。

四、论述题

1. 如何做到恰当地表达尊重？

2. 热情体现在哪几个方面？

3. 表达真诚时需注意什么？

4. 使用共情时应注意什么？

5. 使用积极关注时应注意什么？

6. 参与性技术包括哪些？

7. 如何有效倾听？

8. 倾听时容易出现什么样的错误？

9. 影响性技术包括哪些？

10. 内容表达与内容反应的区别。

11. 使用面质技术的注意事项。

12. 阻抗的表现形式。

13. 产生阻抗的原因。

14. 如何应对阻抗？

15. 求助者沉默的类型有哪些？

五、案例分析题

案例一

一般资料：女性，31 岁，公司职员。

案例分析：求助者 3 年前乘飞机时突然感到心慌，心跳加快，随后开始感到眩晕、出汗、胸口发紧，并呕吐。求助者非常恐惧，唯恐心脏病发作而死在飞机上，这些反应持续了 10 余分钟后自行缓解。回来后到医院检查没有发现明显的心脏病变，但从此心有余悸，不敢坐飞机，凡遇急事必须乘飞机时心里总是特别紧张，担心再次发作。半年前又有一次类似的发作，求助者更加恐惧，坚决不再坐飞机，为避免出差辞去主管做普通职员，其间多次到医院检查。近几个月来虽不出差但经常出现上述症状，有时两三天就出现一次，有时在购物、排队等车或坐电梯时也会出现类似的情况，难以自控。曾被医院诊断为"神经官能症""神经衰弱"等，曾服用镇静剂治疗但效果不明显，由急诊科介绍而来。

下面是心理咨询师与求助者的一段咨询谈话：

咨询师：你是说你半年多来会突然感到心慌、心跳加快、出汗、胸口发紧，你很害怕，害怕心脏病发作，是这样吗？

求助者：对。我觉得自己很倒霉，不知道得了什么病。

咨询师：你为此而烦恼，内心很痛苦，是吗？

求助者：是，你说我年纪轻轻就有了这种病还总也治不好，以后怎么办啊！

咨询师：你觉得自己有病，而你告诉我曾多次到医院检查并没有发现明显的心脏病，这很矛盾，你未免有些小题大做了吧？

求助者：我小题大做？事情没摊到你头上，你要是这样，说不定还不如我呢。

咨询师：哦？你还真别说，我就有心脏病，去年还做了手术，现在每天还上半天班，不过你看我现在不是挺好吗？

求助者：您是搞心理的，心理素质比我好。我不行，我都快痛苦死了，每天脑子里只想着这种事。我想摆脱，但怎么都摆脱不了。我太痛苦了，我甚至想到了死。

咨询师：我做过心脏手术，我能理解你的心情，也为你的情况感到痛苦，但你确实没有心脏病。困难是暂时的，会很快解决的。我会尽快帮你解除痛苦的。

求助者：是吗？那太谢谢您了。

咨询师：别客气，咱们现在来讨论一下咨询方案吧，你这次来咨询的目的是什么呢？能详细说说吗？

求助者：咨询方案是什么呢？

咨询师：咨询方案就是咨询的计划，包括咨询目标，实现咨询目标所用的心理学方法或技术的原理、过程，评估的手段，时间和次数的安排等，这需要咱们一起来商定。

求助者：好的。

单选题

1. 心理咨询师在本段咨询开始时使用的技术属于（　　）。

A. 内容反应　　　B. 内容表达　　　C. 情感反应　　　D. 情感表达

2. 心理咨询师问："你为此而烦恼，内心很痛苦，是吗？"这里所用的技术属于
（　　）。

A. 内容反应　　　B. 内容表达　　　C. 情感反应　　　D. 情绪表达

3. 心理咨询师说："你觉得自己有病，而你告诉我曾多次到医院检查并没有发现明显的心脏病，这很矛盾。"这里所用的技术属于（　　）。

A. 鼓励技术　　　B. 指导技术　　　C. 释义技术　　　D. 面质技术

4. "你未免有些小题大做了吧？"表明了心理咨询师在对求助者（ ）。

A. 启发   B. 引导   C. 指责   D. 指导

5. 心理咨询师说自己做过心脏手术时使用的技术属于（ ）。

A. 自我表扬   B. 自我开放   C. 自我解释   D. 自我指导

6. 心理咨询师说："我能理解你的心情，也为你的情况感到痛苦。"这里所使用的技术属于（ ）。

A. 内容反应   B. 内容表达   C. 情感反应   D. 情感表达

7. 心理咨询师说："困难是暂时的，会很快解决的。"表明心理咨询师（ ）。

A. 积极关注   B. 盲目乐观   C. 过分积极   D. 过分消极

多选题

1. 心理咨询师要求求助者详细谈谈咨询目的时没有使用的技术是（ ）。

A. 具体化   B. 面质   C. 指导   D. 引导

2. 心理咨询师在介绍咨询方案的内容时忽略了（ ）。

A. 责任权利   B. 评估手段   C. 咨询费用   D. 咨询目标

3. 心理咨询师在本段咨询中曾出现的错误是（ ）。

A. 过分消极   B. 盲目乐观   C. 责怪指责   D. 指导错误

案例二

一般资料：男性，25岁，未婚，某公司职员，因自述内心痛苦前来咨询。

案例介绍：求助者职高毕业后在家乡一小公司打工，虽能学到些技术，但收入很低，每月才400余元，为寻求发展来到大城市。经老乡介绍在一家私企打工，做销售工作，因为没有经验，刚开始的两个月没完成任务指标，只拿到基本工资，觉得自己不行，就换了一家公司，三个月下来还是觉得不适合自己就又寻求新的单位。如此换了几家公司，总是干不长，自己也知道应该在一家公司好好干上一段，可就是觉得难以适应，自己内心很痛苦，前来咨询。

下面是心理咨询师与求助者的咨询谈话：

咨询师：你说自己不适应，难以在城市生存，是吗？

求助者：是的，我觉得自己太笨了，好像什么都干不了，也什么都干不好。

咨询师：你觉得自己笨？能详细谈谈是怎么笨吗？

求助者：近一段时间我总在思考，像我这样在城市打工的人很多，别人怎么都干得好好的？还不是因为我笨吗？我没什么文化，也没有什么技能，所以我们公司和我一起打工的人都能完成任务，就是我完不成，还不是我笨吗？

咨询师：哦，既然你是一个笨人，所以你不会干活，不会使用计算机，不会骑车，不认识路，不知道冷暖！

求助者：不是这样的，您所说的我都会，好像还能干得不错。比如我的方向感很强，走过的路一两次就能记住，连我们公司的当地人都夸我记忆力好。

咨询师：你前面讲了，你很笨，现在你说的是有些事干得不错，比如说你的方向感很强。你前后说的似乎有些矛盾，你能解释一下吗？

求助者：我……好像确实有矛盾。

咨询师：矛盾在哪里？

求助者：我要是笨，就不应该有什么能干好。哦，我有点明白了，您的意思是说我不笨？

咨询师：你说呢？

求助者：我确实是不太笨，可我怎么干不好呢？我都换了好几家公司了。

咨询师：你想想看，你是怎么离开第一家公司的？

求助者：这我清楚，那家公司待遇太低，才400多块钱。

咨询师：那第二家、第三家、第四家等等的公司呢？

求助者：……（沉默3分钟）好像是因为我完不成任务，我最讨厌有任务定额了，好像还有两家公司不是，我好像不喜欢销售的工作，但我学历低，也只能找一些销售的工作。

咨询师：噢，原来是这样，你想想，原来最让你痛苦的是什么？

求助者：我笨，我适应不了城市的工作。

咨询师：那现在呢？

求助者：我并不太笨，我不能适应，实际上是我不喜欢销售这样的工作。我明白了，我的问题不是出在我笨上，而是出在我不喜欢销售工作上。看来心理咨询确实挺管用的。我现在感觉不那么痛苦了。谢谢您，您确实帮我解决了痛苦，这都是您的功劳。

单选题

1. 该求助者的主要心理问题可能是（   ）。

A. 工作失败   B. 难以适应   C. 认知错误   D. 交往障碍

2. 求助者多次提到自己笨可能属于（   ）。

A. 糟糕至极   B. 绝对化要求   C. 过分概括   D. 选择性概括

3. 心理咨询师说："哦，既然你是一个笨人，所以你不会干活，不会使用计算机，不会骑车，不认识路，不知道冷暖！"这里采用的是（   ）。

A. 认知重组   B. 自我管理程序   C. 语义分析   D. 产婆术式辩论

4. 心理咨询师所用的咨询方法是（   ）。

A. 雷米的认知理论   B. 阿伦贝伦的认知理论

C. 梅肯鲍姆的理论   D. 埃利斯合理情绪疗法

5. 心理咨询师要求求助者对自己的话进行解释，使用的技术是（   ）。

A. 解释技术   B. 启发技术   C. 引导技术   D. 面质技术

6. 心理咨询师在本段咨询中出现的失误可能是在（   ）。

A. 咨询理念   B. 提问方面   C. 咨询技巧   D. 引导方面

7. 经咨询求助者痛苦减轻了，最主要是由于（   ）。

A. 心理咨询师的技巧   B. 求助者的探讨

C. 心理咨询师的启发   D. 求助者的咨询

多选题

1. 心理咨询师说："能详细谈谈是怎么笨吗？"这属于（   ）。

A. 具体化技术   B. 摄入性谈话   C. 封闭式提问   D. 开放式提问

2. 心理咨询师说："按你所说，你是一个很笨的人。"这句话可能的意义是（   ）。

A. 对求助者的肯定   B. 从求助者的观念推理

C. 对求助者的否定   D. 从咨询师的理解推理

3. 本案中，心理咨询师试图扮演的角色是（   ）。

A. 指导者   B. 分析者   C. 说服者   D. 辩论者

参考答案

一、单选题

1．A	2．A	3．D	4．B	5．B
6．B	7．C	8．B	9．D	10．A
11．C	12．C	13．A	14．B	15．A
16．B	17．C	18．A	19．B	20．D

二、多选题

1．BCDE	2．ABCD	3．ABDE	4．ABCDE	5．ABCDE
6．ABCD	7．ABC	8．BCDE	9．ABC	10．ABCD

三、判断题

1．×	2．√	3．√	4．×	5．×
6．√	7．×	8．×	9．√	10．×
11．√	12．√	13．×	14．×	15．√
16．√	17．√	18．×	19．√	20．×
21．√	22．√	23．√	24．√	25．√
26．√	27．√	28．×	29．√	30．√
31．×	32．√	33．√	34．√	35．√
36．√	37．√	38．×	39．√	40．√

四、论述题

1．（1）尊重意味着完整接纳。　（2）尊重意味着一视同仁。

（3）尊重意味着以礼相待。　（4）尊重意味着信任对方。

（5）尊重意味着保护隐私。　（6）尊重应以真诚为基础。

2．（1）求助者初次来访时恰当询问，表达关切。

（2）注意倾听求助者的叙述。

（3）咨询时耐心，认真，不厌其烦。

（4）咨询结束时，使求助者感受到温暖。

3．（1）真诚不等于说实话。　　　　（2）真诚不是自我发泄。

（3）真诚应实事求是。　　　　　　（4）真诚应适度。

4．（1）咨询师应走出自己的参照框架而进入求助者的参照框架。

（2）咨询师必要时要验证自己是否做到了共情。

（3）表达共情要因人而异。

（4）表达共情要善于使用躯体语言。

（5）表达共情要善于把握角色。

（6）表达共情应考虑到求助者的特点和文化背景。

5．（1）避免盲目乐观。　　　　　　（2）反对过分消极。

（3）立足实事求是。

6．倾听技术、开放式提问技术和封闭式提问技术、鼓励技术、重复技术、内容反应技术、情感反应技术、具体化技术、参与性概述、非言语行为的理解和把握。

7．倾听要以接纳为基础，只有无条件地接纳求助者才能很好地倾听，积极地听，关注地听，适当地参与，用心听。

8．（1）急于下结论。　　　　　　　（2）轻视求助者的问题。

（3）干扰、转移求助者的话题。　　（4）做道德或正确性的评判。

（5）不适当地运用咨询技术。

9．面质技术、解释技术、指导技术、情感表达技术、内容表达技术、自我开放技术、影响性概述、非言语行为的运用。

10．内容表达是咨询师表达自己的意思，而内容反应是咨询师反应求助者的叙述。虽然内容反应中也含有咨询师所施加的影响，但比起内容表达来，则要显得隐蔽、间接、薄弱得多。

11．（1）要有事实根据。　　　　　　（2）避免个人发泄。

（3）避免无情攻击。　　　　　　　（4）要以良好的咨询关系为基础。

（5）可用尝试性面质。

12．（1）讲话程度上的阻抗：沉默、寡言和赘言。

（2）讲话内容上的阻抗：理论交谈、情绪发泄、谈论小事和假提问题。

（3）讲话方式上的阻抗：心理外归因、健忘、顺从、控制话题和最终暴露。

（4）咨询关系上的阻抗。

13.（1）阻力来自成长中的痛苦。 （2）阻力来自功能性的行为失调。

（3）阻力来自对抗咨询或咨询师的心理动机。

14.（1）解除戒备心理。 （2）正确地进行诊断和分析。

（3）以诚恳帮助对方的态度对待阻力。

15. 怀疑型、茫然型、情绪型、思考型、内向型、反抗型。

案例分析题

案例一
单选题

1. A   2. C   3. D   4. C   5. B
6. D   7. B

多选题
1. BCD   2. AC   3. BC

案例二
单选题

1. C   2. C   3. D   4. D   5. D
6. B   7. B

多选题

1. ABD   2. AB   3. ABCD

第十五章 心理咨询的伦理与设置习题

一、单选题

1. 为避免给来访者造成不必要的心理压力和医源性疾病，咨询师不能随意做出有关精神疾病的诊断或（ ）。

A. 预判   B. 评估   C. 随意贴标签   D. 定论

2. 心理咨询师在咨询过程中，如发现来访者情绪不稳、行为反常，有自残、自杀或伤害他人的倾向时，应立即采取适当的措施进行干预，并及时告知有关人员，相互配合共同帮助来访者，以避免悲剧的发生。但应将有关的保密信息披露程度限制在（ ）。

A. 最高范围之内   B. 最低范围之内   C. 可控范围之内   D. 中等范围之内

3. 心理咨询师在咨询的过程中应坚持（ ）原则，对来访者一视同仁，不将个人的情感、好恶掺杂在工作中，注意保持角色的一致性。

A. 主观性   B. 价值中立   C. 率真   D. 客观性

4. 咨询师应关注来访者的（ ），不当救世主，不替来访者做决定，防止来访者对咨询师产生过分的依赖或发生不恰当的移情，更不能与来访者发生超越咨访关系以外的其他任何关系。

A. 独立性   B. 人格发展   C. 性格特点   D. 自我发展

5. 个人咨询的面谈时间一般以每次（ ）分钟左右较为合适。

A. 45   B. 50   C. 55   D. 60

6. 经典精神分析的咨询频率通常是每周安排四到五次的咨询，其他形式的个体咨询目前以每周一次或每周两次的设置比较普遍，团体咨询常常是（ ），家庭咨询中也有两周一次或一月一次的设置。依据来访者的不同情况设置心理咨询的频率，可以保证咨询效果。

A. 一周一次或是一月一次   B. 一周两次或一月两次

C. 一周三次或一月两次　　　　　　　D. 一周一次或一月三次

7. 咨询师的咨询时间安排上需要有严格的设置，包括要有严格的（　　）设置。一方面是为了避免咨询中经常有人任意来往，给来访者造成不安全的感觉；另一方面也是为了保障咨询师有休息时间，能够在咨询后有足够的时间整理自己的思绪，做好迎接下一位来访者的准备。

A. 时间　　　　　B. 程序　　　　　C. 预约　　　　　D. 次数

8. 如果来访者和咨询师没有建立起良好的、相互信任的（　　）关系，就会直接影响到接下来的咨询效果。

A. 同伴　　　　　B. 信任　　　　　C. 朋友　　　　　D. 咨访

9. 由于心理咨询是建立在特定的咨询关系之上的，所以（　　）不仅是对来访者的保护，也是对咨询师的保护。

A. 转诊的设置　　B. 咨询的设置　　C. 咨访关系　　　D. 签订协议

10. 心理咨询的地点，一般是在固定的、装饰得比较安全、温暖的场景——（　　）进行的。

A. 心理训练场　　B. 心理咨询室　　C. 咖啡馆　　　　D. 图书室

11. 团体成员若决定退出团体，应提前至少（　　）次聚会提出，并继续参加3次聚会，给团体足够的时间接受和适应变化，也给自己更多的机会深思熟虑，完成离别，让团体和自己都不留遗憾。

A. 3　　　　　　　B. 4　　　　　　　C. 5　　　　　　　D. 6

12. 当团体出现因不可抗力或成员退出而减员时，带领团体咨询师将在（　　）内物色候补成员进入团体，以满足团体动力的需要，及提供新的刺激因素。

A. 2~4周　　　　B. 1~2个月　　　C. 1~3个月　　　D. 2~4个月

13. 团体治疗期间任何成员的个人生活遭遇和变化都是团体学习分享的资源，而不是问题，但重点在（　　）而不在解析。

A. 重建　　　　　B. 解释　　　　　C. 回应　　　　　D. 建构

14. （　　）是咨询关系的核心，以保证彼此的信任与袒露内心。

A. 尊重　　　　　B. 法律义务　　　C. 伦理　　　　　D. 守密

15. 咨询技术设置的首要原则就是（　　）。

A. 咨询目标　　　B. 咨询时间　　　C. 咨询效果　　　D. 咨询地点

16. 咨询技术设置的最根本的依据是以（   ）为中心。

A. 咨询效果　　　B. 来访者　　　C. 咨询师　　　D. 场地

二、多选题

1. 心理咨询中心的工作必须以心理学、教育学、医学和社会学等相关学科的理论为指导，（   ），摒弃个人好恶，禁止宣扬迷信或采用非科学的理论和方法。

A. 尊重科学　　　B. 尊重事实　　　C. 尊重文化　　　D. 尊重伦理

2. 个体心理咨询的设置内容主要包括五个方面，即（   ）。

A. 咨询流程的设置

B. 心理咨询技术的设置

C. 职业道德伦理的设置

D. 咨询收费的设置

E. 督导的设置

3. 咨询中的设置包括咨询室的布置，咨询室要（   ）。

A. 简洁、舒适　　　B. 鲜艳、动人　　　C. 安全、轻松　　　D. 阴暗、柔和

4. 心理咨询的回访设置，包括（   ）的回访和（   ）的回访。

A. 咨询方案预约中

B. 咨询方案进行过程中

C. 咨询最终结束后

D. 咨询方案商定后

5. 咨询技术设置的首要原则就是咨询目标，主要包括（   ）两个方面。

A. 来访者　　　B. 咨询时间　　　C. 咨询方案　　　D. 要解决的问题

6. 本会团体在团体中设置的三种契约形式有（   ）。

A. 保密契约　　　B. 共同契约　　　C. 自我宣誓　　　D. 人格宣言

三、简答题

1. 简述可能影响咨询关系与效果的伦理因素。

2. 简述来访者的权利。

3. 咨询师职业道德伦理主要包括哪几个方面？

4. 简述契约与保密协议的区别

5. 请你根据团体咨询的保密原则，拟写一份团体课程保密协议。

参考答案

一、单选题

1. C	2. B	3. D	4. B
5. B	6. A	7. C	8. D
9. A	10. B	11. A	12. B
13. D	14. D	15. A	16. B

二、多选题

1. AB	2. ABCDE	3. AC	4. BC
5. AD	6. BCD		

三、简答题

1. ①权力欲与支配欲。咨询师提供强迫性忠告，通过对来访者的控制来掩盖或补偿自己的自卑和无能。这种行为可能削弱来访者的自我能力，鼓励其依赖。②与来访者保持双重关系。既是咨询师又是朋友，个人关系在咨询关系中延续。③触摸。除握手以外的身体接触，过分表示亲昵或关爱行为，讨好来访者。④表现欲。过度显示专业能力，"培训"来访者或寻求来访者的认同与欣赏。⑤自作多情。对关系过度敏感，不愿投入热情，害怕来访者的移情，不作为。⑥依赖倾向。渴望得到同情，渴望通过谈自己的私事来打动来访者。⑦无力感。随意破例（例如：让来访者打电话到家里，随意接受来访者延长谈话的要求，允许来访者私下找咨询师，允许来访者得到咨询师的特殊照顾或为他分担责任，承诺帮助来访者去操纵其亲人朋友，承诺一直关怀来访者，告诉来访者该做什么或如何去做，等等），被来访者操纵或控制，或过多地卷入来访者的心理困境。⑧贪欲。接受财物，或托其办事等，剥削来访者。⑨色情。利用来访者在治疗中对咨询师的理想化和依赖，与来访者形成浪漫关系，引发其性幻想和白日梦；或有意无意地显示自己的性吸引力，通过咨询关系来接近喜欢的来访者。⑩偏好。回避异性或只治疗异性，讨厌强悍的女人或男人，喜欢治疗有地位或有品位的人等。

2. ①知情同意的权利，包括治疗的技术取向、双方的权利与责任、治疗的时间与诊费、有无其他待选资源。②知道守密的限度与治疗可能面临的风险（深层痛苦被激活）。③告知影响来访者意愿的因素，如录音录像、单面镜、被迫接受有重要关系人的陪同等。④知晓对未成年的咨询者如何进行咨询、收费和保护其利益。

3．价值中立、尊重来访者意愿、保持开放的心态、采取保护措施、尊重来访者决定、遵守保密原则、保持咨访关系的纯粹。

4．契约与保密协议都是团体顺利进行的保障，两者都是围绕团体安全问题进行操作的。两者有相关的部分，也有相互区别的部分。

（1）保密协议是一种带有强制性的规定，契约则是一种软规定，不带有法律责任，但具有道德责任。

（2）保密协议是团体组织者根据咨询师职业道德规范制定的，契约是由团体成员共同协商制定的。

（3）保密协议的目的是成员隐私的安全，契约的目的主要是保护成员在团体中不受伤害。

（4）保密协议是对团体成员理性上的约束，而契约则是感性上的约束。

5．＿＿＿＿＿＿＿＿＿＿＿＿＿＿课程保密协议

亲爱的成员，由于本课程为体验式的团体，其中可能会涉及成员的个人隐私，为保证课程的顺利进行，请签署以下协议。

（1）参加课程的学员都必须签署本保密协议。

（2）不经导师和成员同意，活动过程中不得录音、录像。

（3）若导师或成员要把成员的经历作为教学使用，需要征得该成员的同意，否则不能使用。

（4）成员及导师所写的文章，若涉及成员隐私部分，需要经过一定深度的修改，不能在文章中找到原形。要发表的论文里面需要涉及成员具体准确信息的，需要征得该成员的同意。

（5）没有经成员同意，成员及导师不得私自把成员在课程中表达的信息透露给其家人或者单位。

（6）以上保密原则在中国法律规定的范围内有效，违反法律除外。

承诺人：

日期：

第六部分　心理咨询技能习题

第十六章　焦点咨询技能习题

一、单选题

1. 焦点解决短期治疗是 20 世纪 80 年代初期由（　　）与其工作小组成员创立的心理咨询技术。

A. 史蒂夫·德沙泽尔　　　　　　B. 维特根斯坦

C. 弗洛伊德　　　　　　　　　　D. 埃里克森

2. 焦点解决短期治疗的英文简写是（　　）。

A. REBT　　　　B. TA　　　　C. SFBT　　　　D. ABC

3. （　　）的哲学思想是焦点解决的重要理论来源之一，他发展了语言游戏的概念，提出了文字的不同意义。

A. 史蒂夫·德沙泽尔　　　　　　B. 维特根斯坦

C. 弗洛伊德　　　　　　　　　　D. 埃里克森

4. 对于焦点解决短期治疗的哲学中语言游戏概念的相关说法，下列错误的是（　　）。

A. 对一个词的理解，只能根据对方在交谈中如何使用它来进行判断

B. 关注问题的语言游戏，通常是关注那些负面的、过去的语言

C. 聚焦解决方案的语言游戏会更关注积极的和聚焦未来的语言

D. 问题谈话完全属于问题，但是也与解决方案的谈话模式一致

5. 焦点解决最主要的（　　）是社会建构主义，持有该哲学立场的人认为每个人根

据自己的经验来建构世界，世界建构的过程是心理的过程，它发生在大脑中。

A. 核心技术　　　B. 理论基础　　　C. 哲学立场　　　D. 主题活动

6. 在焦点解决的心理咨询中，咨询师需要秉承的观点是（　　）。

A. 咨询师是提出有用的问题的专家，但并不是来访者生活的专家

B. 如果咨询师相信来访者，那么咨询师和来访者必须合作评判治疗的效果

C. 只有咨询师的评估表明治疗结束时，才表示问题已经解决

D. 实证主义者相信来访者的反馈和评估，可以作为信息的唯一来源

7. 关于焦点解决的短期疗法的基本精神，下列说法错误的是（　　）。

A. 强调如何解决问题，而非发现问题原因

B. 以负向的消极态度促使改变的发生

C. 以朝向未来的积极态度促使改变的发生

D. 以朝向目标的积极态度促使改变的发生

8. 关于焦点短期疗法的基本精神之"合作与沟通是解决问题的关键"的说法，下列错误的是（　　）。

A. 该疗法认为来访者和治疗师的关系是一种导师与学生般的教授的关系

B. 该疗法强调以"建构解决之道的耳朵"倾听个案述说出的故事

C. 通过配合个案的声调、感情和用语，一步步引导以促进个案的改变

D. 没有失败，只有回馈；没有抗拒的个案，只有不知变通的治疗师

9. 关于焦点短期疗法的基本精神之"骨牌效应"的说法，下列正确的是（　　）。

A. 该疗法看重小改变的价值，同时也会要求来访者做一步到位的改变

B. 小的目标不能带动来访者解决行动的信心与动机

C. 最先出现的小改变是曾经发生过的失败例外时，则行动起来就更容易

D. 该疗法的治疗师在治疗过程中，引导来访者看到小改变的存在

10. 关于焦点短期治疗的咨询阶段，下列说法正确的是（　　）。

A. 整个咨询的过程由建构解决的对话、休息和正向回馈三个阶段组成

B. 整个焦点解决短期治疗的咨询次数只能为一次

C. 整个焦点解决短期治疗的咨询也可以连续多次（平均为十次）

D. 如果焦点治疗的咨询次数为多次，那么每次咨询的时间约为90分钟

11. 焦点短期治疗的咨询阶段中，第二阶段是休息阶段，下列关于该阶段的表述

正确的是（　　）。

A. 通常在第一阶段进行四十分钟之后，咨询师会安排休息 30 分钟

B. 休息阶段中，咨询师会跳出咨询的情境，与来访者一起回顾整理谈话

C. 也可与协同小组中心成员进行讨论，而后提供给来访者一些回馈

D. 休息阶段对整个咨询过程而言毫无意义，休息暗示着咨询师不够专业

12. 在焦点治疗的正向回馈阶段，关于如何给予赞美和肯定，下列说法错误的是（　　）。

A. 赞美的意义在于赋能，对来访者自身和其负向资源、能力进行鼓励

B. 使来访者注意到自己原本存在但被忽视的内在力量

C. 改变来访者的主观认知，从而提升来访者为自己负责的能力与意愿

D. 咨询师更近一步的目的是鼓舞来访者能持续行动以寻求改变

13. 在焦点治疗的正向回馈阶段，关于如何提供讯息，下列说法错误的是（　　）。

A. 讯息的提供，可能是专家的观点或理论或是其他一些想法

B. 讯息的提供也可能是来访者正在做的而且有效的行动

C. 提供讯息的目的在于将来访者的问题特殊化

D. 提供讯息的目的也在于为问题提供不同的意义和观点

14. 在焦点治疗的正向回馈阶段，关于布置家庭作业，下列说法错误的是（　　）。

A. 家庭作业就是来访者于下次会谈前必须完成的作业或任务

B. 布置家庭作业的目的是打破治疗已有的效果以自省

C. 布置家庭作业能增强和改变来访者的信心

D. 布置家庭作业能帮助来访者实现预定目标

15. 关于焦点疗法中的形塑技巧，下列说法错误的是（　　）。

A. 形塑存在于日常对话当中，是隐晦或未被注意的，除非有争执

B. 形塑为咨询师对来访者的说话内容，选择性地去谈论或发表意见

C. 形塑的反应是一个想要去推动或促发"改变"的选择

D. 在形塑的意图下，摘要、简述语义、一般化与重新建构都是不能使用的

16. 关于焦点疗法中的"摘要"这个具体技巧，下列说法正确的是（　　）。

A. 摘要技巧表现在咨询师将来访者之前说过的话做一番整理与联结

B．由于来访者都是千篇一律的，焦点疗法认为摘要无足轻重

C．在进行摘要时，咨询师完全不需要使用来访者的字词和说法

D．咨询师描述摘要时，常能产生被邀请来访者说得更少的效果

17．关于焦点疗法中的"简述语意"这个具体技巧，下列说法错误的是（　　）。

A．简述语意即是重复来访者表述话语中的重点

B．简述语意完全可以像摘要技巧一样打断来访者的思绪而进行整理

C．简述语意比摘要简短，可用来简化和澄清来访者的话语

D．咨询师需要以来访者的关键字与整体知觉为基础

18．关于焦点疗法中"一般化"的具体技巧，下列说法正确的是（　　）。

A．该技巧让来访者觉得自己是那么孤单或特异

B．咨询师以"进行式""长久化""永久性"的用词回应来访者

C．一般化常引用"当然""自然""可以了解""像大多数"等用字

D．咨询师会将来访者"主观"的部分觉知改为以为的负向事实

19．关于焦点疗法中"重新建构"这个具体技巧，下列说法错误的是（　　）。

A．重新建构即是用另一个新的负向语言与观点重新诠释同一个问题

B．一个喜欢控制的人，也往往是一个很有计划与架构性的领导

C．一个青少年违抗的行为背后，也有开始独立思考的发展与行动的勇气

D．咨询师强调与反应对话中来访者的某些正向价值与个人目标

20．在焦点疗法的代表性问句的技巧中，对"改变导向"的问句的理解，错误的是（　　）。

A．当来访者的描述重复时，咨询师会提示可以进行不同方向的思考

B．咨询师运用"改变导向"的问句对之前的重复的思考方向加以引导

C．"改变导向"的问句，包括奇迹问句、假设问句、例外问句

D．"改变导向"的问句还包括差异问句、应对问句、评量问句等

21．下列举例的表述，属于"改变导向"问句中奇迹问句表述的是（　　）。

A．你沉睡中不知道奇迹正在发生，隔日起来便知道奇迹已经发生了

B．如果开始往解决之道前进，你的生活会出现什么讯号？

C．当这些（例外）更常发生时，会有什么不同？这会是你想要的吗？

D．在你能认真平静念书的时候，会跟现在有什么不一样？

22. 下列举例的表述，属于"改变导向"问句中假设问句表述的是（　　）。

A. 你沉睡中不知道奇迹正在发生，隔日起来便知道奇迹已经发生了

B. 如果开始往解决之道前进，你的生活会出现什么讯号？

C. 在你能认真平静念书的时候，会跟现在有什么不一样？

D. 你采取了什么步骤，让事情没有变得更糟？

23. 下列举例的表述，属于"改变导向"问句中例外问句表述的是（　　）。

A. 你采取了什么步骤，让事情没有变得更糟？

B. 如果开始往解决之道前进，你的生活会出现什么讯号？

C. 何以能得到这个分数，而不是更低的分数？

D. 当这些（例外）更常发生时，会有什么不同？这会是你想要的吗？

24. 下列举例的表述，属于"改变导向"问句中差异问句表述的是（　　）。

A. 在你能认真平静念书的时候，会跟现在有什么不一样？

B. 何以能得到这个分数，而不是更低的分数？

C. 当这些（例外）更常发生时，会有什么不同？这会是你想要的吗？

D. 如果我询问把你送到辅导室来的老师，他会希望你至少有些什么改变？

25. 下列举例的表述，属于"改变导向"问句中应对问句表述的是（　　）。

A. 在你能认真平静念书的时候，会跟现在有什么不一样？

B. 如果我询问把你送到辅导室来的老师，他会希望你至少有些什么改变？

C. 你采取了什么步骤，让事情没有变得更糟？

D. 如果有一天你的孩子会说话了，他会最感谢你这段时间为他做的什么？

26. 下列举例的表述，属于"改变导向"问句中评量问句表述的是（　　）。

A. 你觉得需要什么才能够再进一分？

B. 如果我询问把你送到辅导室来的老师，他会希望你至少有些什么改变？

C. 你采取了什么步骤，让事情没有变得更糟？

D. 如果有一天你的孩子会说话了，他会最感谢你这段时间为他做的什么？

27. 下列举例的表述，属于"改变导向"问句中关系问句表述的是（　　）。

A. 如果有一天你的孩子会说话了，他会最感谢你这段时间为他做的是什么？

B. 你采取了什么步骤，让事情没有变得更糟？

C. 如果我询问把你送到辅导室来的老师，他会希望你至少有些什么改变？

D．你觉得需要什么才能够再进一分？

28．下列举例的表述，属于"改变导向"问句中赞美表述的是（　　）。

A．如果有一天你的孩子会说话了，他会最感谢你这段时间为他做的什么？

B．你怎么知道自己一直维持在进步的轨道上？其他人又如何知道？

C．如果我询问把你送到辅导室来的老师，他会希望你至少有些什么改变？

D．你觉得需要什么才能够再进一分？

29．下列举例的表述，属于"改变导向"问句中追踪问句表述的是（　　）。

A．如果有一天你的孩子会说话了，他会最感谢你这段时间为他做的什么？

B．你怎么知道自己一直维持在进步的轨道上？其他人又如何知道？

C．如果我询问把你送到辅导室来的老师，他会希望你至少有些什么改变？

D．你怎么能够在别人恶意批评你时，还是很冷静地、就事论事地讨论？

30．下列选项中不属于焦点解决短期治疗原则的是（　　）。

A．潜意识意识化与行为矫正这两者辩证与统一的原则

B．以"澄清式自我揭露"与"温和挑战"取代面质的原则

C．重视"行动"成效体验，而不以"解释"来产生顿悟的原则

D．关注晤谈过程与来访者非口语讯息的同步的原则

31．关于自我揭露，下列说法正确的是（　　）。

A．焦点疗法的自我揭露是指咨询师对来访者坦白自己的过去经验

B．焦点疗法的自我揭露目的是提升来访者的洞察力和同理心

C．自我揭露能促进来访者对自己的移情的发生，咨询师也要进行回应

D．一般咨询中的自我揭露有时也用来挑战来访者，处理其抗拒

32．关于焦点疗法中的面质，下列说法错误的是（　　）。

D．有的治疗派别会针对来访者不一致的言行或不合理的信念进行面质

B．一般的治疗派别的面质的作用在于促使当事人面对自己想法的扭曲

C．焦点解决短期治疗认为面质的技术可能导致当事人难堪

D．焦点疗法相信当事人有些想法在其脉络中是没有道理可言的

33．对于重视"行动"成效体验，而不以"解释"来产生顿悟的原则，下列说法错误的是（　　）。

A．焦点疗法的咨询师经常使用一般咨询技巧中所强调的解释技巧

B. 焦点疗法强调咨询师要以当事人的整体知觉为基础

C. 焦点疗法的咨询师坚持"当事人才是专家"的原则

D. 焦点疗法担心咨询师的解释会误导当事人主观感受或意义诠释

34. 关于焦点疗法中关注晤谈过程与当事人非口语讯息的同步的原则，下列说法错误的是（　　）。

A. 在咨询中了解当事人，常包括要了解当事人表达的内容和过程

B. 咨询师只可选择对当事人表达中的内容素材进行介入

C. "内容"，指的是当事人的口语讯息或所说的平面资料

D. "过程"意指事人提供信息时，同时所传达的感觉或影响

二、多选题

1. 焦点短期治疗的创立者们是一群有多元训练背景的工作小组的成员，这些多元的训练背景包括以下（　　）这几方面。

A. 心理　　　　　B. 社工　　　　　C. 教育　　　　　D. 哲学

2. 这30多年的发展中，焦点心理治疗技术已逐步发展成熟，并广泛地应用于（　　）等领域，并得到积极的肯定。

A. 家庭服务　　　B. 心理康复　　　C. 公众社会服务　D. 社区治疗中心

3. 下列关于社会建构主义理论的观点，正确的是（　　）。

A. 社会建构论认为我们所看到的事实是社会关系的结果

B. 焦点解决治疗强调对来访者使用关系问句，询问其与他人及与自己的关系

C. 焦点解决治疗同时关注治疗关系的形成，确保与来访者保持合作的关系

D. 咨询师同时也进行咨询效果的评估和诊断的工作

4. 对德沙泽尔的后结构主义观点的陈述，下列正确的是（　　）。

A. 他反对用理论来解释治疗如何产生效果

B. 他也认为，当谈论来访者时，我们也可以使用一切解释性的语言

C. 他以哲学为方法，来描述而非解释治疗过程

D. 他强调，当谈论到来访者时，我们只应描述他所看到的和听到的

5. 关于焦点短期疗法的基本精神之"事出并非有因"的说法，下列正确的是

（　）。

　　A. 许多问题发生的因果关系常常很难确定，问题往往是互动下的产物

　　B. 问题原来的因演变成后来的果，后来的果又变成因，不断循环下去

　　C. 治疗目的是弄清楚来访者希望发生的情形的原因

　　D. 焦点短期疗法强调建构解决方法而不是寻找问题发生的原因

　　6. 关于焦点短期疗法的基本精神之"问题症状同样也具有正向功能"的说法，下列正确的是（　　）。

　　A. 一个问题的存在，只呈现出病态或弱点

　　B. 一个问题的存在，有时也有正向功能

　　C. 咨询者需要协助来访者寻求更好的方法取代问题行为

　　D. 咨询者要帮助来访者保有其正向的期待

　　7. 关于焦点短期疗法的基本精神之"不当解决方法是造成问题的根本"的说法，下列正确的是（　　）。

　　A. 该疗法假设问题是人们试图解决问题但却"形成不适当的习惯模式"

　　B. 问题本身不是问题，而是由于解决问题的方法不当导致了问题的出现

　　C. 咨询者需要协助来访者寻求更好的方法取代问题行为

　　D. 咨询者要帮助来访者保有其正向的期待

　　8. 关于焦点短期疗法的基本精神之"来访者是自身问题的专家"的说法，下列正确的是（　　）。

　　A. 该疗法认为来访者有能力自己解决问题，咨询师要关注来访者的优点

　　B. 这一理念突出表现在焦点技术使用的实用性与灵活性上

　　C. 不以精神病理的缺点看待人类行为，不特别去深究问题行为的根源

　　D. 咨询师提供机会让来访者自主地去积极发现改变的线索

　　9. 关于焦点短期疗法的基本精神之"从正向的意义出发"的说法，下列正确的是（　　）。

　　A. 该疗法强调个案的正向力量，而不是去看他们的缺陷

　　B. 该疗法强调他们成功的经验，而不是失败

　　C. 该疗法强调来访者发展的可能性，而不是他们成长的限制

　　D. 该疗法从正向的角度来拟定治疗目标，强调做什么能够解决问题

10. 关于焦点短期疗法的基本精神之"凡事都有例外，有例外就能解决"的说法，下列正确的是（　　）。

A. 该疗法认为只要有例外发生，就能从例外中找到解决方法

B. 该疗法在了解个案问题性质的同时，特别注意"例外"的存在

C. 例外是发生次数较多的以及被来访者重视的特定情境

D. 例外是指来访者的问题没有发生或严重程度较低的特定事件

11. 对于焦点短期疗法的阶段的阐述，正确的是（　　）。

A. 作为一种专业的介入，焦点解决的治疗流程与步骤清晰明了

B. 焦点短期疗法在所有的咨询疗法中，少见地具有单次咨询的精神

C. 该疗法每一次的咨询是第一次也是最后一次，所以不存在多次咨询

D. 该疗法每一次的咨询构架都是不一样的，因人而异

12. 关于该疗法的第一阶段为建构解决的对话阶段，下列说法正确的是（　　）。

A. 这一阶段是会谈的主轴，所以我们称之为建构解决的对话阶段

B. 这一阶段的过程中，咨询师要注重"问题"的对话历程

C. 咨询师通过"建设性预设问句"所选取的方向和语言影响来访者的认知

D. 在这一阶段中，需要引导出正向解决问题的思考方式

13. 关于建构解决的对话阶段的准备阶段，下列说法正确的是（　　）。

A. 在这个阶段中，工作者与来访者寒暄，简介咨询的流程

B. 流程介绍完后，引导来访者进入正向的、未来的及解决导向的会谈中

C. 如果在休息阶段咨询师会使用工作小组的形式，也要告知来访者

D. 在这一阶段中，需要引导出正向解决问题的思考方式

14. 关于建构解决的对话阶段的问题抱怨阶段，下列说法正确的是（　　）。

A. 在这个阶段，工作者以倾听的态度，收集来访者的抱怨

B. 焦点解决学派强调此过程聚焦于来访者已使用过的解决问题的行动

C. 此过程强调咨询师要否定来访者已经做过的有效的事情

D. 咨询师的任务还包括使来访者从抱怨提升为希望改变的目标

15. 关于建构解决的对话阶段的设定目标阶段，下列说法正确的是（　　）。

A. 在这个设定具体目标的阶段中，只能是咨询师为来访者设定目标

B. 这一阶段，咨询师会协助来访者发展出具体可行的来访者需要的目标

C．这里的目标指的是消极的、抽象的、一小步且实际可行的目标

D．目标可以使用奇迹式问句、循环式问句和评量式问句等技巧

16．关于建构解决的对话阶段的探寻解决方案阶段，下列说法正确的是（　　）。

A．一旦设定了正向的目标，咨询师就会协助来访者探索咨询师的资源

B．此阶段将焦点集中在问题不发生的时间、地点、活动等细节上

C．运用例外式、奇迹式、评量式问句等引出例外及其解决问题的弹性

D．与此同时也暗示来访者他们无法做到，鼓励他们做一些危险的尝试

17．焦点疗法的第三个阶段是正向回馈阶段。在这一阶段中，回馈的内容包括（　　）这几个方面。

A．给予赞美和肯定　　　　　　B．提供讯息

C．布置家庭作业　　　　　　　D．宣泄潜意识

18．关于焦点解决短期治疗的治疗技巧，下列说法正确的是（　　）。

A．该疗法聚焦于来访者如何改变，故语言亦是有关"改变"的语言

B．在晤谈过程中，咨询师全神贯注地理解来访者的词汇及其意义

C．关注于来访者们重视什么、想要什么以及相关的成功经验

D．找到来访者的关注点后，咨询师进一步思考、形塑与提问

19．下列（　　）属于焦点疗法中重新建构表述的最常用的五个句型。

A．"你本来应该……这实在是太糟糕了！"

B．"我不确定……但我确定……"也是常用的一种句型

C．"至少""起码（没更糟）"的语句检索，就容易看到正向价值

D．"没有理由，你是在逃避……"是咨询师直接回应来访者的方向

20．在焦点疗法的代表性问句的技巧中，对未知态度的开放式问句的理解，正确的是（　　）。

A．在一般助人历程中，咨询师需要适时提出适当的开放式问句

B．开放式问句能收集信息并具体了解来访者所言的内容与处境

C．在使用开放式问句时，来访者有机会澄清或探索其想法和感觉

D．未知态度的开放提问中，咨询师要避免问一连串太多的问句

21．关于"改变导向"问句中的奇迹问句，下列说法正确的是（　　）。

A．奇迹问句给来访者下定义：他们的生活是不能改变的

B. 奇迹问句能让来访者愿意思考可能改变的结果与好坏

C. 奇迹问句能使来访者从谈论问题转而聚焦思考解决之道

D. 奇迹问句还能帮助来访者形成愿景与具体可行的目标

22. 关于"改变导向"问句中的假设问句，下列说法正确的是（　　）。

A. 以假设性语句探问来访者在未来于某特定情境下的可能想法与作为

B. 以"如果"等问句探问关于来访者偏好的结果或达成目标时的情景

C. 若来访者很难设定合适的目标，咨询师也不能用假设问句来创造可能性

D. 通过预设性问句所产生的目标是来访者想要的目标

23. 关于"改变导向"问句中的例外问句，下列说法正确的是（　　）。

A. 例外问句能帮助降低来访者的自信心与赋能感

B. 例外问句促使来访者思考问题解决的可能性与具体策略

C. 例外问句能促发例外的人、事、时、地、物等有用资源与互动历程

D. 除了联结目标达成之外，来访者也会努力"多使例外产生"

24. 关于"改变导向"问句中的差异问句，下列说法正确的是（　　）。

A. 差异问句邀请来访者思考现况与例外经验之间有何不同

B. 差异问句引导来访者思考现况与美好愿景之间有何不同的细节

C. 差异问句能为来访者带出希望感，也能激发其找到目标或具体策略

D. 此问句常接在奇迹问句与例外问句的运用之前

25. 关于"改变导向"问句中的应对问句，下列说法正确的是（　　）。

A. 应对问句询问来访者被其视为理所当然的行动与动力是从何而来的

B. 应对问句询问来访者针对问题情境的自发应对与处理

C. 应对问句能用同理心支持来访者的感受和体验

D. 应对问句能激发来访者看到自己已发挥的能量与成功的经验

26. 关于"改变导向"问句中的评量问句，下列说法正确的是（　　）。

A. 评量问句以 1 至 100 分量尺，请来访者进行评量

B. 常将大的愿景或正向目标置于 100 分的位置

C. 咨询师可以询问现在与再进 1 分后的不同，和如何迈进 1 分的方法

D. 可帮助来访者接纳理解现况，进而探讨如何推进一小步的行动

27. 关于"改变导向"问句中的关系问句，下列说法正确的是（　　）。

A．主要问来访者生活中的重要他人对他或对特定事物的态度

B．关系问句会激发来访者的现实感，激发其内在资源

C．能激发来访者思考其与别人想要的相同之点，找寻目标与解决之道

D．帮助其在"来访者想要的目标""愿意去做的目标"以及"别人对他的期待要求"之间取得平衡

28．关于"改变导向"问句中的赞美，下列说法正确的是（　　）。

A．赞美应是天马行空的、能让来访者高兴的语言

B．"最有效的赞美"是通过提问，让其吐露自己的能力、自觉与善意

C．赞美能让来访者对于成功的方法更为模糊化、抽象化

D．赞美能让来访者肯定自己的能力与品质，进而提升自我价值感

29．关于"改变导向"问句中的追踪问句，下列说法正确的是（　　）。

A．若来访者找到愿意尝试的一个方向，咨询师会追问行动的细节

B．若来访者找到愿意尝试的方向，会引导来访者体会晤谈过程所得

C．咨询师引导来访者将所得技能持续运用至平日行为或日后的生活中

D．来访者的实际应用，能强化其行动执行力与落实性

30．关于焦点疗法中如何进行自我揭露，下列说法正确的是（　　）。

A．若当事人说话内容中有矛盾时，咨询师可表达当下的想法与困惑

B．焦点疗法中咨询师的自我揭露是以"澄清"的方式来询问当事人

C．焦点疗法中的自我揭露要在澄清中看到来访者的优势力量

D．若来访者想知道咨询师的故事，咨询师可以尽情倾诉其所有的故事

31．关于焦点治疗中如何进行面质，下列说法正确的是（　　）。

A．焦点治疗并不提倡面质当事人的不一致，来处理其抗拒行为

B．焦点治疗的咨询师面质时常选用前述较为温和的自我揭露方式

C．咨询师最多以"温和挑战"的技巧来催化当事人反思

D．焦点治疗的咨询师视来访者为专家，并虚心地向其学习如何帮助他

32．对于重视"行动"成效体验，而不以"解释"来产生顿悟的原则，下列说法正确的是（　　）。

A．在其他学派的咨询中，当事人常常疑惑于事件在他们生命中的意义

B．焦点疗法的咨询师常会提供一个解释架构让当事人去思考

C．在其他学派的咨询中，解释技巧意图超越当事人所描述或承认的陈述

D．其他学派的解释技巧能促使当事人以新的观点来看待其想法、行为，以产生顿悟

33．关于焦点疗法中如何保持关注晤谈过程与当事人非口语讯息的同步的原则，下列说法正确的是（　　）。

A．当事人之非口语讯息，就是"过程"的一个重要线索

B．焦点疗法的咨询师也要注意自己的非口语行为

C．非口语讯息含有个人独特性及文化差异性的意义，是一种自我呈现

D．非口语讯息会因为当事人的脉络、文化及个别差异而产生不同的意义

三、简答题

1．焦点解决短期治疗技术的定义是什么？

2．为什么焦点解决短期疗法不建议咨询师告诉当事人有关自己的过去经验？

3．在焦点解决短期疗法的面质过程中，咨询师对待来访者所持的应该是何种态度？

4．如何理解焦点疗法中重视"行动"成效体验，而不以"解释"来产生顿悟的原则？

参考答案

一、单选题

1. A	2. C	3. B	4. D	5. C
6. A	7. B	8. A	9. D	10. A
11. C	12. A	13. C	14. B	15. D
16. A	17. B	18. C	19. A	20. B
21. A	22. B	23. D	24. A	25. C
26. A	27. C	28. A	29. B	30. A
31. D	32. D	33. A	34. B	

二、多选题

1. ABCD	2. ABCD	3. ABC	4. ACD	5. ABD
6. BCD	7. AB	8. ABCD	9. ABCD	10. ABD
11. AB	12. ACD	13. ABCD	14. ABD	15. BD
16. BC	17. ABC	18. ABCD	19. BC	20. ABCD
21. BCD	22. ABD	23. BCD	24. ABC	25. ABCD
26. CD	27. AD	28. BD	29. ABCD	30. ABC
31. ABCD	32. ACD	33. ABCD		

三、简答题

1. 焦点解决短期治疗是指以寻找解决问题的方法为核心的短程心理治疗技术，是20世纪80年代初期由史蒂夫·德沙泽尔和妻子以及一群有多元训练背景（包括心理、社工、教育、哲学、医学等）的工作小组成员创立的。在这30多年的发展中，SFBT已逐步发展成熟，并广泛地应用于家庭服务、心理康复、公众社会服务、儿童福利、监狱、社区治疗中心、学校和医院等领域，并得到积极的肯定。

2. 焦点解决疗法并不建议咨询师告诉当事人有关自己的过去经验，尤其是个人之前的惨痛故事，或直接建议当事人的个人体验。因为咨询师个人故事的自我揭露难免会影响当事人、造成当事人模仿或是让当事人有自叹不如的感受，如此将会削弱当事人建立他们自己解决方法的能力。

3. SFBT 也认为在咨询中没有所谓当事人抗拒的存在，咨询师对于当事人，是以合作的态度与之共事的。SFBT 创始人之一德沙泽尔（1985）撰写《抗拒之死》一文，强调 SFBT 不以抗拒的观点来看待当事人，而将当事人的"抗拒"，善意解读为一种当事人保护自己的方法，或者反映了咨询师没有贴近当事人的需求与目标，而提醒辅导人员要谨慎处理与放慢脚步。因此，SFBT 假定，没有所谓抗拒的当事人，当事人都是竭尽所能地与咨询师合作，只有咨询师才会有与当事人合作困难的可能。

4. 在一般咨询中，当事人常常疑惑于事件在他们生命中的意义。此时，咨询师会提供一个解释架构让当事人去思考。然而，SFBT 咨询师并不使用一般咨询技巧中所强调的解释技巧。这是因为 SFBT 非常强调咨询师需要以当事人的整体知觉为基础，落实"当事人才是专家"的原则。

SFBT 十分重视行动，认为先有了行动改变，感受与想法也就会跟着改变。所以，SFBT 的晤谈方向，在探索当事人生活中的例外资源以及期待生活中有什么样的改变之后，会将晤谈对话朝"有效行动"的方向移动，并开始邀请当事人思考如何落实拥有美好未来的选择。

第十七章　叙事咨询技能习题

一．单选题

1. 叙事疗法有广义和狭义之分，广义的叙事疗法是以（　　）为理论指导的心理治疗理论与实践。

A．积极心理学思想　　　　　　　B．现代心理治疗思想

C．后现代叙事思想　　　　　　　D．后现代心理治疗思想

2. 将人和问题分解开来，把注意的焦点放在问题上的过程，就是（　　）。

A．改写　　　　B．外化　　　　C．见证　　　　D．诠释

3. 给外化的内容取一个恰当的名字，无论是什么说法，关键是要和当事人的（　　）非常接近。

A．感受　　　　B．经验　　　　C．体验　　　　D．想法

4. 问题命名的名称应该是（　　），并且要尽量贴近来访者的体验，通常要使用来访者的语言。

A．形容词　　　B．描述词　　　C．动词　　　D．名词

5. （　　）即帮助来访者寻找问题之外的生活，来访者充满问题的故事尽管强大，但终究不会遮蔽他们整个生活。

A．外化　　　　B．改写　　　　C．解构　　　　D．见证

6. 所谓改写是从（　　）生活的（　　）片段出发，演绎成来访者的新生活的过程。

A．日常　　　　B．解构　　　　C．例外　　　　D．丰富

7. 治疗师不应当是来访者"除掉"问题的工具，而应是来访者生活故事的（　　），咨访双方共同探讨如何处理与问题之间的关系。

A．指导者　　　B．参与者　　　C．主导者　　　D．引导

二．填空题

1. 倾听来访者描述其所处的困境时，要注意 _____。

2. 外化过程中常用的一个技巧是把来访者使用的动词或者形容词换成_____。

3. 在实际运用问题外化的技巧时，可以通过一些_____，将问题具象化。

4. 在怀特的外化地图中，他把外化分为四个步骤：_____、_____、_____、_____。

5. 怀特为了帮助同行更好地运用外化对话技术，他在实践中运用"_____"这个比喻总结出了一套行之有效的询问方式。

6. 在实践层面，关注_____是外化对话的第一步。

7. 在外化的操作中，咨询师可以聆听人们叙说生活中感人至深的亲情和真诚的关系，而这些会帮助人克服_____的影响，会给人以新的希望。

8. 在和那些有暴力倾向的男性进行外化式对话的时候，可以给他们创造很多机会，让他们讲述_____的经验，帮助他们找到对自己的行为负责的方式，以一种非暴力的方式来重新安排自己的生活。

9. 在外化式的对话中咨询师不必采取解决问题的_____立场，不必扮演洞察别人心理体验的_____。

10. 当外化的问题的名字与当事人的_____非常接近的时候，就可以引起他们的共鸣，激活他们自己的策略、技巧和观念，这些资源更有利于解决他们的困境。

11. 外化的过程是我们和当事人_____的过程。

12. 运用外化式对话的著名案例之一发生在非洲东南部的马拉维。在那里外化式对话被用来对付_____危机。

13. 外化不是一种_____，咨询室中的任何问题都可以使用外化式对话。

14. 外化不但要帮助人理解当前的问题叙事是如何形成的，而且要帮助人从根本上改变_____的叙事方式。

15. 外化是叙事治疗对待"_____"的立场和策略，即认为当事人的"_____"是他们内化了的"自我"。

16. 叙事心理治疗将心理助人活动关注的焦点从个体的自我身上，转移到_____的问题上。

17. 叙事治疗的目的是使参与者生活意义丰富并实现_____。

18. 叙事治疗主张采取一种"开放的"立场，通过_____，让来访者或者来访者家庭的故事自然展开，形成独特的主题，并丰富其生活意义。

19. 叙事治疗不再把当事人带来的问题看作是当事人的人格组成部分，即叙事治疗把_____分开。

20. 叙事疗法是受到广泛关注的后现代心理治疗方式，它摆脱了传统上_____的治疗观念，使人变得更自主、更有动力。

21. 改写对话就是从这些_____出发，帮助来访者重新建构自己的生活故事的。

22. 在实践的层面上，"解构"可以被理解为"_____"。

23. 所谓改写技术，就是运用高度积极的好奇和耐心，借助精巧的提问，让行为背后的_____得到凸显。

24. 叙述心理治疗主要是让当事人先讲出自己的_____故事，以此为主轴，再透过治疗者的重写，丰富故事内容。

25. 在叙事心理治疗中，重要的不是"叙事疗法"名称本身，而是叙事的_____。

三. 简答题

1. 简要说说叙事疗法的特点。

2. 说说问题外化的效果。

3. 解构和外化之间有什么关系？

4. 对见证人做培训你将会问他们哪些问题？

四. 论述题

1. 以一个称自己有"抑郁症"的人为例，说说外化操作的方法。

2. 试论外化对话的价值。

3. 结合具体实例说说外化对话的难点。

4. 从祥林嫂的悲剧谈谈你所理解的解构以及作用。

5. 请说一说叙事治疗的意义。

参考答案

一、单选题

1. D   2. B   3. C   4. D   5. B

6. C   7. B

二、填空题

1. 是什么东西在困扰他   2. 名词

3. 描述词   4. 命名问题   询问影响   评估影响   论证评估

5. 地图   6. 被内化了的问题

7. 心理问题   8. 通过其他的方式显示男子汉气概

9. 专家   专家   10. 体验

11. 合作   12. 艾滋病

13. 技术   14. 开创未来生活世界

15. 问题   问题   16. 个体所纠结

17. 心理成长   18. 无条件的倾听

19. "人"和"问题"   20. 把人看作问题

21. 例外事件   22. 倾听那些没有被说出的声音

23. 动机   24. 生命

25. 方法

三、简答题

1. 叙事疗法的特点包括：

（1）叙事治疗把"人"和"问题"分开。

叙事治疗不再把当事人带来的问题看作是当事人的人格组成部分，即叙事治疗把"人"和"问题"分开。

（2）叙事疗法主张和谐共生。

治疗师不应当是来访者"除掉"问题的工具，而应是来访者生活故事的参与者，咨访双方共同探讨如何处理与问题之间的关系。

（3）叙事治疗反对治疗师以"专家"自居。

叙事治疗主张采取一种"开放的"立场，通过无条件的倾听，让来访者或者来访者家庭的故事自然展开，形成独特的主题，并丰富其生活意义。

（4）叙事治疗的目的。

叙事治疗的目的是使参与者生活意义丰富并实现心理成长。通过解构性的谈话或者活动，治疗过程可以帮助咨询师和来访者看到来访者生活中的"控制叙事"，在治疗过程中来访者和咨询师从更广大的视野中重新理解这种"控制叙事"，从而形成"新的选择叙事"。

2. 问题外化的效果：

（1）减少人际间无益的、非建设性的责任归属的冲突。

（2）降低当事人面对问题的失败感和挫折感。因为个人容易在努力解决问题却仍然失败之后感到无力、无助、懊悔、消沉。

（3）提供方向，让人们可以相互合作、共同努力来面对和对抗"问题"，避开问题对生活和家庭关系的负面影响。

（4）开启新的可能性，使人能够采取具体行动，以摆脱问题的困扰，恢复正常的生活技能与家庭关系。

（5）面对"严重得要命"的问题，外化可以让当事人轻松下来，从而能够采取更为有效的措施来减轻精神压力。

（6）提供"对话"的可能，使人不必仅仅通过个人"独白"来面对问题的困扰。

3. 解构和外化之间的关系：

外化的目的是先让人能够和问题分开，也就是能够在问题之外看问题。问题最终也是一个故事，一个被反复复制的故事，就像电脑的病毒。这个故事有一定的结构，而且这种结构被僵化了（也就是被反复复制，缺乏对个人的本土知识的尊重和运用）。现在把问题外化了，就可以有心理空间来审视这个结构，审视的结果就是要让这个僵化了的结构松动，可以容许新的生活加入。新的生活的可能性慢慢地积累，僵化的结构就被打破了，这就是解构。

4.（1）表达

表达就是对见证人进行提问，一问一答，互相说出当下的真实想法。这一点就要事先要求见证人注意，一定要是例外。

（2）景象

要提问见证人："当你（见证人）听到那些积极事件、例外事件的时候，你眼前浮现出了一个什么样的景象？"无论如何，要求一定是个景象、图像。

（3）共鸣

问见证人："你刚才听到他那个例外的时候，你有没有什么经历让你产生共鸣的？"——让他（见证人）联想到自己有什么样的生活事件。请注意：这个地方也要求是积极的共鸣！

（4）触动

问见证人："听了他的故事会让你有什么改变？"

（5）好奇

在这个见证技术里边往往还有一步，这就是好奇：他是怎么做到的？这个问题不需要来访者回答，只是一个表达对其力量的好奇，开启一段探索的旅程。

四、论述题

1. 外化操作的方法：

（1）命名问题

命名包括三个步骤：让来访者详细描述其难题，了解这个问题在来访者生活中的发展过程，和来访者商量一个贴近其体验的名称。

命名问题应该采用名词，并且要尽量贴近来访者的体验，通常要使用来访者的语言。命名的过程要和来访者商量。倾听来访者描述他所处的困境时，要注意是什么东西在困扰他。

（2）询问影响

第一，问题对来访者的哪些方面有影响？有什么影响？哪些方面影响大一些？哪些方面影响小一些？

第二，如果把问题比作一个人，有自己的想法的话，它是要把来访者的生活引导向何处？它是气势汹汹的还是慢慢悠悠的？

第三，来访者生活中哪些人、事、物是对问题有利的？或者说什么因素会增强问题的力量？哪些因素会削弱问题的力量？

（3）评估影响

了解了问题对来访者生活的影响之后，可以邀请来访者做一个判断：这些影响或者改变是不是自己想要的？这些影响是好的、坏的还是不好不坏的？通过这个阶段，可以帮助来访者做一个选择。通常在外化之前，来访者会感到自己没有选择，只能受制于问题。

（4）论证评估

在这个阶段，邀请来访者说明自己对影响的评估。如果问题对其生活的影响是好的，就要了解为什么是好的，好在哪里；如果是坏的，就要了解坏在哪里，阻碍了来访者哪些愿望的达成；如果好坏参半，也一样可以询问原因。

2. 外化对话的价值包括：

对话外化之后，来访者最常见的反应是感到轻松，因为他们自己不是问题，能够有更多的方式接近他们自己的其他故事，接近他们生活中曾经非常模糊的其他方面。

外化式对话让问题不再居于"生活的中心"，也就是说在人和他的各种问题之间创造一个空间，无论问题是什么。

问题外化之后，就可能认清问题产生的机制，从而可能找到削弱问题的方法。等到问题被外化了，可以让人在应对和问题之间的关系上采取一个立场。这不仅仅是"支持"或者"反对"那么简单，因为经验总是有个过渡，比较复杂。

当一个人后退一步，与问题分开，就可以思考问题的历史和消极影响，可以意识到自己现在所处的立场与以前习惯了的位置不一样。这个立场往往没有自责、评判等。

3. 外化对话的难点包括：

（1）需要训练

外化谈话和别的治疗方法一样，必须通过一定时间的严格训练才能做到。

（2）需要时间

同时，要完全形成外化谈话所依据的思维方式也需要一些时间。外化谈话挑战内外的做法，而内化的做法在日常生活中根深蒂固。因此外化不仅仅是一种治疗"技术"，而且是一种生活态度。

（3）需要恰当的比喻

作为叙事治疗咨询师，我们所要做的是尽量多地给来访者提供可以替代那些对立性的比喻。要做好外化的工作，最好选择一些温和的比喻。

（4）咨询师灵活把握外化的程度和方向

如果有人对别人很不好，欺负人、取笑人甚至对别人施加暴力，治疗中该怎么办？在这些情况下能否使用外化式对话？

对这样的当事人，我们作为咨询师，绝对不能通过外化的操作为他们开脱责任。有很多外化式对话的方式可以让人更积极地对自己的行为负责，避免问题的发生。作为咨询师，我们一定要谨慎区分各种情况，区分不同的治疗阶段，能够从总体上把握治疗的走向，清楚地体察各种伦理的、人际关系的敏感点，并且能够恰当处理。

4. 人们会遭遇各种实际的困苦和灾难，这当然不能完全归结为叙事结构这一个因素在起作用。祥林嫂在丈夫死后被迫改嫁，成为"不洁净"的女人，承受着封建社会的歧视，承受着心灵挣扎的煎熬。后来第二任丈夫又死了，而且唯一的儿子阿毛也被狼叼走了。她所经历的不仅是切肤之痛，而且是心灵最深处的创伤和撕裂。祥林嫂反复不停地逢人便说同样的几句话，这种叙事的作用正好强化了她对伤痛事件的专注，使她完全沉湎于刻骨铭心的痛苦体验。她的精神生活的流动机会完全停滞，心理的视角已经凝固、僵化，生活中再没有任何希望或可能，她最终走向死亡的悲剧就成为不可避免的了。她已经失去了心灵康复的内在力量。我们不可以说，只要她能够改变自己的观察视角和叙事的结构，痛苦就能够完全化解。我们可以切实地感受到，即使在这样艰难无助、近乎绝望的情况下，祥林嫂仍然在努力挣扎着，试图修补自己精神世界的裂痕和漏洞。对于灵魂有无的疑惑和追问，成为她的人生故事如何结局的关键或枢纽：如果人死后没有灵魂，她就无法见到自己的儿子；如果人死后还有灵魂，有地狱，那么阎王会不会要把她的身体分成两半，分别交给她的两个丈夫？我们不知道，祥林嫂所盼望的究竟是哪一种情形，或许在两种情形中翻来覆去地比较而不能取舍。

无论如何，叙事都是个人精神创痛得以救治和疗愈的必经途径。鲁迅写《祝福》，主要是揭露封建文化的意识形态对于老百姓精神生活的压迫和限制。祥林嫂的故事告诉人们，除了这样一个生活故事之外，还存在很多生活样式的可能。我们每个人不要像祥林嫂那样，蒙昧地把特定形态的封建文化的叙事内化为自己的人格结构，从而失去创造性生存的能力。鲁迅的批判矛头指向的是积重难返的"吃人"的封建文化和它所维护的社会制度及其知识结构。文化的假设有社会约束的作用和规范人心的作用，但是它们最终的目的是平和吉祥的生活，而不应该是压抑人性的自由发展，限制生活的可能境界。以这样一个理想化的生活目标为判断标准，我们就会发现各种各样的问题人群，多多少少都是因为受到僵化的文化假设的压迫和束缚，使自己的生命成为某个时代流行的故事的牺牲品。对于已经把这些假设的结构完全内化的近乎僵化的个人来说，如果他们感到已经很不舒服，迫切地寻求心理的帮助，那么治疗师就要帮助他们松动、拆解、去除这些结构的束缚，同时超越并包容它们，这就是治疗的解构作用。

5. 叙事治疗的意义包括：

（1）启发作用

如果把叙事作为一种扎根隐喻，它可以说是不同于传统心理学的"器官""机械"的隐喻。叙事隐喻比起另两种隐喻有更深刻的思想。它使心理过程与内容结合，使心理学与日常生活结合，使心理与社会文化历史结合，这可以克服以往心理学研究把人从文化内容、社会历史文本中抽离出来的弊端，为我们的教育提供了更广阔的空间和背景。

叙事作为一种方法在心理学研究中有不可替代的作用。首先，叙事可作为心理学研究中获得深度资料的重要手段。叙事资料作为数据资料的补充，可以通过对具体个案的深入剖析而揭示出一般的规律或独特的意义。其次，叙事还可作为干预手段在研究中使用。叙事总是与反思联系在一起，我们在叙说生活故事的过程中，也就审视了自己。这种反思或审视是一种内源性的干预，使我们自律，变得对我们的生活负责。

（2）影响力

在叙事心理治疗的概念与方法当中，有许多值得教育工作者及父母反思的空间。

在对待学生或子女的教育中，尝试找出他们看待人生的方式，远比精确地指出一种适合他们发展的道路来得重要，毕竟教师与父母的知识都并非中性，而是都带有浓浓的权力意味。这样的知识或许有效，但不见得适合每一个个性差异极大的子女或学生，而对主流"真理"的适应不良，是可能形成问题青少年的。如果方法失当，有时效果会适得其反。

（3）发现生命的意义

在咨询者和当事人处于"叙事心理治疗"时，他们所面对的不是一种可以置身事外的"工具"或"技术"，而是当事人的生命故事，反映的是当事人的生命态度、生命要求和生命抉择。在这里，对待生命的积极态度很重要。因为同样的事实，通过不同的解读，会释放出不同方向的力量。我们每个人都有历史的痕迹，有许多的故事，故事中积极的资产被发现，向上的动力就会源源不断。叙事心理治疗原本就是要让我们每个人成为自己的心理捕手。

第十八章　绘画咨询技能习题

一、单选题

1. 绘画疗法主要是以分析心理学中的（　　）为基础。

A. 共情理论　　　B. 投射理论　　　C. 移情理论　　　D. 原型理论

2. 绘画心理治疗技术的两种背景分别是（　　）。

A. 心理分析背景、艺术表达背景

B. 焦点解决背景、心理分析背景

C. 焦点解决背景、艺术表达背景

D. 此时此地背景、心理分析背景

3. （　　）不属于艺术治疗的特点。

A. 水到渠成：动之以情，晓之以理

B. 突破防御，减少阻抗

C. 增加移情，促进交流

D. 可借助不同的艺术治疗载体

4. 九宫格又称九分割统合绘画法，源于心理分析背景、文化以及曼陀罗所延伸出来的技术。这种技术起源于（　　）。

A. 美国　　　　　B. 德国　　　　　C. 英国　　　　　D. 日本

5. 下列不属于九宫格绘画技术特点的是（　　）。

A. 立体的呈现　　　　　　　B. 叙事性

C. 适用于团体和个体　　　　D. 结构性

6. 家庭文化绘画技术的特性是（　　）。

A. 文化性、历史观、戏剧性　　　B. 文化性、结构性、戏剧性

C. 整体性、历史观、文化性　　　D. 文化性、历史观、稳定性

7. 心理刮痧疗法体现的是中国文化中的（　　）。

A．历史观　　　　B．整体观　　　　C．大局观　　　　D．自然观

8．（　）不属于涂鸦在咨询中的功能。

A．交互涂鸦的功能

B．建立咨访关系的功能

C．自由联想的功能

D．帮助来访者重新建立人际关系的功能

9．第一窗口的意思是（　）。

A．在一幅画中第一眼看到的东西

B．一幅画中最吸引人注意力的部分

C．一幅画最中央的位置

D．一幅画的主题

10．艺术表达的流程是（　）。

A．评估、表达、描述、呈现、整合、康复

B．评估、表达、呈现、转化、整合、康复

C．描述、表达、呈现、转化、整合、康复

D．评估、表达、呈现、归纳、整合、康复

11．咨询中常见的伦理问题不包括（　）。

A．与来访者在生活中保持双重关系

B．咨询师的权力与支配欲

C．咨询师随意破例

D．当来访者有自杀倾向时告知其家人

12．绘画作业的功能是（　）。

A．防止脱诊　　　　　　　　B．增加来访者的充实感

C．把咨询带到生活中去　　　　D．以上皆是

13．此时此地中的描述技术不包括（　）。

A．替身描述技术　B．自我描述技术　C．场景描述技术　D．环境描述技术

14．心理成长工作坊中的系列工作坊的特点是（　）。

A．由导师选定一个固定的主题

B．针对固定主题只开展一场工作

C. 按主题的不同分为不同的工作坊

D. 围绕一系列的主题，进行两次以上的工作

15. （ ）是表达性艺术治疗的媒介。

A. 音乐　　　　　B. 舞蹈　　　　　C. 绘画　　　　　D. 以上都是

16. 负责情绪机能的是大脑的（ ）。

A. 左半球　　　　B. 右半球　　　　C. 杏仁核　　　　D. 海马回

17. 绘画心理治疗技术主要包括（ ）两个部分。

A. 创作过程和艺术表达　　　　　　B. 创作过程和分析过程

C. 艺术表达和分析过程　　　　　　D. 情绪表达和艺术表达

18. 心理分析背景下的绘画心理治疗侧重于（ ）。

A. 绘画的形式和特点　　　　　　　B. 绘画的形式和内容

C. 绘画的内容和特点　　　　　　　D. 绘画的形式和象征

19. 艺术表达背景下的绘画心理治疗侧重于（ ）。

A. 描述和分析　　B. 表达和分析　　C. 表达和分享　　D. 分享与表达

20. 艺术表达背景下的绘画心理治疗是以（ ）为主导的。

A. 以咨询师为主导　　　　　　　　B. 以来访者为主导

C. 以艺术创作为主导　　　　　　　D. 没有主导

21. 艺术表达治疗的疗效因子是（ ）。

A. 来访者负面情绪的发泄　　　　　B. 咨询师的指导作用

C. 来访者和咨询师的关系　　　　　D. 绘画的表达过程

22. （ ）不属于艺术治疗的目标。

A. 心理的表达　　B. 心理教育　　C. 心理治疗　　D. 提供指导性意见

23. 关于"心情画"的分享过程，错误的是（ ）。

A. 注重当下，尊重他人　　　　　　B. 表达当时的情绪

C. 追溯过往的事件　　　　　　　　D. 建立良好的咨访关系

24. 下列属于"心情画"作用的是（ ）。

A. 释放来访者当下的心情　　　　　B. 从当下延伸至过去

C. 把无意识转化为意识　　　　　　D. 以上皆是

25. 下列不属于九宫格绘画要求的是（ ）。

A．一定要填满九个画格

B．九宫格的边框一定要画出来

C．团体导师要提前准备好印好九宫格的画纸

D．每个格子要有足够的空间以便作画

26．下列不属于风景构成画特点的是（　　）。

A．需要有 11 个元素　　　　　　B．元素需要按顺序呈现

C．可以用不同的色彩去修饰　　　D．每一个元素都有固定的象征意义

27．下列绘画作品（　　）不属于"我的六个家"的内容。

A．我外婆小时候成长的家　　　　B．我爷爷小时候成长的家

C．我爸爸小时候成长的家　　　　D．我妈妈小时候成长的家

28．绘画疗法的意义是（　　）。

A．构建过去、澄清现在、追寻未来　　B．解释过去、澄清现在、追寻未来

C．解释过去、构建现在、追寻未来　　D．解释过去、澄清现在、构建未来

29．在团体中，当来访者还没有准备好分享时，下列做法错误的是（　　）。

A．充分理解，进行共情　　　　　B．离开公共场合进行私下的交谈

C．尊重来访者，耐心等待时机　　D．暂时放弃这个话题，转向其他主题

30．要做到此时此地技术，需要（　　）。

A．足够客观地去描述自己所处的环境

B．避免自己的主观倾向

C．进行过去、现在和未来的统一

D．以上都是

31．此时此地的理论基础是（　　）。

A．现象学、存在主义哲学、心理学治疗、艺术疗法

B．现象学、人本主义思想、心理学治疗、艺术疗法

C．逻辑学、存在主义哲学、心理学治疗、艺术疗法

D．逻辑学、人本主义思想、心理学治疗、艺术疗法

32．此时此地绘画技术中包括（　　）几种类型。

A．环境、关系、感受、问题、目标

B．环境、关系、感受、问题、心情画

C. 环境、关系、情绪、问题、目标

D. 关系、情绪、问题、目标、心情画

33. 运用此时此地绘画疗法的目的是（　　）。

A. 让来访者聚焦于目前最重要的问题，集中解决这一问题

B. 让来访者回溯过去发生的事件对当下的影响

C. 让来访者觉察到自己是谁，自己在哪里，与自己同行，与时间同行，与问题同行

D. 当来访者立足现实，展望未来

34. 粘贴画疗法是森谷宽之在箱庭疗法的启迪下，于（　　）年开发的。

A. 1985　　　　B. 1986　　　　C. 1987　　　　D. 1988

35. 隐喻和象征的区别在于（　　）。

A. 前者是小范围的，后者是广义的　　B. 前者是广义的，后者是小范围的

C. 前者是随机的，后者是系统的　　　D. 前者是系统的，后者是随机的

36. 下列关于粘贴画疗法的说法中，错误的是（　　）。

A. 粘贴画疗法起源于日本

B. 粘贴画疗法是为了简化箱庭疗法而出现的

C. 粘贴画疗法需要对隐喻和象征进行解读

D. 粘贴画疗法是针对儿童的

37. 心理刮痧疗法属于（　　）。

A. 侧重分析的艺术疗法

B. 侧重艺术表达的艺术疗法

C. 以文化呈现和转化为主的艺术疗法

D. 侧重于问题解决的艺术疗法

38. 心理刮痧中，树上的四种果子分别象征（　　）。

A. 发生过的重要的事情、去过的地方、遇到过的人、用过的重要的物品

B. 发生过的重要的事情、出生的地方、遇到过的人、用过的重要的物品

C. 原生家庭、去过的地方、遇到过的人、用过的重要的物品

D. 原生家庭、出生的地方、遇到过的人、用过的重要的物品

39. 心理刮痧疗法的理论基础是（　　）。

A. 人本主义思想　　　　　　　　B. 存在主义哲学

C. 文化心理学理论   D. 民族心理学理论

40. 心理刮痧疗法属于（　　）。

A. 色彩绘画疗法   B. 空间绘画疗法

C. 家庭文化绘画疗法   D. 文化符号绘画疗法

41. 十年绘画疗法属于（　　）。

A. 空间绘画疗法   B. 时间绘画疗法

C. 家庭文化绘画疗法   D. 文化符号绘画疗法

42. 十年绘画疗法的十年是指（　　）。

A. 过去的十年   B. 未来的十年

C. 过去和未来的十年   D. 人生最初的十年

43. 涂鸦的特征不包括（　　）。

A. 是可解读的   B. 可以作为投射测验

C. 具有隐蔽性   D. 不属于艺术范畴

44. 以下不属于涂鸦的操作过程的是（　　）。

A. 分为自我涂鸦和交互涂鸦   B. 一定要画够 20 分钟

C. 涂鸦后可以进行自我分析   D. 成员之间进行交互的涂鸦

45. 在交互涂鸦中，下列行为错误的是（　　）。

A. 对自己的主观感受有所保留，注重二人的互动

B. 不要强行分析对方的涂鸦

C. 涂鸦比较随性，但不可有交融

D. 恰当地进行双方感受的交融

46. 心理二维码技术的重要性在于（　　）。

A. 它是一种以分析为主的艺术绘画疗法

B. 可以帮来访者聚焦当前问题

C. 可以帮来访者全面地了解自己

D. 可以借助绘画发泄情绪

47. 心理二维码中有（　　）元素。

A. 10 种   B. 9 种   C. 6 种   D. 8 种

48. 在艺术治疗中，咨询师应该做到的不包括（　　）。

A．尊重来访者，做到完全客观

B．接纳来访者，建立良好的咨访关系

C．尽量不去施加任何影响

D．在保证积极的情况下，适当施加影响

49．在绘画治疗中，恰当的绘画时机是（　　）。

A．治疗一开始就进行绘画　　　　B．治疗开始一定时间后才开始绘画

C．得到来访者的信任后开始绘画　　D．以上皆不是

50．绘画心理治疗技术的作用不包括（　　）。

A．情感表达　　　　　　　　　　B．反映潜意识

C．将思维内容视觉化　　　　　　D．在短期内迅速达到治疗目标

参考答案

一、单选题

1. B	2. A	3. C	4. D	5. D
6. A	7. B	8. C	9. B	10. B
11. D	12. D	13. B	14. D	15. D
16. B	17. A	18. B	19. D	20. B
21. C	22. D	23. C	24. D	25. C
26. D	27. A	28. C	29. B	30. D
31. A	32. B	33. C	34. C	35. A
36. D	37. C	38. A	39. C	40. D
41. B	42. C	43. D	44. B	45. C
46. C	47. B	48. C	49. C	50. D

第十九章　积极心理咨询技能知识习题

一、单选题

1. 积极心理学技术的理论根据是（　　）。

A. 人本主义　　　B. 行为主义　　　C. 精神分析　　　D. 格式塔

2. 积极心理学在中国受（　　）文化影响。

A. 儒家　　　　　B. 道家　　　　　C. 法家　　　　　D. 墨家

3. 以下（　　）是积极情绪。

A. 自豪　　　　　B. 冷静　　　　　C. 生气　　　　　D. 骄傲

4. 暖身阶段操作技术一般的时长是（　　）。

A. 2~3 分钟　　　B. 5~10 分钟　　C. 10~15 分钟　　D. 1 分钟以内

5. 九宫格统合绘画法是（　　）在（　　）年发明的。

A. 森谷　1983　　B. 冯特　1879　　C. 莫里诺　1937　D. 勒温　1935

6. 九宫格的技术受到（　　）文化的影响。

A. 金刚界曼陀罗　B. 动力学　　　　C. 心理剧　　　　D. 进化论

7. 九宫格绘画的顺序是（　　）。

A. 随便画

B. 从上到下

C. 从左到右螺旋式，中心为最后

D. 从右到左螺旋式，中心为最后

8. 生命中的贵人技术属于（　　）模式。

A. 表达性艺术治疗模式　　　　　　　B. 体验式团体教育模式

C. 文化动力团体心理治疗模式

9. "一个人的成功，只有 15% 是由于他的专业技术，而 85% 要靠人际关系和他的待人处事能力"这句话是（　　）说的。

A. 卡耐基   B. 马丁·塞利格曼

C. 丁瓒   D. 罗杰斯

10. 王婆卖瓜技术的核心理念是（   ）。

A. 让人表现自己   B. 通过演讲训练，树立自信

C. 考察表演能力   D. 考察营销的能力

11. "镜中我"技术的理论根据是（   ）。

A. 马斯洛需求层次理论   B. 马丁. 塞利格曼的积极心理学理论

C. 弗洛伊德的精神分析理论   D. 罗杰斯的人本主义理论

12. 心理学家做过调查，（   ）品质最受人欢迎。

A. 真诚   B. 热情   C. 勇敢   D. 幽默

13. "桃花朵朵技术"的核心思想是（   ）。

A. 自我认同   B. 人际关系   C. 文化动力   D. 社会性

二、多选题

1. 积极心理学技术运用在（   ）模式中。

A. 问题模式   B. 积极干预模式   C. 支持模式   D. 中性模式

2. 积极心理学在社会应用过程中要实现的功能是（   ）。

A. 培育积极情绪   B. 提升积极品质   C. 改善人际关系   D. 转化积极意义

3. 积极心理学研究的三个方面是（   ）。

A. 积极情绪   B. 积极性个体的个性特质

C. 积极的社会制度   D. 积极的社会关系

4. 以下属于积极情绪的是（   ）。

A. 快乐   B. 兴趣   C. 满足   D. 爱

5. 下面（   ）是积极情绪培育的技术。

A. 963 品质练习   B. 桃花朵朵开   C. 替身描述   D. 情绪画

6. 963 技术的特点及优势是（   ）。

A. 客观性   B. 可操作性   C. 浓缩性   D. 可量化

7. 积极意义提升利用的载体形式主要有（   ）。

A. 绘画　　　　　　B. 舞蹈　　　　　　C. 石头　　　　　　D. 故事

8. 九宫格技术的特点是（　　）。

A. 同以往的绘画法相比，信息量显著增加

B. 用于推断心理状况是十分合适的

C. 信息量是人的短期记忆容量能够容纳的，有把握整体的感觉

D. 可以确定主题，描画对象的范围比其他旧有的描画法扩大许多

9. 心理刮痧技术的理论是基于（　　）。

A. 中医文化　　　　　　　　　　B. 身体与心理相通

C. 心理与中医文化的结合　　　　D. 身心统一的原理

10. 生命中的"贵人"技术的操作步骤是（　　）。

A. 呈现　　　　　B. 表达　　　　　C. 转换　　　　　D. 升华

11. 个体对生命成长过程中的创伤性经历和人物事件进行整理需要（　　）。

A. 接纳一部分　　B. 消除一部分　　C. 保留一部分　　D. 升华一部分

12. 冥想技术的优势是（　　）。

A. 增加人们的积极情绪和情感　　B. 认知能力也能产生积极影响

C. 缓解压力感等不良情绪　　　　D. 提高学习、工作效率

13. 感恩技术的优势是（　　）。

A. 拓宽认知的范围，建构持久性的个人资源

B. 激励感恩者自己的道德和亲社会行为

C. 能强化道德行为

D. 强化慈善行为，提升幸福感

14. 感恩主题的技术有（　　）。

A. 感恩拜访　　B. 感恩求助　　C. 感恩帮助　　D. 生命的贵人

15. 塞利格曼提出幸福的五元素包含（　　）。

A. 积极情绪　　B. 投入　　　　C. 人际关系　　D. 成就

16. 积极心理学的六大美德包含（　　）。

A. 智慧与知识　　B. 勇气　　　　C. 仁慈和爱　　D. 正义

17. 戴高帽技术的特点及优势是（　　）。

A. 形象化　　　　B. 仪式感　　　　C. 象征性　　　　D. 滑稽有趣

18. "心理币技术"的特点与优势是（　　）。

A. 每个币都有数量，可量化

B. 圆形状，小巧好操作

C. 用经济手段进行心理资本建设，和生活接近

D. 颜色多，色调丰富，给人以美感

19. 心理资本提升的好处是（　　）。

A. 帮助个人维持心理健康，重建自信

B. 可以提升个人生活质量，促进个人身心和谐发展

C. 可以促进个人幸福，促进个人和他人的关系变得和谐

D. 可以让个人一直处于乐观心态

20. 以下技术（　　）是积极品质训练技术。

A. 戴高帽　　　　B. 王婆卖瓜　　　　C. 心理币　　　　D. 感恩拜访

21. 传统处理情绪的途径有（　　）。

A. 忍　　　　B. 发泄　　　　C. 自残　　　　D. 逃避

三、简答题

1. 什么是积极情绪？

2. 舞蹈技术的理论根据是什么？

3. 简述舞蹈技术特点及优势。

4. 简述"石头的故事"技术理念。

5. 简述感恩技术的作用。

6. 简述情绪脸谱技术的意义。

四、方案设计题

1. 请你设计一个培育积极情绪的方案，具体详细，不少于2000字。

2．请设计一个主题为"我的人生"方案设计，运用积极心理技术，具体详细，不少于 2000 字。

3．你接到了教育局的邀请要给教师进行心理培训。请设计一个提升教师心理资本的方案，要求运用积极心理技术，有理论根据，流程清晰，不少于 2000 字。

参考答案

一、单选题

1. A	2. A	3. D	4. B	5. A
6. A	7. D	8. A	9. A	10. B
11. A	12. A	13. A		

二、多选题

1. AB	2. ABCD	3. ABC	4. ABCD	5. ABCD
6. AB	7. ABCD	8. ABCD	9. ABCD	10. ABCD
11. ABCD	12. ABCD	13. ABCD	14. ABCD	15. ABCD
16. ABCD	17. AB	18. ABC	19. ABC	20. ABCD
21. ABD				

三、简答题

1. 积极情绪即正性情绪是指个体由于体内外刺激、事件满足个体需要而产生的伴有愉悦感受的情绪。

2. 具身认知为我们找到了很好的科学依据。我们每个人的生态统一需要认知、身体以及环境的和谐，身体同时也镶嵌于环境，所以我们往往通过身体来与环境进行互动，从而达到身心合一。

所以，我们的身体是和认知密切相关的，情绪和认知也是分不开的，认知系统通常会控制情绪系统。詹姆斯－兰格理论甚至认为，情绪体验的产生来源于身体的生理反应，情绪是对身体变化的直觉，我们哭泣是因为悲伤，我们微笑是因为开心。通过肢体语言来传送我们的情感，利用身体与环境的互动来表达我们的情绪，可以改善我们的认知，释放我们的情绪，用身体唱歌，来释放自己的灵魂。

3. 运用舞蹈来释放心灵。舞蹈的优势就是轻松自在随意。每个人展现自己最快乐的状态，不管是什么肢体动作，只要是自己喜欢的就好，把这种快乐的语言传给在场的每一个人，大家都会不自觉地附和起来，使整个现场沸腾起来，那些压抑、烦恼、烦躁、愤怒都可以在不知不觉中被蒸发掉。

4. "重要他人"最先是由美国社会学家米尔斯提出的一个概念。他是在乔治·米德有关"自我发展"的理论上提出的。在国内，顾明远从人的全面发展的角度加以界定，重要他人是指对个体自我发展（尤其是儿童时期）有重要影响的人和群体，即对个人智力、语言及思维方式的发展和行为习惯、生活方式及价值观的形成有重要影响的父母、教师、受崇拜的人物及同辈群体等。

"石头的故事——重要他人"通过团体成员为自己的石头设计人生路线，带领成员回顾成长中的亲密关系，感受在成长历程中与不同人发生的关系和距离，找出影响自我最深的人。

5. 感恩是积极人际关系中一个重要的积极情绪，但也是现代社会比较缺失的一种美德。所以充分激发个体中的真善美就是人际感恩的重中之重。我们创作的技术，就是充分挖掘人性中的积极方面，使个体能真正从与他人的交往中感受到自我存在的价值以及他人对自己的重要影响，从而建构更和谐的人际关系和生命的意义。

6. 脸谱艺术作为传统文化，通过其造型和颜色、图案，就可以明确告诉欣赏者这个人物的性格特征和道德伦理。由于其色彩鲜明，图案多变，形成了强烈的艺术刺激，可以使观众兴奋，帮助其宣泄情绪。这个脸谱就是人物内心的写照，就是自己此刻的面部表情。我们在情感上和认知上都比较容易接受这种工具性的表达。因为它是有文化底蕴的，这是我们对传统文化的认同。所以通过脸谱来与情绪自我对话，既有文化基因，又有现实意义。

四、方案设计

答案略。

第二十章　危机干预与哀伤辅导习题

一、单选题

1. （　　）是一种对事件和情境的认知或体验，认为所面临的困难事件或情境超过了现有资源和应对机制，可能会引起严重的情绪、行为和认知功能障碍，甚至导致来访者或他人出现伤害和致命行为。

A. 态度　　　　　B. 危机　　　　　C. 创伤　　　　　D. 解离

2. 危机的特征是（　　）。

A. 危险与机遇并存　　　　　　B. 成长与变化的机缘

C. 选择的必要性　　　　　　　D. 以上都是

3. （　　）指对处在心理危机状态下的个人采取明确有效的措施，使之最终战胜危机，重新适应生活。

A. 认知模式　　　B. 平衡系统　　　C. 应激反应　　　D. 危机干预

4. 危机干预工作者在工作时，要做到对个体在（　　）上的有效干预。

A. 需求　　　　　B. 信仰　　　　　C. 文化　　　　　D. 宗教

5. "悲伤的行为是正常的、暂时的，并且可以通过短期的危机干预进行治疗"属于（　　）理论。

A. 扩展危机理论　B. 基本危机理论　C. 应用危机理论　D. 人际关系理论

6. （　　）是指伴随着重要的人生问题，如关于人生目的、责任、独立性、自由和承诺等出现的内部冲突和焦虑。

A. 发展性危机　　B. 存在性危机　　C. 情境性危机　　D. 生态系统危机

7. （　　）在于帮助人们重新获得危机前的平衡状态，稳定的、自控的、能够动员心理资源的情绪状态。

A. 平衡模式　　　　　　　　　B. 认知模式

C. 心理社会转变模式　　　　　D. 发展生态学模式

8. （ ）是一种贯穿于整个危机过程之中的普遍策略，在危机干预中极其重要。

A. 承诺 B. 随访 C. 评估 D. 观察

9. （ ）使得干预工作者能够评估来访者在情感、行为和认知方面的运转受到损害的严重程度。

A. 严重程度量表 B. 提问技术 C. 指导性咨询 D. 分类评估系统

10. 对所有的心理咨询师，特别是危机干预工作者，准确和熟练的（ ）是一项必备的技能。

A. 尊重 B. 倾听 C. 共情 D. 觉察

11. 第一条电话危机干预热线由"美国国家联盟"于1906年创建，目的是进行（ ）预防。

A. 自杀 B. 暴力 C. 性骚扰 D. 艾滋病

12. 在提供多数危机干预服务时，（ ）是建立最初联系的最普遍媒介。

A. 书信 B. 电话 C. 电报 D. 面对面

13. 创伤性事件是非常事件，但并非是因为它们很少发生，而是因为它们破坏了普通人对生活的（ ）。

A. 能力 B. 选择 C. 希望 D. 适应

14. 危机总是伴随着失衡和解体，在一定的环境中，危机的（ ）表现为处于危机中的每个人都会崩溃。

A. 独特性 B. 特殊性 C. 普遍性 D. 一般性

15. 卡普兰认为，危机是一种（ ），造成原因是生活目标的实现受到阻碍，且用常规的行为无法克服。

A. 状态 B. 形式 C. 机遇 D. 挑战

16. 开放式提问通常以"是什么"（ ）"如何"来进行提问，或者让对方澄清、询问更多细节。

A. "哪一个" B. "是或否" C. "怎么样" D. "对或错"

17. 如果想从来访者那儿获取特定的、具体的信息，应采用（ ）提问。

A. 开放式 B. 反问式 C. 面质 D. 封闭式

18. 干预工作者对来访者说："想象一下，如果你这么做，那结果和你目前选择的这条路会有差别吗？"这属于危机干预行动中的哪一种？（ ）

A. 指导性咨询　　　B. 合作性咨询　　　C. 非指导性咨询　　D. 策略性咨询

19. 心理危机干预的主要目的：一是避免自伤或伤及他人，二是恢复（　　）。

A. 心理能量　　　　　　　　B. 心理平衡与动力

C. 元气　　　　　　　　　　D. 心态

20. （　　）创伤不可预防、难以预料，对它有接受性，而（　　）创伤更多是人为因素导致，一旦发生，会造成较大的心理创伤。

A. 人际　Ⅰ型　　　B. Ⅱ型　非人际　　C. 非人际　人际　　D. Ⅰ型　Ⅱ型

21. 一切能引发患者重复经历创伤性事件的刺激线索称为（　　）。

A. 诱因　　　　　B. 扳机　　　　　C. 再体验　　　　D. 刺激源

22. 重建创伤记忆，对患者的自我、人际关系和社会功能进行连接、整合和修复，属于（　　）治疗。

A. 眼动脱敏　　　B. 心理动力　　　C. 再加工　　　　D. 精神分析

23. 小王与相处三年的女友分手了，最近情绪低落，甚至萌发了自杀的想法。针对小王的情况，需要进行（　　）。

A. 危机干预　　　B. 哀伤辅导　　　C. 心理干预　　　D. 支持与陪伴

24. 晓玲的丈夫因车祸去世一个月了，每到吃饭时，她总为丈夫摆上碗筷，还不停地说：你要多吃点。根据库博-罗斯的哀伤阶段模式，晓玲处于（　　）阶段。

A. 否认　　　　　B. 愤怒　　　　　C. 妥协　　　　　D. 接受

25. 复述应该针对的是危机事件的（　　）。

A. 感受　　　　　B. 想法　　　　　C. 情绪　　　　　D. 内容

二、多选题

1. 富有成效的危机干预工作者需具备（　　）特征。

A. 生活经验　　　B. 泰然自若　　　C. 灵活性　　　　D. 自信

2. 以下属于发展性危机的是（　　）。

A. 青春期困惑　　　B. 地震　　　　C. 中年生活改变　D. 交通事故

3. 危机干预的模式分为（　　）。

A. 平衡模式　　　　　　　　B. 认知模式

C. 心理社会转变模式　　　　　　　D. 发展生态学模式

4. 以下（　　）属于危机干预的策略。

A. 允许宣泄　　　B. 提供支持　　　C. 集中精力　　　D. 促发能动性

5. 根据罗杰斯的观点，最有效的助人者能为当事人的成长提供（　　）三个条件。

A. 共情　　　　　B. 真诚　　　　　C. 尊重　　　　　D. 接纳

6. 危机干预工作者通过对来访者的能动性进行有效和真实的评估，来决定自己行动和参与的程度，采取（　　）中的一种或几种。

A. 指导性咨询　　B. 合作性咨询　　C. 非指导性咨询　D. 策略性咨询

7. 分类评估系统使干预工作者能够评估来访者在（　　）、（　　）和（　　）方面的运转受到损害的严重程度。

A. 情感　　　　　B. 行为　　　　　C. 认知　　　　　D. 需要

8. 电话作为危机干预工作的重要组成部分，具有（　　）特点。

A. 方便性　　　　B. 匿名性　　　　C. 及时性　　　　D. 成本低

9. 生活事件能否成为创伤事件，主要取决于（　　）。

A. 个体的易感性　　　　　　　　　B. 事件的严重程度

C. 个体的人格特质　　　　　　　　D. 事件的重要性

10. 以下属于非人际创伤的是（　　）。

A. 地震　　　　　B. 交通事故　　　C. 家庭暴力　　　D. 海啸

11. 心理创伤按来源分为（　　）和（　　），二者有一定的关联性。

A. 非人际创伤　　B. 人际创伤　　　C. Ⅰ型创伤　　　D. Ⅱ型创伤

12. 泰尔将发生在成年期的一次性创伤称为Ⅰ型创伤，包括（　　）。

A. 急性应激障碍　　　　　　　　　B. 创伤后应激障碍

C. 适应障碍　　　　　　　　　　　D. 躯体化障碍

13. 随着时间的推移，创伤状态会渗透进那些没有自行消化创伤经历的受害人的（　　）等方方面面。

A. 主观解释　　　B. 客观解释　　　C. 认知模式　　　D. 行为模式

14. 艺术创作治疗也是近些年来比较流行并取得一定成效的方法，包括（　　）等表达方式。

A. 绘画　　　　　B. 舞蹈　　　　　C. 阅读　　　　　D. 叙事

15．1977 年荣格提出，最有效的帮助者是那些为来访者提供（   ）的干预工作者。

A．尊重　　　　　B．共情　　　　　C．真诚　　　　　D．接纳

三、简答题

1．简述危机干预的基本步骤。

2．简述电话咨询的策略。

3．简述危机干预中倾听的四要素。

4．简述哀伤的五个阶段。

5．简述哀伤辅导的步骤。

四、论述题

1．结合实际案例阐述心理创伤的含义及急慢性心理创伤的表现。

2．运用表达性艺术治疗的手法，结合自身的人生经历，画出自己的命运体验线路图，分析自己的特殊人生体验，你如何看待危机事件及心理创伤。

参考答案

一、单选题

1．B	2．D	3．D	4．C	5．B
6．B	7．A	8．C	9．D	10．B
11．A	12．B	13．D	14．C	15．A
16．C	17．D	18．C	19．B	20．C
21．B	22．B	23．B	24．A	25．D

二、多选题

1．ABCD	2．AC	3．ABCD	4．ABCD	5．ABD
6．ABC	7．ABC	8．ABCD	9．AB	10．ABD
11．AB	12．ABC	13．ACD	14．ABCD	15．BCD

三、简答题

1．危机干预的基本步骤：

默认的首要任务：确认安全、倾向性/卷入/初次接触、问题探索、提供支持、寻找替代方案、制订计划、获得承诺、随访。

2．电话咨询的策略：

建立心理接触、界定问题、确保安全和提供支持、探讨替代方案并制订计划、获得承诺。

3．倾听的四要素：

（1）认领表达，明确告诉来访者自己将要做什么。

（2）准确地听到了来访者所表达的事实和情绪。

（3）促使来访者做出回应，促使来访者清楚自己的感受、动机、选择。

（4）帮助来访者理解危机所造成的全部影响。

4．哀伤的五个阶段：

否认、愤怒、妥协、抑郁、接受。

5．哀伤辅导的步骤：

（1）帮助丧失者接纳丧失的事实。

（2）识别和表达伤痛的情绪和感受，给丧失者提供一个表达哀痛的安全空间，帮助丧失者将情绪从已故者身上撤回来，通过"仪式"与哀伤告别。

（3）调整和适应失去至亲的生活。

（4）生活重回正轨。

四、论述题

1. 心理创伤是由突发的或持续的生活事件引发的心理问题和心理障碍。

泰尔将心理创伤分为Ⅰ型和Ⅱ型心理创伤。

Ⅰ型创伤，即急性心理创伤，表现为：①对创伤事件有完整、详细的记忆，记忆中或许有差错，但这种创伤是永远忘不了的，形成创伤后应激障碍（PTSD）。②寻找解释，进行认知再评价，通俗说就是狡辩，但这种狡辩是患者目前最能接受的方式。更高层次的评价就是改写体验，最后就是不解释。③感知错误，即发生了相同的事件，每个人的体验和感受不同。

Ⅱ型创伤，即慢性心理创伤，表现为：①否认、心理麻木、回避谈论自己、对痛苦无动于衷。②自我催眠与分离。借此自行解脱，但往往会形成人格障碍。③愤怒，包括对自己的愤怒。愤怒及其不良的后果代替信任并出现其心理结构，即没有了信任的能力，经常以愤怒的方式来表达。

2. （1）危机是机遇，是变化的临界点，意味着更大的变化、更深度的体验，一个前所未有的可能性。

（2）创伤是第一生产力，挑战更可能的自己，让人类的生命之花绽放得更精彩。

（3）创伤与体验，改写过去的不良体验，塑造未来的积极体验。

第二十一章　文化视角下的心理咨询技能习题

一、单选题

1. 本会团体是（　　）提出并倡导的一种团体心理咨询理念。

A. 罗杰斯　　　　B. 冯特　　　　C. 韦志中　　　　D. 普莱尔

2. "设身处地的理解"的含义是从（　　）的角度去知觉世界，并表达出来。

A. 咨询师　　　　　　　　　　B. 咨询师与求助者

C. 求助者　　　　　　　　　　D. 以上全对

3. 团体心理咨询是在（　　）情境中提供心理帮助与指导的一种心理咨询与治疗的形式。

A. 个体　　　　B. 社区　　　　C. 团体　　　　D. 社会

4. 团体心理咨询与个别心理咨询均强调助人自助，都在于帮助个人解决问题、减除困扰、缓解症状。这是指（　　）之处。

A. 目标相似　　　B. 对象相似　　　C. 原则相似　　　D. 技术相似

5. 据统计，有关"文化"的各种不同的定义至少有（　　）多种。

A. 一百　　　B. 二百　　　C. 三百　　　D. 五百

6. 人类学家（　　）（1871）认为："文化或文明，就其广泛的民族学意义来讲，是一复合整体，包括知识、信仰、艺术、道德、法律、习俗以及作为一个社会成员的人所习得的其他一切能力和习惯。"

A. 马斯洛　　　B. 詹姆斯　　　C. 泰勒　　　D. 罗杰斯

7. "文化是一种精神价值，以及与之相呼应的生活方式，它的最终成果是集体人格。"这是我国著名文化学者（　　）先生对文化的定义。

A. 鲁迅　　　B. 余秋雨　　　C. 莫言　　　D. 冰心

8. "文化是由一个大群体共享的并代代相传的东西——观念、态度、行为和传统。或者同一社会群体的人，长期在传统与学习环境下所形成的带有独特性的思维、信念与生活模式。" 这是（ ）给文化下的定义。

　　A．自然科学　　　B．心理学　　　　C．社会学　　　　D．文学

　　9．一个人的成长受到文化的影响，这种影响首先来自（ ）文化模式。

　　A．个人　　　　　B．社会　　　　　C．学校　　　　　D．家庭

　　10．（ ）被称为心灵修复的先行者。

　　A．文字　　　　　B．音乐　　　　　C．舞蹈　　　　　D．绘画

　　11．（ ）治疗认为身心是合而为一的，身体动作反映个人心理状态、内在冲突与情绪，期望以具体的肢体动作表达或传达心理或情绪上难以言喻的历程。

　　A．音乐　　　　　B．故事　　　　　C．舞蹈　　　　　D．绘画

　　12．当一些小组组员垄断小组讨论时，当组员的发言太抽象时，当小组讨论脱离主题范围时，导师要采取（ ）的手段来处理小组或小组成员的行为。

　　A．沉默　　　　　B．限制　　　　　C．中立　　　　　D．鼓励

　　13．（ ）的技巧是指适时在小组中形成真空，使组员自己进行判断；在接受意见和建议后，请组员自己进行判断。

　　A．沉默　　　　　B．限制　　　　　C．中立　　　　　D．鼓励

　　14．团体心理咨询独有的特点不包括（ ）。

　　A．多向沟通　　　　　　　　　B．反馈不足

　　C．提高咨询的效率　　　　　　D．结果容易迁移到日常生活

　　15．团体心理咨询目标的功能不包括（ ）。

　　A．计划作用　　　B．评估作用　　　C．导向作用　　　D．聚焦作用

　　16．开放式团体的特点是（ ）。

　　A．团体有凝聚力　　　　　　　B．彼此熟悉

　　C．目标容易达成　　　　　　　D．团体中成员会有所变化

　　17．团体成员在团体心理咨询过程中表现出依恋感、珍惜感等情绪，此时的团体处在（ ）阶段。

　　A．工作　　　　　B．过渡　　　　　C．起始　　　　　D．结束

　　18．初创阶段常见的团体成员的反应不包括（ ）。

　　A．接纳和体谅　　B．恐惧或焦虑　　C．小心翼翼　　　D．担心不被人接纳

　　19．团体过渡阶段的任务不包括（ ）。

A．减少成员对领导者的依赖

B．了解并指出成员冲突的真实寓意

C．创造一个有利于建立信任感的环境

D．暂时处理成员的焦虑与期待

20．咨询师在团体工作阶段的主要任务不包括（　　）。

A．善用团体的资源　　　　　　　B．营造信任的团体气氛

C．鼓励成员尝试新的行为　　　　D．鼓励成员探索个人的感受

21．在团体咨询的工作阶段，团体成员的反应不包括（　　）。

A．充满了安全感　　　　　　　　B．积极的开放自我

C．愿意探索问题和解决问题　　　D．彼此难以谈论自己或别人的心理问题

22．在确定团体目标的准备工作中，团体目标的考虑不包括（　　）。

A．团体目标是否清晰可测

B．方案设计与实施前是否可预期咨询的成效

C．团体的任务与功能是什么

D．过去的同类方案是否适合运用在本次团体中

23．确定团体规模主要应该考虑的因素有（　　）。

A．团体咨询的目标　　　　　　　B．团体咨询的人数

C．团体咨询的领导者　　　　　　D．团体咨询的评估方案

24．常用的团体练习种类不包括（　　）。

A．绘画运用　　　B．感受表达　　　C．纸笔联系　　　D．角色扮演

25．在团体咨询开始时，招募团体成员最常用且最便捷的方法是（　　）。

A．通过班主任老师的推荐

B．通过课堂教师的演讲来宣传和招募

C．通过张贴海报等宣传品

D．通过相关的机构转介而来

二、多选题

1．文化动力治疗小组工作的过程可以分为（　　）。

A. 准备阶段　　　　B. 开始阶段　　　C. 中期转折阶段　D. 后期成熟阶段

E. 结束阶段

2. 导师招募的成员包括（　　）。

A. 主动寻求帮助的某些人员

B. 已提供过咨询服务的某些对象

C. 其他机构转介来的特定服务对象

D. 通过互联网、社区宣传栏等载体得知信息而主动报名参加的人员

3. 遴选和评估的要件主要包括（　　）。

A. 共同或相似的问题，或者有共同的兴趣和愿望

B. 年龄和性别

C. 文化水平及对某些问题的认识

D. 职业状况

4. 心理学研究采用的研究方法有（　　）。

A. 个案法　　　　B. 观察法　　　　C. 调查法　　　　D. 实验法

5. 小组工作的时间包含（　　）这几个方面的内容。

A. 工作的持续时间　　　　　　　B. 小组聚会的频率

C. 每次活动时间的长短　　　　　D. 小组开始和结束的时间。

6. 在小组工作的准备阶段，前期性的物质准备包括（　　）。

A. 小组活动场地的选择

B. 活动所需的座位安排

C. 准备活动所需的其他设施和辅助材料

D. 音乐

7. 兴趣的品质包括兴趣的（　　）。

A. 效能　　　　B. 倾向性　　　　C. 持久性　　　　D. 广阔性

8. 社会需要包括（　　）的需要。

A. 求知　　　　B. 成就　　　　C. 交往　　　　D. 饮食

9. 在小组的开始阶段，由于初入小组，组员往往不知道自己该做什么，故在心理和行为上会表现出以下特点（　　）。

A. 矛盾的心理与行为特征　　　　B. 小心谨慎与相互试探

C. 沉默而被动　　　　　　　　　D. 对导师没有依赖性

10. 后期成熟阶段是小组工作与活动的理想阶段。这一时期小组的特点主要表现为（　　）。

A. 小组的凝聚力大大增强　　　　B. 组员关系的亲密程度更高

C. 组员对小组充满了信心和希望　D. 小组的关系结构趋于稳定

11. 成熟阶段导师的工作任务主要包括（　　）。

A. 支持小组的良好互动

B. 协助组员从小组中获得新的认知

C. 协助组员把认知转变为行动

D. 协助组员解决有关问题

12. 组员自评有以下几方面的内容（　　）。

A. 参与小组的目标是否达到　　　B. 参加小组过程的感受如何

C. 小组的效能如何　　　　　　　D. 组员之间的互动过程

13. 本会团体文化动力心理治疗模式按照团体中主导的因素不同，可分为（　　）三种。

A. 技术主导　　　B. 导师主导　　　C. 动力主导　　　D. 学员主导

14. 小组讨论的事前准备包括以下几个方面（　　）。

A. 选择合适的主题　　　　　　　B. 选择合适的讨论形式

C. 安排活动的环境　　　　　　　D. 挑选合适的参与者

15. 音乐治疗的具体形式包括（　　）。

A. 音乐聆听　　　B. 音乐冥想　　　C. 音乐创作　　　D. 集体舞蹈

E. 身体语言

16. 文化心理成长技术的形式包括（　　）。

A. 绘画、音乐、舞蹈治疗　　　　B. 诗歌、故事、散文治疗

C. 心理剧　　　　　　　　　　　D. 宗教、民俗仪式化治疗

17. 孕育社会心理学的母体学科包括（　　）。

A. 文化人类学　　B. 社会学　　　C. 生物学　　　　D. 心理学

18. 符号互动论的代表人物包括（　　）。

A. 詹姆士　　　　B. 华生　　　　C. 米德　　　　　D. 凯利

19. 家庭的功能包括（   ）。

A. 教育功能   B. 经济功能   C. 感情交流功能   D. 性功能和生育功能

20. 一个典型的家庭生命周期包括（   ）。

A. 形成   B. 稳定   C. 扩展   D. 空巢

21. 爱情与喜欢的区别主要是（   ）。

A. 服从   B. 亲密   C. 利他   D. 依恋

22. 家庭结构的要素有（   ）。

A. 夫妻数量   B. 代际层次   C. 经济收入   D. 家庭成员的数量

23. 培养儿童成就动机应注意的问题包括（   ）。

A. 家庭教养方式   B. 正确的价值观

C. 强调成就、追求成就的社会氛围   D. 社会化是否顺利进行

24. 团体心理咨询具有的特殊功能包括（   ）。

A. 成员在接受其他参加者的帮助的同时，也会给予其他人帮助

B. 与咨询师建立特殊的治疗关系

C. 团体提供考验实际行为和尝试新行为的机会

D. 满足成员归属感的需要

25. 在团体初创阶段，咨询师的主要任务包括（   ）。

A. 澄清团体目标   B. 让成员坦诚地开放自己

C. 协助成员相互间尽快地熟悉   D. 订立团体规范

26. 团体初期确定团体规范应该包括（   ）。

A. 保密承诺   B. 与外界接触

C. 坦率、真诚   D. 对他人的表露提供反馈

27. 在团体过渡阶段，团体成员常见的反应有（   ）。

A. 尊重和信任领导者   B. 想冒险说出自己内心的话

C. 焦虑程度和自我防卫较低   D. 出现各种不同形态的抗拒心理

28. 在团体结束阶段，咨询师主要面临的任务有（   ）。

A. 给予成员更多的关心和信任

B. 给予成员心理支持

C. 协助成员整理、归纳在团体中学到的东西

D．鼓励成员将团体中所学的东西应用于日常生活

29．在团体结束阶段，由于分离在即，成员心中一般会（　　）。

A．害怕、孤独　　　B．充满离愁别绪　　C．珍惜、依恋　　　D．耿耿于怀

30．团体方案设计必须符合（　　）的要求。

A．过程的严密性　B．计划的合理性　C．操作的可行性　D．效果的可评价性

31．与个别心理咨询相似的团体心理咨询技巧包括（　　）。

A．倾听与同理心　B．自我暴怒　　　C．催化与联结　　　D．澄清与面质

32．团体咨询过程中运用团体练习可以达到（　　）的目的。

A．使员工互相帮助

B．活跃团体气氛，减低成员焦虑，促进成员投入团体

C．增加团体的趣味性和吸引力

D．有助于团体领导者有效地介入与工作。

33．团体初始阶段设计的重点包括（　　）。

A．设计深入的、私密"自我"的表露

B．多运用同理、反应、支持、倾听、澄清、增强等技巧

C．营造温馨气氛

D．拟订团体契约与规范

34．团体结束阶段设计的重点包括（　　）。

A．运用反应、反馈、评估、整合等技巧

B．活动设计上有深层次的自我暴露

C．让成员有机会回顾团体经验

D．处理离开团体的情绪与未完成的事项

35．每次团体活动应该包括的内容有（　　）。

A．主要活动　　　　B．热身活动　　　　C．评估活动　　　　D．结束活动

三、简答题

1．动力主导型小组中导师的作用是什么？

2．如何进行干预？何时进行干预？

3．动力主导模式中导师对一些简单技术的示范有没有必要？怎样才能算作动力型的小组？

4．动力型小组的发展阶段和文化特点是什么？

5．动力组和罗杰斯会心小组的异同是什么？

6．以技术为主导、以导师为主导和以动力为主导的三个小组有什么区别？

7．如何设计动力主导型的团体心理治疗小组？与其他小组设计要点有什么不同？

8．小组成员对待分离会如何表现？

9．与亚龙团体相比，文化动力团体心理治疗的疗效因子还有哪些？

10．为何团体导师在带领中会有失态的情况？

11．动力小组的团体动力发展有什么特点？

参考答案

一、单选题

1．C	2．C	3．C	4．A	5．B
6．C	7．B	8．B	9．D	10．C
11．C	12．B	13．A	14．B	15．A
16．A	17．D	18．A	19．D	20．B
21．D	22．D	23．A	24．B	25．C

二、多选题

1．ABCDE	2．ABCD	3．ABCD	4．ABCD	5．ABCD
6．ABC	7．ABCD	8．ABC	9．ABC	10．ABCD
11．ABCD	12．ABC	13．ABC	14．ABCD	15．ABCDE
16．ABCD	17．ABD	18．AC	19．ABCD	20．ABCD
21．BCD	22．ABD	23．AC	24．ACD	25．ACD
26．ACD	27．BD	28．BCD	29．ABC	30．BCD
31．ABD	32．BCD	33．BCD	34．ACD	35．ABD

三、简答题

1. 动力型小组中导师的作用主要有以下几方面：

（1）导师仍然需要做些引领而不能没有声音。如果导师不在这里，这就仅仅是支持性小组，而不是治疗小组。

（2）导师虽然存在，但需要适当淡化存在感。成员们最初在说话之前都会看导师，此时导师则不要做出表情。后面成员会减少对导师关注的频率，不再注意导师的态度。导师在场是一种支持，但不能让它沦为支持性团体。

（3）导师存在的负面影响没有了，就可以做真实的自己，剩下的是导师正性的东西。

（4）导师不能离开，因为治疗性团体随时会出现情况，导师需要进行危机干预。团体中或许会呈现出一些消极的东西，也许对团体成员不利，此时需要导师澄清。

2. 干预模式应该为小组开始时引领、中间阶段进行方向矫治、最后展望未来方向的"3+1"的带领模式，再留一次危机干预的机会。罗杰斯的干预模式是"1+0"，存在本身就是疗效因子。

3．要给些示范、方法和技术。动力组应该有5%的预先设置和规则、5%的演示、5%的技术、5%的把握动力方向，整体强化程度控制在30%之内。技术主导的导师以"在左右"陪伴为主，导师主导模式中导师则主要在后面推动。导师、技术、场动力型的小组中三种成分的重要性依次是导师、技术、动力。每种主导方式都有这三种主导成分，只是比重不同。动力组的场主导性更大。动力组中的"此时此地""老等"等技术是导师常用的，旨在教会成员如何听、如何说，此外还会给出讨论的主题。导师和技术强化成分都在30%以下，就是动力主导，不再是纯会心团体。

4．动力型小组的发展阶段和文化特点：

会心团体会有集体无助期——无方向、无目标、无效果。在不同的发展阶段，因为动力呈现螺旋上升，可以有戴墨镜时期、真相期、无助期、方向期、成长期、淡定期。与其他精神动力小组、人本主义小组、行为主义小组不同，动力小组要避免成为认知行为上的教育。人本主义强调的是爱和温暖，动力小组要插入文化符号的问题。如父亲母亲这样的文化符号，实现"人本＋文化符号"的模式。当前国内多是以导师主导为主的"会心＋技术"的模式，或者"会心＋认知＋行为"的模式，或者是"会心＋教育"的模式。

5．动力组和罗杰斯会心小组的异同：

两者不同的地方主要是在于不同文化下人们心理特点的不同：罗杰斯小组治疗中导师几乎完全不干预，也不参与，甚至导师都可以离开现场。中国人人格中他人比重大，自我比重小，自发性低，自我主张不直接表达，习惯性地等待被权威引领，因此罗杰斯小组中导师完全不强化可能造成成员无所适从，至少一开始会如此。

两者相同的地方是，正如人本主义所发现和主张的：当人们发现环境是安全的、可信的之后，就能逐渐降低防御、敞开自我、开始成长，无论中国人还是外国人都是一样，并最终达到会心状态。

6．技术主导小组围绕表达和升华，要有澄清和表达、讨论与处理、转换与升华、核心技术，一个完整的阶段通过3~4次会谈完成。导师主导小组则围绕问题，发现和寻找问题、解决和处理问题、积极干预，如相互帮助、感恩拜访、引向未来等。动力主导小组则围绕我们讨论什么问题。从动力型的团体发展情况来看，人际关系方面有个重要环节是重要他人。父母和伴侣，每个关系谈两次共需要四次，八次的话还有其他东西要谈，还要谈谈小组内的关系。本土文化的模式下，中国人不太愿意谈自己的事情。正因为有这种文化性，在设置时更应该在这方面进行干预。在话题方面，成员可以谈谈贵人、亲密关系、小组、我们和自己的关系等，所以会谈次数至少要 12 次以上。

7. 动力型的团体动力是螺旋式上升，有时低有时高，有时看似平淡，其实是在进步。建议时间的设置上每一次压缩到 1 小时，次数可以增加到 24 次。导师的主导上面，从一开始就只做规则干预、目标干预和突发事件干预，除此之外不要干预。建议做 20% 的强化干预，80% 让小组现象自然发生。团体中一定有人退出，因此应增加押金和缺席迟到成本。要注意更细化和强化设置，以及时间调整，并了解导师干预的原则。选择成员时要和进入导师组的区分开来，导师组经历了生活中的重要事件，导师主导型的时间短一些，问题更有针对性。动力组是对人潜移默化的影响，导师组是直接突击，技术组是学习相互之间发力。技术组必须相互之间运用技术，要排兵布阵，要有交互性的技术，组员之间相互作用，才能保证动力上往前推进。

8. 对于分离，成员会在潜意识之间自主地做一些处理。分离焦虑应对得越早，团体动力就越强。分离焦虑的表现形式不同：有的是一种隔离的方式，我和你没关系了，就不痛苦了；或者自己能盯上两个人，和他们保持联系，那就可以了；或者变成老油条，满不在乎。

9. （1）我们都一样：指的是普遍性。但是跟文化有关系，文化不分优劣，任何文化体系下都可能会产生心理问题。

（2）我们东方人和西方人不一样：中国人容易出现同而不和的情况，此时我们没有保留自我。当团体里的每个人开始有"自己"，并能感觉到自己和别人不同时，就是成长了。

（3）我们在一起：把大家放在一起来就是有意义的。

（4）我们不在一起，每个人有自己的生活，有个体能动的适应性，用社会文化来看疗效因子。

10. 有成员表示："今天老师很主观、愤怒。他在点评的时候，让别人感觉'我是不是有什么问题'，动力组导师突然这样让我们感到紧张。"导师在带领团体的过程中有几种角色——团体带领者（受过专业训练）、导师本人、导师的内在小孩。导师主导组中更多的是专业导师和导师本人出来参与，所以容易受欢迎。技术组中导师的三个身份都不清晰，因为导师的主要作用是运用技术工具，由于动力不强，导师的内在小孩也不会出来。动力组中导师能发挥的空间有限，成员们当然也会移情，想引起导师的注意。这些现象被导师的内在小孩看到了，导师的内在小孩就会跑出来。如果导师管不住自己的小孩，就会出现失态。因此，最好通过设置来过滤掉导师可能会影响到小组的情况。

11. 动力是螺旋式上升的趋势，是走三步退两步的成长。动力不会一直越来越强，而是波动的，但总体是朝向更强的方向发展。有问题时就把问题解决了，没有问题时反而可以螺旋式上升。同时动力是网状的，不是按规定般地轮流发言。一个成员主动分享故事之后会发生多种可能，或询问或教育或共情或讲自己的故事等。

第七部分　个体心理服务习题

第二十二章　婚恋关系咨询习题

一、单选题

1. "我宁愿自己吃苦，也不让自己爱的人受苦"，这是一种（　）的爱情。

A. 游戏式　　　　B. 激情式　　　　C. 利他式　　　　D. 逻辑式

2. "有时我不得不回避我的情人们，以免他们互相发现"，这是一种（　）爱情。

A. 逻辑式　　　　B. 游戏式　　　　C. 利他式　　　　D. 激情式

3. "双方在共同的目标下勤勤恳恳地生活和工作"的夫妻属于（　）的夫妻类型。

A. 爱情型　　　　B. 平等合作型　　C. 建设型　　　　D. 一体型

4. 婚姻的主要动机不包括（　）。

A. 学习　　　　　B. 经济　　　　　C. 繁衍　　　　　D. 爱情

5. 夫妻和未婚子女组成的家庭属于（　）。

A. 核心家庭　　　B. 主干家庭　　　C. 联合家庭　　　D. 其他家庭

6. 婚姻关系的本质在于它的（　）。

A. 社会性　　　　B. 激情性　　　　C. 经济性　　　　D. 繁衍性

7. 作为一个群体，它是社会的细胞，是社会生活的基本单位，这指的是（　）。

A. 家庭　　　　　B. 学校　　　　　C. 单位　　　　　D. 参照群体

8. 在斯坦伯格的爱情三角中，一见钟情属于（　）。

A. 空洞爱　　　　B. 迷恋爱　　　　C. 愚蠢爱　　　　D. 浪漫爱

9. 关于爱情，下列说法中错误的是（　）。

A. 幼儿也有爱情体验

B. 爱情的基本倾向是奉献

C. 爱情是一种高级情感，不是低级情绪

D. 爱情有生理基础，包括性爱因素

10. 双方高度关怀对方的情感状态，觉得让对方快乐和幸福是自己义不容辞的责任，这是（　　）的特点。

A. 爱情　　　　　B. 依恋　　　　　C. 喜欢　　　　　D. 单相思

11. "如果我怀疑我爱的人跟别人在一起，我的神经就会紧张"，这是（　　）的爱。

A. 好朋友式　　　B. 占有式　　　　C. 浪漫式　　　　D. 迷恋式

12. 处于（　　）中的人，不能忍受爱人的冷落和背叛，希望和对方融为一体。

A. 激情爱　　　　B. 友谊爱　　　　C. 伙伴爱　　　　D. 游戏爱

13. 和求助者建立关系，首先要（　　）。

A. 沟通　　　　　B. 倾听　　　　　C. 疏导　　　　　D. 共情

14. 焦点咨询技术特别擅长看见来访者（　　），从一开始就能澄清目标，不把来访者的问题当作问题。

A. 问题　　　　　B. 优势　　　　　C. 劣势　　　　　D. 状况

15. 叙事的背后隐藏着特定文化和习惯，这些习以为常的观念也许是来访者问题的建构者，探索特定文化就是让来访者看到自己的（　　）是如何被特定文化建构的。

A. 优势　　　　　B. 劣势　　　　　C. 问题　　　　　D. 状况

16. 共情的第一步需要（　　）。

A. 澄清　　　　　B. 回应　　　　　C. 引导　　　　　D. 表达

17. "没事早点回来"这是（　　）。

A. 请求　　　　　B. 命令　　　　　C. 期待　　　　　D. 需要

18. 咨询师（　　），符合爱情困惑与心理障碍的心理咨询原则。

A. 只以理性逻辑加以判断　　　　　B. 只以感性体验加以判断

C. 只以悟性反应加以判断　　　　　D. 避免刻板的理性逻辑

19. （　　）属于理解婚姻问题的三个要点。

A. 情爱、理解和相互依附　　　　　B. 生理、心理与社会

C．生物属性、精神属性与社会关系　　D．个人、集体与社会

20．关于家庭心理咨询的主要原则，下列说法中错误的是（　　）。

A．不要以自己的价值观来揣摩求助者

B．敢于判断破裂家庭或死亡婚姻

C．将问题具体化

D．尽量坚持夫妻双方同时参加咨询

21．心理咨询的总体任务是为达到（　　）的目的。

A．提高个人心理素质，使人健康，无障碍地生活下去

B．提高个人心理素质，使人健康，愉快，有意义地生活下去

C．提高个人道德素质，使人健康，愉快，有意义地生活下去

D．提高个人道德素质，使人健康无障碍地生活下去

22．关于感性反应，下列说法中错误的是（　　）。

A．如果一个成人，不论场合一律采取情感性反应，我们便会觉得这个人很幼稚，甚至心理有问题

B．感性反应是一种情绪化应对

C．感性反应是一种儿童式应对

D．可以随时随地采用感性反应

23．关于理性反应的概念，错误的理解是（　　）。

A．理性反应是心理发展成熟的表现

B．理性反应在心理健康人群中表现得最广泛

C．理性反应是以事物之间的客观逻辑反应外部事务

D．理性反应难以完善地形成决策

24．关于悟性反应正确的理解是（　　）。

A．悟性反应能最完善地形成决策

B．悟性反应是人的理性高度发展后表现出的一种超越感性反应和理性反应的形式

C．悟性反应是以一种超脱的态度，用哲理把事物看穿

D．悟性反应是剥离与自己名利相关的东西与摆脱烦恼

25．关于心理咨询，按性质的分类下列描述中错误的是（　　）。

A. 发现自己的心理平衡被打破而进行的咨询称为健康心理咨询

B. 为个人事业的成功，想突破个人局限而进行的咨询称为发展心理咨询

C. 为适应新的生存环境而进行的咨询称为发展心理咨询

D. 因各种挫折引起行为问题而进行的咨询称为发展心理咨询

26. 在各类心理咨询中，（ ）属于按咨询形式分类。

A. 健康咨询与发展咨询

B. 个体咨询与团体咨询

C. 短程、中程和长期的心理咨询

D. 门诊面询、电话咨询和互联网咨询

27. 在各类心理咨询中，（ ）属于按咨询时程分类。

A. 个体咨询与团体咨询

B. 门诊面询，电话咨询和互联网咨询

C. 健康咨询与发展咨询

D. 短程、中程和长期的心理咨询

28. 在各类心理咨询中，（ ）属于按咨询规模分类。

A. 短程、中程和长期的心理咨询   B. 个体咨询与团体咨询

C. 健康咨询与发展咨询   D. 门诊面询，电话咨询和网络咨询

29. 关于心理咨询中资料综合评估的主要内容，在下列说法中错误的是（ ）。

A. 按现行的症状诊断标准进行鉴别诊断

B. 将主诉、临床症状、心理测评结果进行分析比较

C. 将主因、诱因与临床症状的因果关系进行解释

D. 确定其在症状分类中的位置

30. （ ）不属于心理咨询鉴别诊断的内容。

A. 确定心理问题的由来、性质、严重程度

B. 将已经定性的症状与其相近的类似症状进行区分

C. 按症状的表现，确定其性质

D. 确定鉴别诊断的关键症状和特征

31. 初诊接待时，工作人员应有的仪态是（ ）。

A. 坐姿端正、服饰时尚、表情热情、视线不离开求助者

B. 坐姿随意、服饰时尚、表情热情、密切注视着求助者

C. 表情随意、服饰整洁、表情平和、不停地扫视求助者

D. 坐姿端正、服饰整洁、表情平和、保持正常社交距离

32. 心理咨询室的面积一般以（　　）左右为宜。

A. 6~8平方米　　　B. 15平方米　　　C. 20平方米　　　D. 10平方米

33. 合理配置心理咨询的场所，需要注意的是（　　）。

A. 应配备足够数量的方便座椅　　　B. 咨询室的设备要尽可能齐备

C. 不需注意保密功能　　　　　　　D. 咨询室内要有足够的面积

34. 初诊接待时，正确的询问方式是（　　）。

A. 您能否告诉我，到底出了什么事吗

B. 您希望我能帮助您解决什么问题

C. 你有什么问题需要解决，说吧

D. 你找我究竟想要解决什么问题呢

35. 初诊接待中，向求助者介绍心理咨询时正确的描述是（　　）。

A. 心理咨询按照对方的要求解决问题

B. 没有必要告知对方什么是心理咨询

C. 求助者不必了解心理咨询如何进行

D. 心理咨询不能够解决他的全部问题

36. 求助者的权利与义务不包括（　　）。

A. 如实在提供与心理问题有关的真实信息

B. 要按共同商定的时间表进行心理咨询

C. 不与咨询师建立咨询以外的任何关系

D. 应按时完成作业，并协商解决收费问题

37. 心理咨询中，对于保密原则把握正确的是（　　）。

A. 心理咨询师时刻保守求助者的秘密

B. 求助者对于泄密有诉诸法律的权利

C. 不必反复地向求助者说明保密原则

D. 求助者的所有情况均在保密之列

38. 初诊接待时，应注意的事项是（　　）。

A．尽力地满足求助者的要求　　　　　B．可以随意地使用方言

C．严守求助者的所有秘密　　　　　　D．可以适当地使用专业术语

39．一般资料的整理，包括求助者的（　　）。

A．精神状态　　　　B．生活状况　　　　C．身体状态　　　　D．测验结果

40．求助者目前状态的整理包括（　　）。

A．居住条件和经济状况　　　　　　　B．躯体感觉和体检报告

C．家庭情况和婚姻状况　　　　　　　D．最喜欢的人的状况如何

二、多选题

1．社会交换论将爱情发展划分为（　　）等阶段。

A．取样与评估　　　B．制度化　　　　C．互惠　　　　　D．承诺

2．斯坦伯格（1988）的爱情三角中包括的因素有（　　）。

A．激情　　　　　　B．承诺　　　　　C．性活动　　　　D．经济

3．婚姻的动机包括（　　）。

A．繁衍　　　　　　B．承诺　　　　　C．经济　　　　　D．爱情

4．夫妻之间的心理冲突包括（　　）。

A．需求不满　　　　　　　　　　　　B．价值观念不一致

C．夫妻的性差异　　　　　　　　　　D．远离的"自我"

5．从社会心理学角度看，下列说法中正确的包括（　　）。

A．短时相识就结婚的夫妻，由于彼此不够了解，容易离异

B．对性生活不满意的容易离异

C．有婚前性经验的人容易离异

D．结婚年龄较低的夫妻容易离异

6．家庭的功能包括（　　）。

A．经济功能　　　　　　　　　　　　B．性功能和生育功能

C．教育功能　　　　　　　　　　　　D．感情交流功能

7．一个典型的家庭生命周期包括（　　）等阶段。

A．形成　　　　　　B．扩展　　　　　C．稳定　　　　　D．空巢

8. 爱情与喜欢的区别主要在（　　）等方面。

A. 亲密　　　　　　B. 依恋　　　　　　C. 服从　　　　　　D. 利他

9. 家庭结构的要素有（　　）。

A. 夫妻数量　　　　B. 经济收入　　　　C. 代际层次　　　　D. 家庭成员

10. 哈特菲尔德把爱情分为两种，分别是（　　）。

A. 游戏爱　　　　　B. 伙伴爱　　　　　C. 激情爱　　　　　D. 占有爱

11. 需要得到满足时的感受词语有（　　）。

A. 精力充沛　　　　B. 兴高采烈　　　　C. 陶醉　　　　　　D. 感激

12. 需要没有被满足时的感受词语有（　　）。

A. 焦虑　　　　　　B. 伤感　　　　　　C. 气馁　　　　　　D. 麻木

13. 家庭文化包含以下哪些内容（　　）。

A. 衣食住行的生活习惯

B. 沟通的方式和风格

C. 家训、育儿理念与方法

D. 父母之间的关系、父母与爷爷奶奶外公外婆的关系等

14. 家庭文化的表层文化有（　　）。

A. 物质文化　　　　B. 有形文化　　　　C. 衣食住行　　　　D. 行为准则

15. 家庭文化的中层文化有（　　）。

A. 家训　　　　　　　　　　　　B. 家庭礼仪

C. 理财原则　　　　　　　　　　D. 规范家庭行为的法规与制度

16. 家庭文化的生活习惯包含（　　）。

A. 衣　　　　　　　B. 食　　　　　　　C. 住　　　　　　　D. 行

17. 家庭文化的精神价值（父母的）包含（　　）。

A. 家训　　　　　　　　　　　　B. 沟通（方式和风格）

C. 兴趣爱好　　　　　　　　　　D. 主要品质

18. 关于家庭心理咨询的主要原则，下列说法中正确的是（　　）。

A. 不要以自己的价值观来揣摩求助者

B. 敢于判断破裂家庭或死亡婚姻

C. 将问题具体化

D．尽量坚持夫妻双方同时参加咨询

19．（　　）是影响婚后夫妻关系的主要因素。

A．结婚动机　　　　　　　　　　B．恋爱过度情绪化

C．角色适应不良　　　　　　　　D．性格相容的问题

20．下列选项中不属于不恰当提问表现形式的是（　　）。

A．修饰性反问　　B．解释性问题　　C．间接性询问　　D．开放式询问

21．帮助求助者缓解心理问题的具体内涵指的是（　　）。

A．咨询关系是"求"和"帮"的关系

B．帮助求助者缓解的问题指的是心理问题

C．帮助求助者缓解的问题，指的是由心理问题引发的行为问题或躯体症状

D．帮助求助者缓解的问题，指的是生活中的某些具体问题

22．下列说法中正确的有（　　）。

A．狭义的心理咨询主要是指具备心理学理论指导和技术应用的临床干预措施

B．广义的心理咨询涵盖了临床干预的各种方法或手段

C．狭义的心理咨询是指采用各种咨询与治疗方法

D．狭义的心理咨询是指采用各种标准化的干预手段或方法

23．罗杰斯认为，心理咨询可解释为（　　）。

A．应该与求助者持续接触

B．心理咨询师替求助者矫治心理问题

C．是促使求助者的态度发生变化的过程

D．心理咨询师替求助者分析心理问题

24．中国临床心理学家陈仲庚认为心理咨询应明确的三个问题是（　　）。

A．求助者需要解决问题的性质　　B．所要达到的目标

C．咨询师的技术和手段　　　　　　D．咨询师的态度和观点

25．心理咨询过程中用"理解"一词表达中立性态度的意义在于（　　）。

A．"理解"求助者属于对求助者问题的恰当评估

B．说明个体产生某种反应是合乎逻辑的结果

C．"理解"既不代表赞同，也不代表反对

D．"理解"一词是中立态度最恰当的表达词

26. （　　）的做法，符合心理咨询师"有强烈的责任心"的素质要求。

A．对求助者负责　　　　　　　　B．夸大心理咨询的作用

C．特殊情况可以考虑转诊　　　　D．协助求助者解决生活困难

27．对心理咨询师"自我修复和察觉的能力"的素质要求，其内涵是（　　）。

A．咨询师有意愿并且能够清楚地认识到自身的问题所在

B．咨询师能通过个人修养或专业的自我体验，解决自己的心理矛盾和冲突

C．咨询师能及时地觉察对来访者产生的移情，并调整状态，不因自身问题而影响咨询工作

D．咨询师在咨询过程中能始终保持绝对的心理平衡

28．心理咨询过程应该（　　），才能帮助人们认识自己的内外世界

A．侧重对外部世界的认识与评估

B．帮助来访者认识到自己尚未解决的内部冲突

C．对于那些有内控倾向的宿命论者更有必要

D．指出内外世界的相互作用以及人的积极适应能力

29．心理咨询过程应该（　　），从而帮助人们了解和改变不合理的观念。

A．帮助求助者总结自己的经验教训

B．帮助求助者学会评估自己的思维观念是否合理

C．帮助求助者意识到他们的心理问题往往是由自己不合理的观念造成的

D．让求助者意识到他们其实十分清楚自己需要什么

30．心理咨询过程应该让求助者意识到（　　），从而帮助他们面对现实。

A．生存的真实意义仅仅是此时、此地

B．只有现在，才是真正可把握的时空

C．过去的是历史，现在的是希望

D．未来才是真正可把握的时空

31．心理咨询应该让求助者意识到（　　），才能帮助人们恰当应对现实。

A．不同的反应方式，各有各的用途

B．保持理性，能使人准确地判断形势，并有效地应对事件

C．接纳七情六欲，才有生活质量

D．感性、理性、悟性三者把握其一并用其极

32. 只有做到（　　），才能帮助人们构建合理的行为模式。

A. 让求助者意识到，要控制自己的思想和欲望

B. 让求助者意识到，要将合理的思想和观念付诸行动

C. 让求助者意识到，要发展新的有效行为

D. 心理咨询师要把握建立合理模式的最佳时机

33. （　　）属于心理咨询中搜集资料的主要途径。

A. 摄入性谈话记录　　　　　　B. 观察记录

C. 实验室记录　　　　　　　　D. 心理测量、问卷调查

34. 心理咨询中所需资料的主要内容包括（　　）。

A. 目前生活、学习、工作状况　　B. 观察记录

C. 心理冲突的性质和强烈程度　　D. 家族健康史

35. 初诊接待中，心理咨询师不正确的描述是（　　）。

A. 没有必要告知对方什么是心理咨询

B. 心理咨询不能够解决来访者的全部问题

C. 求助者不必了解心理咨询如何进行

D. 心理咨询按照求助者的要求解决问题

36. 初诊阶段应该正确把握的内容是（　　）。

A. 避免紧张情绪　　　　　　　B. 避免使用影响交流的方言

C. 严守保密原则　　　　　　　D. 禁止使用各种专业术语

37. 求助者的权利与义务包括（　　）。

A. 应认真地完成作业，并协商解决收费问题

B. 如实地提供与心理问题有关的真实信息

C. 要按共同商定的时间表进行心理咨询

D. 必要时可与咨询师建立咨询以外的关系

38. 谈话中，应把握的要点是（　　）。

A. 征得求助者同意后可做笔录　　B. 谈话的信息依靠临场记忆整理

C. 交谈中一般不做笔录和录音　　D. 即使对方同意，也不可录像

39. 对不恰当问题带来的消极作用分析不正确的是（　　）。

A. 可减少咨询师与求助者共同探索的主动性

B．可造成求助者的依赖和责任转移

C．容易使求助者产生防卫心理

D．可产生不准确的信息而延误就诊

40．对谈话法的理解正确的是（　　）。

A．咨询师只有在取得信息时，才可中断求助者的谈话

B．双方一旦开始进入会谈，就应该将谈话维持下去

C．只有持非评判性的态度，才能使求助者无所顾忌

D．咨询师即使听不懂谈话内容，也要表现出很感兴趣

三、简答题

1．简述叙事疗法中解构的目的。

2．简述九宫格的用法。

3．来访者因恋爱屡受挫折，心中压抑着许多难以向别人述说的情绪情感，如果用"石头的故事"技术，让情绪情感自然流动，助其安全地宣泄积压在心中的情绪，你准备怎么做呢？

参考答案

一、单选题

1. C	2. B	3. C	4. A	5. A
6. A	7. A	8. D	9. A	10. A
11. B	12. A	13. D	14. B	15. C
16. A	17. B	18. D	19. D	20. B
21. B	22. D	23. D	24. B	25. D
26. D	27. D	28. B	29. A	30. A
31. D	32. D	33. D	34. B	35. D
36. D	37. B	38. D	39. B	40. B

二、多选题

1. ABCD	2. AB	3. ACD	4. ABCD	5. ABCD
6. ABCD	7. ABCD	8. ABD	9. ACD	10. BC
11. ABCD	12. ABCD	13. ABCD	14. ABC	15. ABCD
16. ABCD	17. ABCD	18. ACD	19. ABCD	20. CD
21. ABC	22. AB	23. AC	24. ABC	25. BCD
26. AC	27. ABC	28. BD	29. ABC	30. AB
31. ABC	32. BCD	33. ABCD	34. ACD	35. ACD
36. ABC	37. BC	38. ABC	39. AD	40. BC

三、简答题

1. 解构的目的：（1）探索问题，感受想法的来历与历史。（2）探索问题，感受想法对人的环境、人际关系的影响力。（3）探索主流问题对人的问题想法的影响。（4）探索问题本身有哪些策略及问题在什么时候对人的影响比较大，什么时候影响小，想要和问题保持怎样的关系。（5）最终目的是发现特殊意义事件，让不被人知道的支线故事浮现出来。

2. 在 A4 的画纸上用水彩笔手画出边框，再把画面分割为 3×3 格。从右下角按逆时针顺序画到中心，或者从中心开始按顺时针顺序画到右下角，这两种顺序都可以，请依顺序一格一格地把脑海中浮现的事物自由地画出来。实在不能用图表达时，用文字、图形、符号也可以。画完 9 个格子之后，请求助者再给每幅画配上简单的文字说明，最后用彩色铅笔或蜡笔上色。时间不够时，上色这一步常常省略。

3.（1）找到一块石头，代表 N 年前的自己，给他取一个名字，写一封信给他。写的同时播一首音乐《亲爱的小孩》。

（2）写完之后，让他读出来。读的过程中，咨询师要全神贯注、全情投入地注视着求助者。

（3）咨询师在心中记下读出来内容的要点，也可以用笔记录。

（4）进行告别仪式。对着石头说："×××，你是 N 年前的我，我现在已经长大，我知道你还有一些……"（告别内容与记录要点有关，看其没有跨越过去的原因和一些感受）

（5）表达完之后，喝点水休息一下。有的求助者在表达的过程中，有可能会非常痛苦，咨询师要让来访者感觉到自己一直在陪伴着他。

第二十三章　亲子关系咨询习题

一、单选题

1. 亲子关系这一概念源于（　　）。

A. 教育学　　　　B. 社会学　　　　C. 遗传学　　　　D. 心理学

2. 最佳的教育方式要尊重孩子的（　　）发展规律。

A. 身心　　　　B. 生理　　　　C. 心理　　　　D. 性格

3. 著名心理学家（　　）将人格发展分为八个阶段，每个阶段都有自己的发展规律。

A. 鲍姆林德　　　B. 埃里克森　　　C. 弗洛伊德　　　D. 班杜拉

4. 人本主义心理学家马斯洛提出了需要层次理论，其中第一个层次是（　　）。

A. 安全需要　　　B. 生理需要　　　C. 爱和归属需要　　D. 尊重需要

5. 学龄初期儿童面对的冲突主要是（　　）。

A. 基本信任和不信任的心理冲突　　　B. 自主与害羞的冲突

C. 主动对内疚的冲突　　　　　　　　D. 勤奋对自卑的冲突

6. 婴儿期面对的冲突主要是（　　）。

A. 基本信任和不信任的心理冲突　　　B. 自主与害羞的冲突

C. 主动对内疚的冲突　　　　　　　　D. 勤奋对自卑的冲突

7. 青春期是童年向成熟迈进的重要转折点。青少年反复思考"我是谁"。他们必须建立基本的（　　）同一性，否则他们就会对自己成年的角色感到困惑。

A. 社会和家庭　　B. 老师和父母　　C. 老师和同学　　D. 社会和职业

8. 成年早期主要任务是建立（　　）。

A. 同学关系　　　B. 人际关系　　　C. 友谊关系　　　D. 亲密关系

9. 下列不属于弗洛伊德的性心理发展五阶段的是（　　）。

A. 口唇期　　　　B. 肛门期　　　　C. 成熟期　　　　D. 生殖期

10. 焦虑症指孩子因（　　）而产生的过度焦虑表现。

A. 未得到想要的东西　　　　　　　B. 不被父母关注和爱护

C. 被人指责或者辱骂　　　　　　　D. 担心达不到目标或无法克服困难

11. 对于多动症儿童的治疗，除了根据医生的要求服药外，病童的（　　）也是很有必要的。

　　A. 心理干预　　　B. 心理治疗　　　C. 心理疏导　　　D. 心理咨询

12. （　　）教育是孩子接受的最早的教育，奠定个体一生发展的基础。

　　A. 家庭　　　　　B. 父母　　　　　C. 学校　　　　　D. 老师

13. 在有关家长素质的咨询中，应将重点放在家长教育（　　）的转变。

　　A. 能力和方法　　B. 投资观念　　　C. 性格和心理　　D. 观念和行为

14. （　　）是决定家庭教育质量的关键。

　　A. 家长能力　　　B. 家庭条件　　　C. 家长素质　　　D. 家庭关系

15. 需要强调的是，外部的支持只是家长提高素质的外在条件，真正提高家长的教育素质，最主要是取决于（　　）。

　　A. 家庭的经济实力　　　　　　　B. 家长是否愿意改变、提高自己

　　C. 家长自身的性格　　　　　　　D. 社会的大环境

16. 所有的人都会经历心理发育和心理（　　）的关键期，在这一时期，他们会遇到一些困惑和烦恼。

　　A. 成长　　　　　B. 健全　　　　　C. 变化　　　　　D. 成熟

17. 亲子沟通指家庭中（　　）之间交换资料、信息、观点、意见、情感和态度的过程。

　　A. 父母与子女　　B. 兄弟姐妹　　　C. 夫妻　　　　　D. 爷爷奶奶和孙子

18. 亲子沟通问题也较多地出现在（　　）时期。

　　A. 青春期　　　　B. 幼儿期　　　　C. 成熟期　　　　D. 学前期

19. 行为缺乏一致性，他们在与母亲分离或重聚时会有混乱无序、缺少组织性和目的性的情绪和行为表现，这是属于（　　）依恋类型。

　　A. 安全　　　　　B. 逃避　　　　　C. 矛盾　　　　　D. 混乱

20. 儿童的亲子关系是从早期的亲子（　　）发展起来的，它是要幼儿与父母（早期主要是母亲）之间建立起来的、双方互有的亲密感受以及相互给予温暖和支持的关系。

　　A. 依恋　　　　　B. 沟通　　　　　C. 教育　　　　　D. 游戏

21. （　）是指父母与子女之间亲密的情感连接，既可以表现在互动行为中，也可以表现在父母与子女心理上对彼此的亲密感受上。

A．亲子亲和　　　B．亲子关系　　　C．亲子沟通　　　D．亲子互动

22. 下列选项哪种是一般能力？（　）

A．观察力　　　B．曲调感　　　C．节奏感　　　D．色调感

23. 智力的核心成分是（　）

A．观察力　　　B．注意力　　　C．记忆力　　　D．思维力

24. （　）依恋更可能导致积极的亲子关系和家庭关系。

A．矛盾迷恋型　　B．回避冷漠型　　C．恐惧回避型　　D．安全型

25. （　）认为亲子冲突并非父母和子女单方面的问题，而应从家庭系统考虑。

A．家庭系统模型　B．社会学习模型　C．依恋关系模型　D．认知发展模型

26. （　）认为与家庭的分离一旦成功，冲突就会缓解。

A．家庭系统模型　　　　　　B．社会生物适应模型

C．依恋关系模型　　　　　　D．认知发展模型

27. 个性是（　）。

A．心理过程的组成部分　　　B．独立于心理过程之外的心理现象

C．由心理过程构成的　　　　D．通过心理过程表现出来的

28. （　）就是父母与亲子之间的资源交换，比如情感、思想等。

A．亲子沟通　　　B．亲子关系　　　C．亲子互动　　　D．亲子游戏

29. 构成个性的主要成分包括（　）。

A．情绪和意志　　　　　　　B．神经过程的强度、平衡性和灵活性

C．个性倾向性和个性的心理特征　D．胆汁质、多血质、黏液质和抑郁质

30. （　）是亲子关系中影响最广、研究最多的重要因素。

A．父母的教养方式　　　　　B．家庭的家风文化

C．父母的教育程度　　　　　D．家庭的经济实力

31. 顺利有效地完成某种活动所必须具备的心理条件叫（　）。

A．意志　　　B．情感　　　C．能力　　　D．智力

32. （　）教养方式下的孩子会表现出更好的社会化发展，他们兴趣广泛、情绪稳定，能较好地融入社会生活。

A．权威型父母　　B．专制型父母　　C．溺爱型父母　　D．忽视型父母

33．（　）父母喜欢以惩罚的方式教育子女，他们讲究纪律和服从，认为子女应该无条件服从父母的规定和标准，会限制儿童的自主性。

A．权威型父母　　B．专制型父母　　C．溺爱型父母　　D．忽视型父母

34．（　）在与孩子一起的活动上花费的时间和精力最少。

A．权威型父母　　B．专制型父母　　C．溺爱型父母　　D．忽视型父母

35．活泼好动，反应敏捷，灵活多变的人属于（　）气质类型。

A．黏液质　　　　B．抑郁质　　　　C．多血质　　　　D．胆汁质

36．急躁、直率、热情、情绪兴奋性高、容易冲动、心境变化剧烈，具有外向性等行为特征的人，其气质类型属于（　）。

A．多血质　　　　B．胆汁质　　　　C．黏液质　　　　D．抑郁质

37．安静平衡，反应缓慢；善于克制自己，情绪不易外露；注意稳定但难于转移。其气质类型属于（　）。

A．多血质　　　　B．胆汁质　　　　C．黏液质　　　　D．抑郁质

38．柔弱易倦，情绪发生慢，体验深刻，言行迟缓无力，胆小、忸怩、善于觉察别人不易觉察的细小事物，容易变得孤僻。其气质类型属于（　）。

A．多血质　　　　B．胆汁质　　　　C．黏液质　　　　D．抑郁质

39．（　）的态度是最和蔼的。他们很少对子女提出要求和标准，反而赋予他们高度的自由和自主性。

A．权威型父母　　B．专制型父母　　C．溺爱型父母　　D．忽视型父母

40．能力类型的差异是指（　）上的差异。

A．天赋条件

B．男女性别

C．智力水平

D．感知能力、想象力以及音乐、美术、体育运动等特殊能力

41．（　）是指心理活动表现在强度、速度、灵活性和指向性等方面的动力特征。

A．个性　　　　　B．性格　　　　　C．能力　　　　　D．气质

42．（　）是教育孩子最有效的工具。父母应该掌握并经常而又理智地使用这一工具。

　A. 有效的沟通　　B. 严厉的管理　　C. 以身作则　　D. 打骂

43．有很多儿童的心理及行为问题从表面看都不会与亲子关系联系在一起，但是这些问题的核心却是亲子关系（　　）。

　A. 不良　　　　　B. 失衡　　　　C. 冲突　　　　　D. 沟通

44．对亲子关系中的未成年求助者，要多用（　　）。

　A. 非语言技术　　B. 语言技术　　C. 创新技术　　　D. 行为技术

45．亲子关系咨询要求咨询师清楚地了解不同年龄阶段儿童的（　　）特点。

　A. 身体发育　　　B. 心理发育　　C. 行为和心理　　D. 性格和心理

46．不是所有的行为都需要矫正，心理学家将需要矫正的行为统称为（　　）。

　A. 问题行为　　　B. 错误行为　　C. 可矫正行为　　D. 发展行为

47．一个人在对现实的稳定的态度和习惯化了的行为方式中表现出来的人格特征叫（　　）。

　A. 个性　　　　　B. 能力　　　　C. 性格　　　　　D. 气质

48．（　　）指人们所期望的行为（良性行为）很少发生或从不发生。

　A. 行为不足　　　B. 行为过度　　C. 行为不当　　　D. 行为匮乏

49．（　　）人们不期望的行为（不良行为）发生太多，如儿童上课时经常不遵守纪律或侵犯他人。

　A. 行为不足　　　B. 行为过度　　C. 行为不当　　　D. 行为匮乏

50．（　　）指人们所期望的行为在不适宜的情境下产生，但在适宜的条件下却不发生。如5岁的儿童将玩具放入垃圾桶，10岁的儿童在电影院里大声说话等。

　A. 行为不足　　　B. 行为过度　　C. 行为不当　　　D. 行为匮乏

51．（　　）指个体做出某一行为反应的结果提高了该行为以后发生概率的过程。

　A. 惩罚　　　　　B. 消退　　　　C. 强化　　　　　D. 塑造

52．（　　）即把要求习得的整体行为分解成一个个紧密联系的环节，即刺激—反应链，然后对当事人的行为链条逐一进行训练，并最后使之习得整体行为的方法。

　A. 渐隐　　　　　B. 连锁　　　　C. 塑造　　　　　D. 强化

53．（　　）指逐渐改变控制反应的刺激，最终使个体对部分变化了的刺激或完全更新了的刺激仍能做出同样反应的现象。

　A. 渐隐　　　　　B. 连锁　　　　C. 塑造　　　　　D. 强化

54.（　　）往往更适合于年龄较小、能力较低的人。

A. 代币系统　　　　B. 行为契约　　　　C. 行为矫正　　　　D. 奖惩措施

55.（　　）则主要是用于年龄较大、能力较强的人的行为矫正。

A. 代币系统　　　　B. 行为契约　　　　C. 行为矫正　　　　D. 奖惩措施

56. 教育者的（　　）是教育效果的保证。

A. 素质　　　　B. 学历　　　　C. 威信　　　　D. 心态

57.（　　）指的是教育者能以自身的言行作为榜样，去影响和教育受教育者，是家庭教育的基本原则。

A. 严厉管教　　　　B. 以身作则　　　　C. 红脸黑脸　　　　D. 英雄主义

58. 在马斯洛的需要层次理论中，友情爱情型亲密是（　　）。

A. 生理与安全需要　　　　　　　　B. 爱与归属需要

C. 求知与审美需要　　　　　　　　D. 自我实现需要

59. 马斯洛把人类的需要概括为下列五个层次（　　）。

A. 生理的需要、安全需要、爱和归属的需要、尊重需要和自我实现的需要

B. 物质的需要、安全需要、爱和归属的需要、尊重需要和认知的需要

C. 生理的需要、安全需要、爱和归属的需要、尊重需要和美的需要

D. 生理的需要、安全需要、爱和归属的需要、尊重需要和社会价值的需要

60. 马斯洛需要层次论中的最高层次是（　　）。

A. 安全需要　　　　B. 尊重需要　　　　C. 爱与归属需要　　　D. 自我实现需要

二、多选题

1. 亲子关系具有（　　）特点。

A. 不可替代性　　　　B. 持久性　　　　C. 不可选择性　　　　D. 稳定性

2. 父母是儿童发展的（　　）。

A. 掌控者　　　　B. 咨询者　　　　C. 指导者　　　　D. 建议者

3. 著名心理学家埃里克森将人格发展分为八个阶段，每个阶段都有各自的发展特点，针对亲子教育的重点年龄阶段有（　　）。

A. 婴儿期　　　　B. 学步期　　　　C. 学前期　　　　D. 青年期

4. 人本主义心理学家马斯洛提出了需要层次理论，下列属于人类需要层次的有（　　）。

A. 安全需要　　　　B. 生理需要　　　　C. 爱和归属需要　　D. 尊重需要

5. 下列属于弗洛伊德性心理发展五个阶段的有（　　）。

A. 口唇期　　　　B. 肛门期　　　　C. 生殖期　　　　D. 青春期

6. 常见的亲子关系问题有（　　）。

A. 焦虑症　　　　B. 多动症　　　　C. 妄想症　　　　D. 任性自我

7. 儿童撒谎的原因有（　　）。

A. 孩子记忆有误　　　　　　　B. 父母不当的行为模式诱发

C. 逃避惩罚　　　　　　　　　D. 孩子很容易被影响和潜移默化

8. 从家庭教育的角度看，家长扮演的角色和发挥的作用主要体现在（　　）。

A. 父母是孩子的第一任导师

B. 父母是孩子长期、全方位的导师

C. 家长是家庭教育的责任人、执行者

D. 家长是孩子的行为榜样

9. 合格家长应具备的素质有（　　）。

A. 树立正确的教育观念　　　　B. 具备高尚的品德和良好的心理素质

C. 琴棋书画天文地理样样精通　　D. 掌握正确的教养方式

10. 对于多动症儿童的心理治疗可采取的有（　　）。

A. 一般心理治疗　B. 个别心理治疗　C. 团体心理治疗　D. 集体心理治疗

11. 抑郁症通常分为（　　）。

A. 急性抑郁　　　B. 慢性抑郁　　　C. 隐匿性抑郁　　　D. 季节性抑郁

12. 造成幼儿任性的原因有（　　）。

A. 同伴交往机会缺乏

B. 亲子交往常常不是一种平等的交往

C. 家长是否注意孩子日常行为规范的养成

D. 家长的教养方式不当

13. 我们可以运用以下方法来进行孩子任性问题的教育（　　）。

A. 明确要求，预防在先

B. 家长教育孩子的要求、观点应保持一致

C. 采用"负强化"的方法

D. 孩子任性时，第一时间满足他的需要

14. 离家出走与逃学是相类似的行为问题，困扰着许多家长。主要原因有（   ）。

A. 家长对于孩子有过于严格的要求，不切合孩子的实际发展

B. 家长对于孩子过于放纵和苛责

C. 父母关系紧张，使孩子压力增大

D. 学校老师的教育方式也可能引起孩子逃学的问题

15. 许多家长特别是父母对家庭教育的角色和作用认识不全面，表现为（   ）。

A. 片面关注孩子的生活、学习，而忽视孩子的品德、性格塑造

B. 爷爷奶奶的溺爱

C. 重视有形的教育，而忽视家长对孩子潜移默化的影响

D. 不配合学校教育

16. 开展家长培训应明确以下问题（   ）。

A. 谁来参加培训   B. 为什么要来参加培训

C. 确定培训内容   D. 谁培训

17. 加拿大心理学家安渥斯等人研究得出了三种典型的母子依恋关系，它们是
（   ）。

A. 安全型   B. 逃避型   C. 混乱型   D. 矛盾型

18. 青少年亲子关系存在很多学派，比如（   ）。

A. 社会适应模型   B. 古典精神分析模型

C. 依恋关系模型   D. 社会学习模型

19. 亲子沟通的作用机制理论主要有（   ）。

A. 家庭沟通图式理论   B. 资源配置理论

C. 家庭沟通美式理论   D. 资源交换理论

20. 亲子沟通的功能理论比较典型的有（   ）。

A. 奥尔森的家庭沟通图式理论   B. 奥尔森的曲线理论

C. 麦克马斯特的家庭功能理论   D. 麦克马斯特的资源交换理论

三、名词解释题

1. 亲子关系

2. 亲子沟通

3. 强化

4. 行为不足

5. 塑造

四、辨析题

1. 随着青春期的到来，青少年与父母的冲突会不断增加。

2. 打孩子是一种正常现象，也是一种可选择的教育方式。

3. 所有儿童都平等享有生存、发展、受保护和参与的权利。

4. 瑞典式家庭教育对孩子过于放任，家长们疏于给孩子"立规矩"。

5. 6~12岁属于人格发展的第四阶段，这时孩子的发展任务主要是建立勤奋感，避免自卑感。

6. 正面教育能够帮助形成积极的自我评价。

五、简答题

1. 简述亲子教育的五个阶段。

2. 简述家庭教育咨询的重点。

3. 简述影响亲子关系的因素。

4. 简述父母教养方式概念。

5. 简述亲子沟通的基本要求。

6. 简述亲子关系咨询的注意事项。

7. 简述行为矫正的基本技术。

8. 简述代币系统。

9. 简述四种父母教养方式类型。

10. 简述四种依恋类型。

六、材料题

1. 小雪是一名初二女生，最近一年来，由于频繁地顶撞父母，与同学打架，甚至被学校要求退学，家长为此前来寻求帮助，用小雪妈妈的话说就是"一点儿办法都没有了"。小雪的爸爸是出租车司机，妈妈没有工作在家。考虑到是个女孩子，爸爸对她的要求一向严厉，孩子不听话时，经常斥责甚至动手打孩子。小的时候，挨打后小雪会道歉，承认错误。但最近家长发现，小雪的行为越来越出格，经常和妈妈顶嘴，甚至和妈妈动手，在最近一次冲突中，将妈妈的手臂都打青了。整天在外的父亲非常担心妻子和孩子。更让家长忧心的是，最近学校请家长到校，原因是小雪几次因为小事动手打了同班同学，虽然批评、教育了多次，但都没有什么效果，学校提出如果小雪还是不改，将建议转学。小雪的行为主要是什么原因造成的？你的咨询建议是什么？

2. 刚上第一节课，亮亮的妈妈又给他送语文书了。这是他妈妈不知第几次来给送学习用品。亮亮的妈妈总是对老师抱怨：亮亮回到家里后总是玩够了才想起写作业，而且一边写一边"开小差儿"，一会儿上厕所，一会儿喝水，一会找铅笔，一会儿找橡皮，学习用品乱丢乱放，经常找不到自己需要的文具；不记得提前整理书包，总是到了出门前才乱翻一通。结果不是丢东就是忘西，亮亮的这些不良学习习惯令妈妈很头痛。请分析亮亮的行为属于什么心理特征，以及如何改善。

七、论述题

1. 论述亲子沟通的重要性。
2. 论述亲子关系咨询要点。
3. 论述家庭教育的重要性。

参考答案

一、单选题

1. C	2. C	3. B	4. B	5. C
6. A	7. D	8. D	9. C	10. D
11. B	12. A	13. D	14. C	15. B
16. A	17. A	18. A	19. D	20. A
21. A	22. A	23. D	24. D	25. A
26. B	27. D	28. A	29. C	30. A
31. C	32. A	33. B	34. A	35. C
36. B	37. C	38. D	39. D	40. D
41. D	42. A	43. A	44. A	45. C
46. A	47. C	48. A	49. B	50. A
51. C	52. B	53. A	54. A	55. B
56. A	57. B	58. B	59. A	60. D

二、多选题

1. ABC	2. BCD	3. ABC	4. ABCD	5. ABC
6. ABCD	7. ABCD	8. ABCD	9. ABD	10. ABD
11. ABCD	12. ABCD	13. ABC	14. ABCD	15. AC
16. ABC	17. ABD	18. BCD	19. AD	20. BC

三、名词解释题

1. 亲子关系这一概念源于遗传学，是指亲代和子代之间的生物血缘关系。引申到心理学，指的是父母和子女的交往，是父母与子女之间交换信息、意见、态度和情感，达到相互了解、信任及合作的过程，具有不可替代性、持久性、不可选择性、不平等性、变化性等特点。父母是儿童发展的建议者、指导者和咨询者，是儿童社会交往机会的提供者。父母的教养方式会对子女的心理健康、社会化和人格的形成及其应对方式产生直接的影响。家长对自身角色、父母子女权利义务的认知，以及作为家庭教育主导者的父母自身素质、教育能力和与子女沟通的能力，是良好亲子关系和孩子健康成长的基础和保证。

2. 亲子沟通指家庭中父母与子女之间交换资料、信息、观点、意见、情感和态度的过程。它是亲子关系重要的构成之一。亲子沟通是影响亲子关系和家庭教育效果的重要因素。

3. 强化指个体做出某一行为反应的结果提高了该行为以后发生概率的过程。强化物就是指能起到强化作用的事件或刺激，也就是说，它的呈现可以提高反应发生的概率。强化的运用在日常生活中随处可见，可分为正强化和负强化。

4. 行为不足指人们所期望的行为（良性行为）很少发生或从不发生。例如，5 岁的儿童很少和同伴讲话，7 岁的儿童自己不会穿衣吃饭，12 岁的儿重经常不写作业，考试成绩很差，等等，都是行为不足的表现。

5. 塑造即建立个体在当时还不会完成的新的目标行为的过程，即个体从不能做出某一行为到一步步学会这一行为的过程。也就是说，如果要个体学会某一新行为，须找出一个目前个体有可能做的且与目标行为有关或相似的初始行为并对之进行强化。例如，儿童早期的说话行为是通过塑造形成的，宝宝含混不清地发声时，父母很兴奋，关注宝宝，对他微笑，和他说话，强化了宝宝牙牙学语的行为。

四、辨析题

1. 对的。家长和孩子的沟通问题，是家庭教育中遇到的普遍问题。随着青春期的到来，青少年与父母的冲突会不断增加。亲子沟通问题也较多地出现在这个时期。调查显示，儿童青少年行为问题发生率较高，对个体、家庭及社会都会造成不良影响，不仅影响儿童青少年的生长发育和社会化进程，还可能导致其成年时期发生适应不良、精神疾病和违法犯罪。而亲子关系不良、亲子沟通不畅是以上问题产生的重要原因。

2. 不对。关于是否可以打孩子，不同的家长有不同的看法，有的认为打孩子是对孩子负责的表现，都是为了孩子好；有的认为打孩子是有效的教育方法，往往有立竿见影的效果；有的则认为，打孩子是无奈之举，是没有办法的办法。不管家长的动机如何，但打骂孩子不仅给孩子带来身心伤害，也教会了孩子用暴力解决问题的方式。而且这种不尊重孩子的教育方法，往往会伤害孩子的情感，削弱教育的影响力，甚至由于严重的情感对了和冲突导致教育的失败。因此，父母应遵循的一个基本原则是：

今后无论发生什么事情，都不能再打骂孩子。

3. 对的。无论是男童还是女童、正常儿童还是残疾儿童，都应享有平等发展的机会，都应受到平等对待。但作为发展的个体，儿童毕竟是弱小的，他们需要成人的支持才能全面地享有他们的权利。为保障儿童权利的实现，成人社会特别是作为孩子法定的监护人和第一任导师的父母更应尊重和保护儿童的各项权利，依法履行对未成年人的监护职责和抚养义务。

4. 埃伯哈德是斯德哥尔摩北部一家医院的精神病科室主任，但他在《孩子们如何夺了权》中的论点依据主要来自他自己在生活中的观察和"常识"，而非科学研究。据他观察，越来越多的瑞典孩子们长大后出现焦虑症和自残问题，并且缺乏处理成人生活问题的能力。他也指出，近年来瑞典学生旷课率攀升，在国际教育水准评比中表现越来越差，和过于放任自流的家庭教育模式有关。不少瑞典人赞同埃伯哈德的观点：当代父母对孩子言听计从，全无家长权威，导致孩子们出了家门也不尊重任何权威。

5. 这个年龄阶段的孩子需要掌握必要的学习和社会技能。在这一阶段，儿童经常将自己和其他儿童相比较。如果很勤奋，儿童将获得学习和社会技能，从而感到很自信，不能掌握这些技能可能会让儿童感到很自卑。主要的社会动因是老师和同伴。

6. 在教育孩子时，家长要注意正面引导，以表扬、鼓励为主。孩子考试成绩不理想，不要只是责备，而是要不断给孩子鼓励、打气，告诉孩子面对困难不能丧失信心，讲一些名人刻苦学习的故事给他听，让孩子认识到做任何事情都不可能一帆风顺，都要付出努力。家长经常对孩子让人满意的表现和成长中的微小进步及时地进行口头表扬。例如："我们对你这个星期的作业感到满意""听到老师夸奖你，我们感到自豪和骄傲""你的字比以前有进步"等。在家长不断的表扬和鼓励声中，孩子良好的学习习惯不断形成和巩固，久而久之，这种习惯就能成为一种自觉的行为。这样孩子才能保持旺盛的学习积极性。

五、简答题

1. 人的一生经历着不断的变化，心理学家认为个体身心特征的发展既是一个连续的过程，也可以分为不同的阶段。著名心理学家埃里克森将人格发展分为八个阶段，每个阶段都有各自的发展特点。针对亲子教育的重点年龄是出生到成年这一过程，主要有五个阶段：

第一阶段为婴儿期（0~1岁半），发展的任务是获得信任感，克服不信任感，儿童获得的积极成果是身体舒适和安全感。

第二阶段为童年早期（或称学步期，1~3岁），幼儿习得对自己身体的自主控制，发展任务是获得自主感，克服羞耻感和疑惑，积极的成果是坚持的能力和自主的能力。

第三阶段为学前期（或称游戏期，3~6岁），发展任务是获得主动感和克服内疚感，积极的成果是掌握新任务的主动性。

第四个阶段为学龄期（6~12岁），儿童将勤勉学习知识技能。儿童必须学习文化技能，克服自卑情绪，体验能力的实现，积极的成果是创造力发展和掌握技能。

第五阶段为青年期（12~18岁）：实现同一性和角色认同。青少年确定自我意识，学习社会角色规范。发展任务是建立同一感，防止同一性混乱。

2.（1）咨询中，转变家长的观念，让家长认识到打孩子的危害是纠正家长行为的关键。

（2）在有关家长素质的咨询中，首先应了解家长自身对家长素质的理解，针对家长的认识误区进行有针对性的帮助。考虑到家长自身素质的差异，提供的建议应符合家长实际，从而增强家长完善自我的自信心。

（3）重视为求助者提供提高家长素质的途径和手段，家长素质是决定家庭教育质量的关键，目前，家长素质的参差不齐，已成为制约家庭教育质量的重要原因。熟悉称职家长应具备的素质，掌握提高家长素质的途径和手段是开展亲子家庭教育咨询和指导的基础。

3.影响亲子关系的因素众多，此处仅从家庭、父母、子女三个角度加以说明。

（1）家庭：①家庭生活中的日常事件。②家庭结构与婚姻状况。

（2）父母：①父母的受教育程度。②父母性别。

（3）子女：①年龄。②孩子的人格和气质，儿童气质与其依恋行为间存在一定的关系。

4.父母教养方式是父母教养态度、行为和非语言表达的集合，是父母在抚养子女的日常活动中所表现出来的一种对待孩子的固定的行为模式和行为倾向，它反映了亲子互动的性质，具有跨情境的稳定性。美国心理学家鲍姆林德在其早期的研究中，将父母教养方式划分为权威型、专制型和放任型三种类型。此后，有研究者在其基础上进一步做了扩展，他们把放任型父母教养方式按要求和反应性两个维度进一步划分为溺爱型和忽视型，从而确定了四种父母教养方式类型：权威型、专制型、溺爱型和忽视型。

5. 面对不同年龄、不同发展水平、不同特点的孩子，家长沟通的具体方法不同，但沟通的基本要求是有效亲子沟通的保证，也是所有的家长应该理解和掌握的。

（1）关爱、理解、尊重孩子。

①关爱孩子，做孩子的朋友。

②理解孩子，走进孩子的内心。

③尊重孩子，平等相处。

（2）学会倾听，实现双向沟通。

（3）沟通要适合孩子的发展水平。

6. （1）亲子关系咨询过程中经常出现的问题

亲子关系咨询过程中常遇到的问题有：亲子间沟通不畅，亲子间依恋关系不健康，独生子女教育问题，儿童对环境适应不良，儿童学习困难，儿童厌学问题，儿童考试焦虑心理问题，青少年早恋问题，青少年性别认同问题等。有很多儿童的心理及行为问题从表面看都不会与亲子关系联系在一起，但是这些问题的核心却是亲子关系不良。

（2）亲子关系咨询的注意事项

要从系统的角度去面对亲子关系的咨询，因为亲子关系反映了家庭系统运转的性能。亲子关系咨询要求咨询师清楚地了解不同年龄阶段儿童的行为和心理特点。

7. （1）强化指个体做出某一行为反应的结果提高了该行为以后发生概率的过程。强化物就是指能起到强化作用的事件或刺激，也就是说，它的呈现可以提高反应发生的概率。强化的运用在日常生活中随处可见，可分为正强化和负强化。

（2）所谓惩罚，就是指个体在一定刺激情境中做出某一行为后，若即时使之承受厌恶刺激、从事厌恶活动（惩罚物）或撤出正在享用的强化物（积极刺激或积极活动），那么个体在今后类似的刺激情境中，该行为的发生概率将下降。

（3）消退就是指在特定情境中，个体产生了以前被强化的行为，但此时这个反应之后并不跟随着通常的强化，那么当他下一次遇到相似情境时，该行为的发生概率就会降低。

8. 代币系统与行为契约是通过强化与惩罚相结合的方式使多种问题行为同时得以矫正的方法。代币系统往往更适合年龄较小、能力较低的人，而行为契约则主要是用于年龄较大、能力较强的人的行为矫正。

凡是能够累积并用来交换其他强化物的条件性强化物称为代币，凡是使用代币作为强化物来进行的行为矫正计划就叫作代币系统。个体因为良好的行为表现而获得代币，他可以用代币换取那些已经被确认认为具有强化作用的物品或活动，这些物品或活动成为后援强化物。当个体在代币和后援强化物之间建立了联系，代币也就变得有价值和令人喜欢了。因此，代币系统实质上是一种符号性的强化系统，是对代币的系统化和制度化的应用。例如，利用代币系统矫正青少年的不良行为。

9. （1）权威型父母对子女温暖而严厉。他们往往对子女有明确的规定和要求，并严格执行、树立权威。同时，他们也注意子女的自主性发展，鼓励亲子间的沟通和交流，能用一种合理、平等的方式来对待子女。

（2）专制型父母喜欢以惩罚的方式教育子女，他们讲究纪律和服从，认为子女应该无条件服从父母的规定和标准，会限制儿童的自主性。

（3）溺爱型父母的态度是最和蔼的。他们很少对子女提出要求和标准，反而赋予他们高度的自由和自主。他们认为控制和要求会对子女的发展造成影响，把自己看作资源，竭尽所能地为子女提供支持和帮助。

（4）忽视型父母在与孩子一起的活动上花费的时间和精力最少。更有甚者，可能忽视子女的需求，对他们置之不理。他们不关心子女的兴趣爱好、经历和交际，很少与子女谈心。他们往往以自我为中心，围绕自己的需求和兴趣点来发展亲子关系和家庭生活。

10. （1）安全型。具有这类依恋特征的孩子，当母亲在身边时，会表现得比较自在，会以母亲作为探索外界的中心。当母亲离开时会感到焦虑紧张，有的还会哭闹，而母亲回来之后，就会比较高兴。他们对陌生人往往比较友善。

（2）逃避型。这类孩子在母亲离开时较少哭闹，但是当母亲回来之后他们不会主动寻求安慰，甚至会有逃避行为，通常会伴随愤怒的情绪，对陌生人比较冷漠。

（3）矛盾型。矛盾型的孩子会表现出习惯性的焦虑，即使母亲在身边，也会时不时地找寻她的身影。在母亲离开后，会显得更加不安。但他们也很矛盾，一旦母亲回来，他们会表现出既想要亲近又会抗拒母亲的亲近。这类孩子往往会比较保守，较难安抚，对陌生人也不太友好。

后来，有研究者发现，一些幼儿在实验中的表现不同于上述三类，进而提出了第四种依恋类型——混乱型依恋。这类孩子的特征是：行为缺乏一致性。他们在与母亲分离或重聚时会表现出混乱无序、缺少组织性和目的性的情绪和行为表现。

六、材料题

1. 原因分析：

正如案例中的小雪一样，有暴力行为倾向的孩子往往有遭受暴力的经历。人们常说，有问题的孩子是由有问题的父母造成的。出现这样的问题后，家长一味指责孩子，这对解决问题无济于事。首先应从家长自身找原因，小雪的暴力行为与父母经常打骂她有密切的联系，但家长对此还缺乏认识。

（1）家长缺乏教育者角色意识和儿童权利意识，家庭教育容易感情用事。

（2）家长忽视了自己的榜样作用。

（3）家长缺少正确的教育方法。

（4）家长滥用权威。

咨询建议如下：

有问题的孩子是由有问题的父母造成的，要纠正小雪顶撞父母、殴打同学的行为，首先要从改变父母的观念和行为开始。

（1）家长以身作则，不能以暴制暴。

父母作为与孩子接触时间最长、最可信赖的人，也是孩子最经常模仿的对象，父母的言谈举止往往是孩子的行为准则。要纠正小雪打人的行为，首先要从改变父母的行为开始。因此，父母应遵循的一个基本原则是：今后无论发生什么事情，都不能再打骂孩子。

（2）树立儿童权利意识，尊重孩子的人格尊严。

所有儿童都平等享有生存、发展、受保护和参与的权利。无论是男童还是女童、正常儿童还是残疾儿童，都应享有平等发展的机会，都应受到平等对待。但作为发展的个体，儿童毕竟是弱小的，他们需要成人的支持才能全面地享有他们的权利。

2. 心理特征：亮亮的行为其实体现了学龄期儿童非常典型的心理特点。受制于身心发展规律，学龄期儿童对一件事的注意力不稳定，不持久，容易被新奇刺激吸引，所以亮亮才不能长时间专注于写作业，总爱开小差。另外，由于缺乏知识经验，孩子的注意范围较小，不善于分配自己的注意力，因而常常出现做完某件事后丢东忘西的现象。家长、老师们面对这样的孩子，首先要给予理解，进行适当的批评，但要注意应对事不对人。比如妈妈可以对孩子说："宝贝，你的行为是不对的知道吗？但是妈妈爱你，如果你能做个好孩子，妈妈就更高兴了。"

首先，充分利用孩子的好奇心，让他们在疑问中求知。

其次，把培养孩子的注意力与兴趣结合起来，让他们在快乐中求知。

再次，要营造和谐温馨的家庭氛围，为孩子提供一个安静的学习环境。

另外，正面教育孩子，帮助孩子形成积极的自我评价。

七、论述题

1. 亲子沟通指家庭中父母与子女之间交换资料、信息、观点、意见、情感和态度的过程。它是亲子关系中重要的构成之一。亲子沟通是影响亲子关系和家庭教育效果的重要因素。

家长和孩子的沟通问题，是家庭教育中遇到的普遍问题。随着青春期的到来，青少年与父母的冲突会不断增加。亲子沟通问题也较多地出现在这个时期。调查显示，儿童青少年行为问题发生率较高，对个体、家庭及社会都会造成不良影响，不仅影响儿童青少年的生长发育和社会化进程，还可能导致其成年时期发生适应不良、精神疾病和违法犯罪。而亲子关系不良、亲子沟通不畅是以上问题产生的重要原因。

作为家庭教育主导者的父母同时承受着社会竞争、家庭生活、养育子女、赡养父母等方面的多重压力。在此情况下，亲子沟通时间相应减少。目前家庭中子女数量普遍减少，特别是城市中绝大部分为独生子女，孩子与同龄人交往、学习和交流的机会较少，在家里更多的是与家长交流和相处。由于很多家长缺乏相关的儿童心理常识和家庭教育知识，大人与孩子的关注点完全不同，沟通内容错位，会造成沟通不畅。不少家长教育观念落后，以居高临下的教育者自居，对孩子缺乏应有的尊重，或者沟通方式简单，缺乏沟通技巧。以上种种是造成亲子沟通问题的主要原因。所以，良好的亲子沟通对于孩子的健康成长非常重要。

2. （1）亲子关系咨询过程中经常出现的问题

亲子关系咨询过程中常遇到的问题有：亲子间沟通不畅，亲子间依恋关系不健康，独生子女教育问题，儿童对环境适应不良，儿童学习困难，儿童厌学问题，儿童考试焦虑心理问题，独生子女的自我中心问题，夫妻沟通不良，家庭教养方式与儿童发展问题，儿童轻生问题，儿童的学习习惯培养，儿童挫折应对能力培养，青少年早恋问题，青少年性别认同问题，等等。

有很多儿童的心理及行为问题从表面看都不会与亲子关系联系在一起，但是这些问题的核心却是亲子关系不良。

（2）亲子关系咨询的注意事项

要从系统的角度去面对亲子关系的咨询，因为亲子关系反映了家庭系统运转的性能。亲子关系咨询大多都会有个未成年的求助者，未成年人正处于身心发展的时期，所以心理咨询和治疗要考虑其生理和心理年龄特点及未来发展，要以发展的态度去面对亲子关系。对亲子关系中的未成年求助者，要多用非语言技术，减少因求助者语言表达和理解力的局限性而造成的收集消息失真，详细且全面地了解求助者身边重要的人和重要事件，做出全面的判断。亲子关系咨询要求咨询师清楚地了解不同年龄阶段儿童的行为和心理特点。

3. 家庭教育的重要性包括：

（1）家庭教育是孩子接受的最早的教育，奠定个体一生发展的基础。家长是决定家庭教育质量的关键。目前，在我国家庭教育受到空前的重视，广大家长普遍重视家庭教育在儿童发展中的价值，凸显了家庭教育的地位和作用。但作为教育者的家长，面对教育观念的多元化、人才标准的多样性、教育经验的缺乏，在教育中面临许多新的挑战和问题，特别是由于经济发展、教育发展的不平衡，家长素质的参差不齐已成为制约家庭教育质量提高的重要因素。提高家长的素质是提高家庭教育质量的关键。明确家长在儿童发展和教育中的角色，了解称职的家长应具备的素质，是亲子关系咨询的基础。

（2）大量的研究和教育实践证明，在影响儿童发展的众多家庭因素中，家长是最重要的、最具决定性的因素。这是由家庭教育的性质以及家长在家庭教育中的角色和发挥的作用决定的。

（3）家庭教育是渗透在家庭全部生活之中，来自家庭的人或物对儿意的直接、间接、有意、无意、积极、消极的影响。家庭教育不仅包括家长有意识地对子女施加的影响，也包括家庭生活气氛、家庭环境、家长素质等潜在影响因素的影响。

影响家庭教育质量的因素是多方面、多层次的，如家庭所处的历史时代、社会区域，家庭生活环境（如家庭结构、家庭经济状况、家庭成员之间的关系及生活方式等），家长素质，等等。大量的研究和教育实践证明，在影响儿童发展的众多家庭因素中，家长是最重要、最具决定性的因素。从某种意义上说，有什么样的父母，就有什么样的孩子。

第二十四章　人际冲突咨询习题

一、单选题

1. 处理好人际关系的关键是要意识到（　　）的存在。

A. 自己　　　　　　B. 他人　　　　　　C. 同学　　　　　　D. 父母

2. 良好的（　　）是社会支持的重要组成部分。

A. 事业　　　　　　B. 心态　　　　　　C. 情绪　　　　　　D. 人际关系

3. （　　）是打开别人心灵的金钥匙。

A. 真诚　　　　　　B. 平等　　　　　　C. 主动　　　　　　D. 交互

4. 人际关系中，对（　　）提倡先尊重后磨合。

A. 同事　　　　　　B. 朋友　　　　　　C. 上司　　　　　　D. 下属

5. 喜欢是（　　）的人际吸引。

A. 中等程度　　　　B. 较低层次　　　　C. 最高程度　　　　D. 最低层次

6. 人际关系中，对（　　）多理解慎支持。

A. 同事　　　　　　B. 朋友　　　　　　C. 竞争对手　　　　D. 下属

7. 人际关系中，对（　　）多帮助细聆听。

A. 下属　　　　　　B. 朋友　　　　　　C. 上司　　　　　　D. 同事

8. 人际关系中，对（　　）要真诚勤联络。

A. 同事　　　　　　B. 朋友　　　　　　C. 上司　　　　　　D. 下属

9. 人际沟通与大众沟通的最重要区别是（　　）。

A. 有无情感的交流　　　　　　　B. 有无媒体的中介

C. 有无态度的交流　　　　　　　D. 有无言语的出现

10. 沟通是（　　）传递和交流的过程。

A. 信息　　　　　　B. 物质　　　　　　C. 能量　　　　　　D. 情感

11. 沟通结构模式中的基本要素不包括（　　）。

A. 认知   B. 信息   C. 背景   D. 障碍

12. 一般来说，最能准确地反映人的内心状况的身体语言形式是（　　）。

A. 姿势   B. 目光   C. 面部表情   D. 空间距离

13. 朋友之间交往的距离属于（　　）。

A. 公众   B. 社交   C. 亲密   D. 个人

14. 最重要的身体语言沟通方式是（　　）。

A. 身体姿势   B. 目光   C. 身体运动   D. 面部表情

15. 人际关系是人与人在沟通与交往中建立起来的直接的（　　）的联系。

A. 心理上   B. 价值观上   C. 行为上   D. 利益上

16. 人际关系的特点不包括（　　）。

A. 个体性   B. 情感性   C. 系统性   D. 直接性

17. 人际关系深度的一个敏感的"探测器"是（　　）。

A. 自我暴露程度   B. 情感卷入程度

C. 亲密行为   D. 好恶评价

18. 人际关系的交换性原则是指（　　）。

A. 个体期待人际交往对自己是有价值的，即在交往过程中的得大于失，至少得等于失

B. 对肯定自我价值的他人，个体对其认同和接纳，而对否定自我价值的他人则予以疏离

C. 在交往的过程中，一方处于支配地位，另一方处于从属地位。

D. 我们喜欢那些也喜欢我们的人，人际交往中的接近与疏远、喜欢与不喜欢是相互的。

19. 被动包容式的人际关系取向是（　　）。

A. 喜欢控制他人，能运用权力

B. 期待他人引导，愿意追随他人

C. 期待他人接纳自己，往往退缩、孤独

D. 对他人显得冷淡，负性情绪较重，但期待他人对自己的亲密

20. 主动支配式的人际关系取向是（　　）。

A．喜欢控制他人，能运用权力

B．期待他人引导，愿意追随他人

C．对他人显得冷淡，负性情绪较重，但期待他人对自己亲密

D．表现出对他人喜爱、友善、同情和亲密

21．基本的人际需要不包括（　　）。

A．认知需要　　　B．包容需要　　　C．感情需要　　　D．支配需要

22．人际吸引最强烈的形式是（　　）。

A．亲和　　　　　B．亲情　　　　　C．爱情　　　　　D．喜欢

23．根据安德森的研究，影响人际吸引的最重要的人格品质是（　　）。

A．真诚　　　　　B．智慧　　　　　C．幽默　　　　　D．热情

24．根据"目标手段相互依赖理论"，只有与自己有关的他人采取某种手段实现目标时，个体的目标和手段才能实现，这样他们之间的关系是（　　）。

A．冲突关系　　　B．合作关系　　　C．互助关系　　　D．竞争关系

25．良好人际关系原则不包括（　　）。

A．强化原则　　　B．交换性原则　　　C．平等性原则　　　D．相互性原则

26．对肯定自我价值的他人，个体对其认同和接纳，并反过来予以肯定与支持。这是人际关系的（　　）。

A．自我价值保护原则　　　　　　　B．相互性原则

C．交换性原则　　　　　　　　　　D．平等性原则

27．舒茨用三维理论解释群体的形成与群体的解体，提出了（　　）。

A．群体整合原则　　　　　　　　　B．六种人际关系原则

C．群体分解的控制原则　　　　　　D．包容原则和情感原则

28．美国学者舒茨认为，（　　）决定了个体与其社会情境的联系，如不能满足，就可能会导致心理障碍及其他严重问题。

A．社会赞同的需要　　　　　　　　B．人际需要

C．对自尊的需要　　　　　　　　　D．成就的需要

29．人际关系的三维理论是由（　　）提出来的。

A．摩根　　　　　B．舒茨　　　　　C．奥斯古德　　　　D．费斯廷格

30. "个体与他人之间情感上相互亲密的状态，人际关系中的一种肯定形式"，这指的是（ ）。

A. 人际关系　　　B. 依恋　　　　C. 利他关系　　　D. 人际吸引

31. 人们在心理和行为方面的交流、交往，被称为（ ）。

A. 人际喜欢　　　B. 人际互动　　　C. 人际交往　　　D. 人际吸引

32. 个体与个体，群体与群体之间为达到共同的目的，彼此互相配合的一种行为，称之为（ ）。

A. 竞争　　　　　B. 合作　　　　C. 人际互动　　　D. 协调

33. 个体与个体，群体与群体之间争夺一个共同目标的行为称为（ ）。

A. 合作　　　　　B. 让步　　　　C. 竞争　　　　　D. 妥协

34. 影响喜欢的最稳定因素，也是个体吸引力重要的来源之一的是（ ）。

A. 熟悉　　　　　B. 人格品质　　　C. 相似　　　　　D. 外貌

二、多选题

1. 以下（ ）是重要的人际关系原则。

A. 真诚原则　　　B. 交互原则　　　C. 主动原则　　　D. 平等原则

2. 人际关系紧张失调时，会给人们的（ ）等方面带来一系列影响。

A. 学习　　　　　B. 生活　　　　C. 情绪　　　　　D. 健康

3. 和谐的人际关系可带来愉快的情绪，产生（ ）。

A. 安全感　　　　B. 舒适感　　　C. 满足感　　　　D. 孤独感

4. 人际关系紧张会造成（ ）等情绪。

A. 抑郁　　　　　B. 烦躁　　　　C. 焦虑　　　　　D. 憎恨

5. 人际关系的特点包括（ ）。

A. 功利性　　　　B. 直接性　　　C. 个体性　　　　D. 情感性

6. 一般来说，良好的人际关系的建立与发展要经过的阶段包括（ ）。

A. 情感交流阶段　B. 定向阶段　　　C. 稳定交往阶段　D. 情感探索阶段

7. 自我暴露的水平包括（ ）。

A. 态度　　　　　　　　　　　　B. 隐私

C. 情趣爱好　　　　　　　　　　　D. 自我概念与个人的人际关系状况

8. 要建立良好的人际关系，应该遵循的原则包括（　　）。

A. 相互性原则　　　　　　　　　　B. 包容性原则

C. 自我价值保护原则　　　　　　　D. 平等性原则

9. 人的基本人际需要包括（　　）。

A. 从众需要　　　B. 支配需要　　　C. 包容需要　　　D. 认知需要

10. "人际关系三维理论"的"三维"包括（　　）。

A. 包容需要　　　B. 成就需要　　　C. 情感需要　　　D. 支配需要

11. 根据群体整合原则，在群体分解时，要经过（　　）等阶段。

A. 感情不和　　　B. 难以包容　　　C. 失控　　　　　D. 心理冲突

12. 互补对于人际吸引是最重要的，互补的形式主要有（　　）。

A. 情感的互补　　　　　　　　　　B. 需要的互补

C. 社会角色的互补　　　　　　　　D. 人格特征的互补

13. 人际互动主要的形式包括（　　）。

A. 竞争　　　　　B. 利益冲突　　　C. 合作　　　　　D. 感情相容

14. 合作的基本条件有（　　）。

A. 共识与规范　　　　　　　　　　B. 目标的一致

C. 人格的相似　　　　　　　　　　D. 相互信赖的合作氛围

15. 夫妻之间的心理冲突包括（　　）。

A. 需求不满　　　　　　　　　　　B. 夫妻的性差异

C. 价值观念不一致　　　　　　　　D. 远离的"自我"

三、简答题

1. 人际冲突产生的原因是什么？

2. 如何解决人际冲突？

3. 一般来说，人际关系障碍的类型有哪几种？

四、方案设计题

用一个生活中的冲突案例做一个咨询方案。

要求：1. 用你熟悉的或本会的心理咨询技术。

2. 至少要用到 4 种心理技术。

参考答案

一、单选题

1. B	2. D	3. A	4. C	5. A
6. A	7. A	8. B	9. B	10. A
11. A	12. B	13. D	14. B	15. A
16. C	17. A	18. A	19. C	20. A
21. A	22. C	23. A	24. B	25. A
26. A	27. A	28. B	29. B	30. D
31. B	32. B	33. C	34. B	

二、多选题

1. ABCD	2. ABCD	3. ABC	4. BC	5. BCD
6. ABCD	7. ABCD	8. ACD	9. BC	10. ACD
11. ABC	12. BCD	13. AC	14. ABD	15. ABCD

三、简答题

1. 人际冲突产生的原因包括：

（1）权利与责任归属的冲突。

（2）层级所产生的冲突。

（3）利益的冲突。

（4）沟通技巧不佳。

（5）个人特质。

（6）外在的因素。

2.《人际关系与沟通》中指出，有效解决冲突有以下步骤：

第一步，澄清并界定问题。

第二步，找出彼此的需求和愿望，这样才能找到令双方满意的解决方法。

第三步，评量可能的解决办法。

第四步，达成共识。

第五步，回顾与重新切磋。

3．一般来说，人际关系障碍的类型有：

（1）与他人交往平淡，缺少知心朋友。

（2）与某些人难以相处而成为一块心病。

（3）与人交往感到恐惧，有社交恐惧症。

（4）感到交往有困难，不会处理人际关系。

（5）缺乏交往动机，不想与人交往。

四、方案设计题

答案略。

第二十五章 自我成长咨询习题

案例一

小明是一名六年级学生，上课总是注意力不集中，爱打扰同学，要求每个人必须听他的，不然就与同学发生冲突。有一次上课他总是说话干扰课堂，老师要求同学们不要搭理他，小明很无趣，心里很不痛快，就使劲咬了自己的手发泄情绪。请结合以上案例回答下列问题：

单选题

1. 小明的心理困扰属于（　　）。

A. 一般心理问题　B. 严重心理问题　C. 神经症　　　D. 精神疾病

2. （　　）是指运用心理学的方法对在心理适应方面出现问题并寻求解决问题的求助者提供心理援助的过程。

A. 心理治疗　　　B. 心理咨询　　　C. 心理教育　　　D. 心理健康

多选题

1. 小明的心理困扰包括（　　）。

A. 情绪困扰　　　B. 人际关系困扰　C. 注意力缺乏　　D. 学习困难

2. 心理咨询人员的基本态度包括（　　）。

A. 理解的态度　　B. 重视感情投入　C. 律师的态度　　D. 教师的态度

简答题

1. 如果你是一名心理咨询师来帮助小明，你会制订怎样的咨询目标？

案例二

小美外表干净整洁，外貌姣好，成绩在班级排名第一，是大家心中的好学生。可是她的内心十分痛苦，很抑郁，感觉就像要窒息一样。在某医院被诊断为抑郁症后，常跟老师、同学说自己抑郁，以此博取同学同情和关注，刚开始同学同情她，但次数多了大家就不愿搭理她了。在班级活动中她只按自己的想法做事，不能与同学合作互动，内心感觉很孤独。

单选题

1. 下列属于抑郁自评量表的是（   ）。

A. SAS   B. SDS   C. SCL–90

2. 根据抑郁自评量表，轻度抑郁的分值范围是（   ）。

A. 低于 50 分   B. 50~60 分   C. 60~70 分   D. 大于 70 分

多选题

1. 抑郁症的诊断标准包括（   ）。

A. 整天心境抑郁，几乎天天如此

B. 对日常活动缺乏兴趣和愉快感

C. 精力减退，易疲劳

D. 缺乏自信心或自尊

2. 抑郁症患者常伴有自杀行为，对于小美，（   ）可以预防自杀的发生。

A. 签订知情同意书并告知对方在咨询过程中的保密例外，如自杀问题的处理

B. 告知小美的父母密切关注小美的心境变化，预防自杀的发生

C. 进行自杀风险评估并采取一定的应对措施

D. 为了避免自杀发生，不与来访者谈论自杀问题

简答题

1. 请根据小美的困扰制订心理辅导计划。

案例三

小文，男，高二学生，表示不想读书，想做自己喜欢的事，如绘画和主持，感觉思维迟滞，学不进去，压力很大，有时突然感到自己不知身在何处。父母从小要求高，让他努力学习，可是他认为学习真的不是自己擅长的事，在班上倒数第一，自己也想努力改变现状，可是太难了，努力总是没有结果，很压抑，有想死的念头。这样的状态持续两个多月了，特来求助。

单选题

1. 小文的心理困扰属于（　　）。

A. 一般心理问题　　B. 严重心理问题　　C. 神经症　　　　　D. 精神疾病

2. 你认为小文的心理困扰最根本的原因是（　　）。

A. 理想自我与现实自我的冲突　　　　B. 学习压力大

C. 心境低落　　　　　　　　　　　　D. 与父母发生冲突

3. "自我同一性"形成的关键期是（　　）。

A. 0~1 岁　　　　　B. 6~12 岁　　　　C. 12~18 岁　　　　D. 18~25 岁

多选题

1. 判断心理异常的原则有（　　）。

A. 统计学原则　　B. 功能性原则　　C. 心理学原则　　D. 社会学原则

简答题

1. 如果你是心理咨询师，请针对小文的问题撰写一段关于学习问题探讨的咨询对话。

案例四

小敏，大三学生，要求父母给自己转学，不能适应现在的大学生活。从小到大小敏一不能适应学校生活就要求转学，高中时被诊断为抑郁，父母陪读勉强考上大学。在大学刚开始时还好，但是一个学期后就不能适应，自言自语，与室友关系紧张。辅导员建议带去医院检查，诊断抑郁休学半年，返校后不能融入新集体，自称抑郁博取关注，但好景不长，感觉无法继续在这所学校待下去要求转学。

单选题

1. 你认为小敏的心理困扰最根本的原因是（　　）。

A. 抑郁症　　　　　B. 适应障碍　　　　C. 室友关系紧张　　D. 过分依赖

多选题

1. 心理咨询的原则包括（　　）。

A. 保密原则　　　　　　　　　　B. 自愿原则

C. 中立原则　　　　　　　　　　D. 重大决定延期原则

2. 心理咨询的三大技法是（　　）。

A. 精神动力学理论的立场观点　　　B. 人性论的立场观点

C. 行为主义的立场观点　　　　　　D. 认知论的立场观点

3. 心理咨询的基本要素包括（　　）。

A. 支持　　　　　B. 训练　　　　　C. 表现　　　　　D. 洞察

简答题

1. 请结合小敏的困扰制订心理辅导方案。

参考答案

案例一

单选题

1. A   2. B

多选题

1. ABC   2. ABC

简答题

1. （1）学会管理情绪。

（2）学会与人友好相处。

（3）提升注意力，积极投入学习。

案例二

单选题

1. B   2. B

多选题

1. ABCD   4. ABC

简答题

1. （1）运用绘画艺术治疗进行情绪表达和处理。

（2）运用认知疗法进行不合理信念引导。

（3）最后进行人际关系指导。

案例三

单选题

1. B   2. A   3. C

多选题

1．ABC

简答题

1．咨询对话可以围绕以下几个方面进行：

（1）学习上的主体感受。

（2）学习中存在的问题及尝试过的方法。

（3）曾经取得的学习上的成就等。

案例四

单选题

1．B

多选题

1．ABCD   2．ABC   3．ABCD

简答题

1．（1）探寻问题根源，寻找行为背后的深层需要。

（2）进行人际互动模式探索，更新人际交往技能。

（3）进行恢复入校训练，在身心准备好后恢复入学并给予心理支持。

第二十六章　情绪管理习题

一、单选题

1. "入芝兰之室，久而不闻其香"是感受的（　　）现象。

A. 对比　　　　　B. 适应　　　　　C. 后象　　　　　D. 感受性

2. 需要层次理论的创造者是（　　）。

A. 斯金纳　　　　B. 桑代克　　　　C. 韦纳　　　　　D. 马斯洛

3. 马斯洛把人类的需要概括为下列 5 个层次（　　）。

A. 生理需要，安全需要，爱和归属的需要，尊重需要和自我实现的需要

B. 物质的需要，安全的需要，爱和归属的需要，尊重和认知的需要

C. 生理需要，安全需要，爱和归属的需要，尊重需要和美的需要

D. 生理的需要，安全需要，爱和归属的需要，尊重需要和社会价值的需要

4. 情绪和情感所反映的（　　）。

A. 客观事物的本质属性　　　　　　B. 客观事物的外部现象

C. 客观事物之间的关系　　　　　　D. 客观事物与人的需要之间的关系

5. 俗话说"人逢喜事精神爽"，这种情绪状态，属于（　　）。

A. 激情　　　　　B. 应激　　　　　C. 心境　　　　　D. 热情

6. 由于缺乏准备，不能处理，不能驾驭或摆脱某种可怕或危险情境时，所表现的情绪体验是（　　）。

A. 快乐　　　　　B. 悲哀　　　　　C. 愤怒　　　　　D. 恐惧

7. 个体由于遇到了与愿望相违背或愿望不能达成，并一再受到妨碍时，逐渐累积了紧张的情况下产生的情绪体验为（　　）。

A. 快乐　　　　　B. 悲哀　　　　　C. 愤怒　　　　　D. 恐惧

8. 个体在意外事件或紧急情况出现时，表现出高度紧张的情绪状态，被称为（　　）。

A. 愤怒　　　　　B. 心境　　　　　C. 应激　　　　　D. 激情

9. "忧者见之则忧，喜者见之则喜。"这是受一个人的（   ）的影响所致。

A. 激情   B. 心境   C. 热情   D. 应激

10. 下列与自我评价有关的情绪和情感是（   ）。

A. 害羞   B. 厌恶   C. 恐惧   D. 兴趣

二、多选题

1. 个体的心理过程包括（   ）。

A. 认识过程   B. 情绪情感过程   C. 意志过程   D. 注意过程

2. 人本主义心理学主张研究人的（   ）。

A. 行为及影响因素   B. 情感、生命意义

C. 动机、欲望   D. 记忆、思维

3. 情绪和情感（   ）。

A. 是有机体适应环境的重要手段   B. 可以影响活动效率

C. 强度越大，活动效率越高   D. 会引起生理变化

4. 心境是一种（   ）的情绪状态。

A. 影响主体对事物态度的体验   B. 具有弥散性

C. 比较微弱   D. 比较持久

5. 大量研究，尤其是跨文化研究已经表明，面部表情、身段表情和言语表情是
（   ）。

A. 鉴别情绪情感的主要标志   B. 情绪情感的行为表现

C. 交流信息的工具   D. 情绪情感引起的机体生理变化

6. 情绪情感（   ）。

A. 以需要为中介   B. 是一种主观感受

C. 与认识过程无关   D. 会引起生理变化

7. 激情是一种（   ）的情绪状态。

A. 爆发式   B. 危险情况下出现

C. 最猛烈   D. 时间短暂

8. 情绪和情感的主要区别在于（   ）。

A．情绪是感情的过程　　　　　　B．情感是感情的内容

C．情感是感情的体验　　　　　　D．情绪具有情境性

9．沙赫特的情绪理论认为（　　）是情绪产生的机制。

A．环境因素　　B．认知评价　　C．生理唤醒　　D．皮层的活动

10．人本主义者认为（　　）。

A．人的本质是好的，善良的

B．人有自由意志，有自我实现的需要

C．思想欲望和情感这些内部过程和内部经验是人各不相同的主要方面

D．只要有适当的环境，人们就会力争达到某些积极的社会目标

参考答案

一、单选题

1. B   2. D   3. A   4. D   5. C

6. D   7. C   8. C   9. B   10. A

二、多选题

1. ABC   2. BC   3. ABD   4. ABD   5. ABC

6. ABD   7. ACD   8. ABD   9. ABC   10. ABCD

第八部分　团体心理服务习题

第二十七章　社区心理健康服务习题

一、单选题

1. 在我国，对老年人幸福感的研究起步较晚，大约从（　　）开始，才有学者进行关注。

A. 19 世纪初　　　　　　　　　　B. 19 世纪末 20 世纪初

C. 18 世纪初　　　　　　　　　　D. 18 世纪末

2. 在下列因素中，（　　）不是影响老年人生满意度的主要因素。

A. 心理状况　　　B. 经济收入　　　C. 行动能力　　　D. 住所楼层

3. 预防性的心理服务，主要针对的人群为（　　）。

A. 亚健康人群　　B. 成年人　　　C. 未成年人　　　D. 老年人

4. 治疗性心理服务主要针对的人群为（　　）。

A. 亚健康人群　　B. 未成年人　　　C. 心理疾病人群　D. 健康人群

5. 下列属于"254"支持模式中心理资本元素的是（　　）。

A. 乐观　　　　　B. 善良　　　　C. 诚实　　　　　D. 勤劳

6. 下列不属于"人生五味茶"心理技术素材味道的是（　　）。

A. 酸　　　　　　B. 甜　　　　　C. 苦　　　　　　D. 香

二、多选题

1. 近年来，我国针对社区老年人开展的心理服务干预措施有（   ）。

A. 家庭访视　　　B. 心理护理　　　C. 适当劳动　　　D. 挫折教育

2. 近年来，国内许多研究表明，社区老年人的生活满意度与（   ）密切相关。

A. 心理状况　　　B. 健康状况　　　C. 婚姻状况　　　D. 经济状况

3. 心理工作者关注到，部分离异女性的心理健康状况要差于普通人群，常常伴有（   ）等负面心理状态。

A. 自卑　　　　　B. 焦虑　　　　　C. 仇恨　　　　　D. 抑郁

4. 社区心理的特征有（   ）。

A. 自发性　　　　　　　　　　B. 理性和有意识性

C. 直接感受性　　　　　　　　D. 非理性和无意识性

5. 社区心理对社区发展的影响，主要通过以下途径实现（   ）。

A. 中介传导作用　　B. 领导意志作用　　C. 社会居民呼声　　D. 整合作用

6. 从目前的心理学应用方向看，心理学的应用范围大致可以分为以下几个方面（   ）。

A. 预防性心理服务　　　　　　B. 补偿性心理服务

C. 支持性心理服务　　　　　　D. 治疗性心理服务

7. 属于"254"模式中"5"（五伦关系）重要思想的有（   ）。

A. 父子有亲　　　B. 夫妇有顺　　　C. 同事有义　　　D. 朋友有信

E. 男尊女卑

8. "254"模式服务形式有（   ）。

A. 心理茶馆　　　B. 心理治疗　　　C. 支持性团体　　　D. 志愿服务

9. 心理学中的"重要他人"包括（   ）。

A. 父母长辈　　　　　　　　　B. 兄弟姐妹

C. 老师同学　　　　　　　　　D. 给予过帮助的陌生人

10. 心理资本的概念最早出现在（   ）等文献中。

A. 经济学　　　　B. 社会学　　　　C. 投资学　　　　D. 环境学

11. 影响心理资本的因素有（   ）。

A．经济因素　　　B．家庭关系　　　C．身心健康　　　D．社会文化

三、名词解释题

1．社区青少年
2．幸福感
3．社区心理
4．社区心理健康服务
5．自我
6．重要他人

四、简答题

1．近年来，我国开展的针对我国老年人的干预措施有哪些？
2．社区心理与个体心理有哪些方面的不同？
3．社区心理的特征有哪些？
4．社区心理的整合作用具体表现在哪些方面？
5．社区心理服务在当今社会环境下有哪些必要性？
6．"254"支持模式的特点是什么？
7．与社区老年人的生活满意度密切相关的因素有哪些？
8．"254"模式的优势有哪些？

五、论述题

1．什么是"254"支持性模式？
2．请运用九宫格技术设计一次以"我的母亲"为主题的团体辅导方案。

参考答案

一、单选题

1. B   2. D   3. C   4. C   5. A

6. D

二、多选题

1. AB   2. ABCD   3. ABCD   4. ACD   5. AD

6. ACD   7. ABCD   8. AC   9. ABCD   10. ABC

11. ABCD

三、名词解释

1. 社区青少年是指年龄在 14~25 岁之间、在学校读书、尚未就业或没有固定工作、缺乏或没有家长监管的青少年。

2. 幸福感是指人们自身感到的持续、稳定的幸福感觉，包括对现实生活的总体满意度和对自己的生命质量的评价，即对自己生存状态的全面肯定。

3. 社区心理作为社会心理的重要组成部分，是某一特定社区内与人们的日常生活相联系的社会意识，社区心理是社区成员对社区内客观存在的一种不自觉、非理论化、不系统的反映形式。具体地说，社区心理是指同一社区中绝大多数成员共同具有的心理特质和行为方式。

4. 所谓社区心理健康服务，是指在社区服务工作中，运用心理科学的理论和原则来保持与促进人们的心理健康。具体地说，社区心理服务的宗旨在于促进儿童青少年的正常发展，培养其健全人格，保持成年人的正常发展，预防各种心理障碍，包括精神病、神经症、心身疾病、病态人格、精神发育迟滞，消除引起心理压力和各种不良心理的因素。

5. 自我是指一个人对自己所有方面的认知，是一个独特的、持久的同一身份的我。

6. 重要他人是指在个体社会化以及心理人格形成的过程中具有重要影响的具体人物，重要他人可能是一个人的父母长辈、兄弟姐妹，也可能是老师、同学，甚至是萍水相逢的路人或不认识的人。

四、简答题

1. 针对我国老年人的干预措施主要有：

（1）家庭访视服务。

（2）康复训练。

（3）心理健康和老年人健康知识讲座。

（4）支持性心理咨询。

（5）心理护理。

2. 社区心理与个体心理有三个方面的不同：

第一，社区心理不是社区中个别成员的心理特质和行为特点。虽然社区中往往会有一些个别成员的心理与行为特征偏离社区心理这个轴心，但就绝大多数成员来说，个体心理活动都是围绕着这个轴心的。社区心理与个体心理大体上是共性与个性的关系。

第二，个体心理活动随着个体生活的结束而终止，而社区心理则会伴随着社区文化观念积淀下来，并通过个体社会化的方式代代相传，具有较强的延续性。

第三，社区心理作为一种共性的心理特质，对个体心理活动具有较强的影响作用。相反，个体心理对社区心理的影响，一般说来则是比较微弱的。

3. 社区心理的特征有：

第一，自发性。社区心理是社区成员在日常生活条件的直接影响下自发形成的，并伴随着社区生活环境的变化而变化。

第二，直接感受性。社区心理是一种低概括度的社会意识，是社区成员对社区内各种复杂关系的直接感受，带有经验的性质，基本上是以感性为主的。

第三，非理性和无意识性。社区心理一般是自发产生的、非系统的。它更多地与社区成员的情感、情绪、习惯以及一些直接的、基本的生活需要相联系，因而往往是在不假思索、无缘无故、情不自禁的情况下出现的，具有非理性或无意识性的特征。

4. 社区心理的整合作用具体表现在：

第一，社区成员所共同具有的心理特质和行为方式，特别是他们对社区的认同感和归属感，是维系整个社区的重要纽带。

第二，社区心理是在社区成员互动过程中，把社区规范内化为心理尺度，通过心理尺度的约束，把社区成员的行为纳入规范的轨道，从而使社区成员的心理活动和行为方式都表现出一定的倾向性和规定性。如果个别社区成员的所思所想、所作所为不符合社区目标和社区规范，则社区中的其他成员就会对其做出带有情绪色彩的否定性反应，给其造成一定的心理压力。这种压力会促使其矫正自己的行为以便能符合社区规范的要求，从而得到人们的承认和接受，缓解和消除自己内心的紧张，并从中获得一定的心理满足。社区心理就是通过这种控制方式，把社区中大多数人的行为反应引向社区所规定的方向，从而起到了整合作用。

尽管社区心理的整合作用有助于社区成员统一意识、统一行为，有助于人们维护共同的追求目标，但不可否认，社区心理的整合作用如果过强的话，则会在一定程度上限制社区成员的视野和对社区以外事物的感受，从而不能对外部世界的意义做完整的理解与透视。这样既妨碍社区发展，也不利于整个国家的社会协调发展。形形色色的地方本位主义便是社区心理对社区整合作用过强的典型表现。

5. 社区心理服务在当今社会环境下的必要性有：

（1）社区心理服务工作的开展是社会发展的必然。

（2）社区心理服务工作的开展是维护社区安全稳定的基础。

（3）社区心理服务工作的开展能对心理疾病的预防、发现、干预发挥作用。

（4）社区心理服务工作的开展为老年人生活带来福音。

6. "254"支持模式的特点是：

（1）整合过去、现在、未来。

（2）问题模式、积极干预模式及支持性模式结合，互补长短。

（3）中国传统思想与现代心理科学结合。

（4）东方和西方心理学思想结合。

7. 婚姻状况、经济状况、心理状况、健康状况、行动能力等因素与社区老年人的生活满意度密切相关。

8. "254"模式的优势有：

（1）来源于中国文化，符合中国人的心理特点和接受模式。

（2）系统性，易操作。

（3）以心理支持为目标，风险小，适合社区特点。

（4）以和谐、幸福社会的建立为最终目标，符合中国社会发展的总体目标。

五、论述题

1. "254"支持性模式，是结合问题解决模式和积极干预模式双方的优势，弥补不足，同时根据我国社区服务的现状，尝试提出的一种新的社区心理服务模式，是一种中国本土化视角下的社区服务模式的新探索。

"254"模式是将"2""5"与"4"进行系统的整合与汇集，"2"代表自我与重要他人，是着重于现在服务对象对自我，以及自我与重要他人关系的解读和呈现。目的在于增进服务对象对自我的认识，同时改善其人际关系模式，达成与重要他人的和谐相处。

"5"即是中国传统"五伦"思想的集中体现，并且根据现实社会生活做了恰当的调整，总结出"父子有亲、夫妇有顺、长幼有序、同事有义、朋友有信"的新五伦思想。着重呈现服务对象过去在原生家庭、亲密关系、兄弟长幼关系、同事及朋友关系中的价值感受。这五种关系是人们支持系统的核心，在过程中澄清服务对象的五种关系模式，并且通过相应的技术理顺其中的情结，可以真正实现服务对象心理生态系统的和谐，大幅度提升成员的心理健康水平。

"4"即积极心理学理论中的"心理资本"思想，并且根据社区居民的特点总结出"乐观、坚韧、感恩、希望"四种心理资本的元素，运用相关技术，以心理训练的形式，在彼此的支持和鼓励中，提升心理资本，增强其面对生活的信心和勇气。

2. "父子有亲——我的母亲"团体方案

（1）核心理念

"依恋理论"是有关心理学概念"依恋"的一种理论（或一组理论）。"依恋"是寻求与某人的亲密、并当其在场时感觉安全的心理倾向。依恋理论起源于对婴幼儿与母亲关系的实验观察（鲍尔比），并在美国心理学家哈洛的动物实验中几乎同时发现并验证。

在心理学家哈洛的这些实验中，幼猴在出生后不久即被与母猴分离。然后，向幼猴提供两个玩具母猴作为母猴替代物。第一个玩具母猴是由铁丝网做成。第二个玩具母猴由毛巾布和泡沫橡胶做成。两个玩具母猴都可以在胸部附加奶瓶，供幼猴取食。实验的目标是要观察：什么因素决定着幼猴会依附哪个玩具母猴——毛巾布的柔软触感或食物的获取。实验结果表明，幼猴会依附于软布做的玩具母猴，而无论它是否提供食物。并且当软布玩具母猴在附近时，幼猴有更多的探索活动。显然，玩具母猴向幼猴提供了一种安全感。不过，毫无生机的玩具不足以替代真实的母猴。在成长过程中隔绝于其他猴子的幼猴在社会情境中会表现出反常行为。当遇到其他猴子时，它们或者非常恐惧于其他猴子，或者无缘无故地攻击其他猴子。在隔离状态中长大的母猴经常会忽视或虐待自己的幼猴。这种反常行为被认为显示出：进一步的社会性成长依赖于与母亲的纽带。

依恋理论使人们不仅越来越关注作为心理过程的依恋，它还引发对儿童成长的全新理解。弗洛伊德理论认为随着力比多驱力固定在不同客体上，旧有的依恋会被打破；旧有依恋如果未能被有效打破，就会成为一种心理创伤，并会在将来导致心理疾患。依恋理论则认为，成长中的儿童并不打破旧有的依恋，而是学会在已经建立的依恋中变得更主动（或自主），或者增加新的依恋，而这并不一定要求与旧有依恋决裂，新依恋也不一定要替代旧依恋。

（2）核心目的

接纳、连接、疏通和母亲的关系，提升心理资本。

每个人都源于父母，父母是我们的根系，提供给我们赖以生存和成长的能量和养分。我们是父母精华的再现，我们与父母血脉相连。如果失掉与父母的连接，会让我们在这无尽尘世渐渐迷失自我，我们很多人明意识中会忽视与父母的关系，认为自己已经有足够的资本脱离父母的羽翼，不重视父母根系的能量，自己却还茫然不知所以，从而使人生承受一连串的问题。通过父子有亲的互动环节，我们可以修复父子之间的连接管道，使父母子女之间爱的能量能顺畅地流淌与融合，使给予和接纳都变得更加自然和自愿。我们有了源源不断的生命能量，人也会更自信，阳光，生活展现给我们的也会是一个全新的面貌。

在支持性团体中，以亲子连结技术为第一主导，导师引领团体成员，抱团取暖。团员之间以爱唤醒爱，让每个团员在爱的暖流中，袒露内心的挂碍死角，清除遮盖亲情管道裂痕的心灵垃圾，修复与父母连接的情感通道，达到洁净心灵、规整心房、阳光心态，提升参与者心理资本的终极目的。

（3）操作流程

①组员之间建立初步关系：设计和谐、温馨、理解的团体气氛，使团体成员有归属感、肯定感、安全感。（可以用暖场的心理技术，让成员彼此相识、互相认同、消除沟通障碍，激发成员参与团体活动的兴趣，增强成员的参与愿望。）

②主题实施阶段：设计一个"自然团体"，运用支持性团体技术，创设一个充满理解、关爱、信任的情境。经过前期的关系建立，组员开始融入团体之中，并找到自

己在团体中的位置。

"我的母亲"九宫格绘画体验具体操作见下表。

"我的母亲"团体具体操作

流程	目的	引导语	注意事项
九宫格画"妈妈"	用绘画的方式呈现成员与父母的关系，九宫格可以保证多侧面、全面地呈现。	开头写上"我的妈妈"。在画第一个方框的时候，闭上眼睛，冥想，想象"我的妈妈"。你的头脑中会出现一幅画面，将这个画面画在第一个格子中。画完第一格之后，再次闭上眼睛冥想"我的爸爸妈妈"，然后将大脑中出现的画面画在第二个格子中。依次画完。引导大家在思绪里透射出父母的画面，不断地促使大家把画面呈现得更加清晰，将头脑中的父母画面用图画的形式表现在九宫格里。	①给组员充足的时间静想、作画，让组员不要急，充分地享受这一过程，尽情表达。②当看到大部分组员已经作画完毕，处在等待状态时，导师可以用沉缓、关爱的语气引导组员进一步澄清亲情，目的是看看大家的思路里面还有没有模糊的经历。
分享故事	分享故事是第二层表达，同时在分享中发现团体的"同质性"，获得其他成员的支持。	鼓励成员表达自己的画，但也尊重成员自己的选择。相互分享各自的作品故事，彼此谈论自己或别人的想法、分享成长体验，获得别人的理解、支持。利用团体互动增加对自我与他人的觉察力，把团体心理训练作为练习和改善自己心理行为的实验场所，以期能将效果扩展到生活中去。	①可自愿表达或者挑情绪触动比较大的人表达。②成员分享时引导其他成员倾听，给予积极关注，同时给予眼神和肢体支持（如拥抱，手拉手等），鼓励成员相互支持。③配上合适的音乐。
感谢彼此	表达感谢可以避免让成员留下"未完成事件"或者觉得欠了其他成员。	找一位团体成员向他人表达，感谢、帮助、支持都可以，甚至只是眼神或者一个拥抱，都无比重要。	每一步的表达都很重要，向给予自己支持的人表达感谢，向需要温暖和爱的人表达支持，可以使成员获得力量。
同唱一首歌	感受彼此的力量，在相互支持中结束团体。	手拉手，将自己的心和歌连在一起，同唱一首歌《对你说》。	导师也加入其中，给予成员力量。

续表

| 升华总结 | 导师总结团体，升华主题。 | 经历的苦难，会像包袱压在身上。当我们经历了人生，会发现包袱还在，但可能已经变成了礼物。将创伤转化为生产力的人，很多都获得了成功，关键是看我们向东走还是向西走。比如郭靖和杨康的故事，郭靖没有家人，但是有江南七怪做老师，有洪七公这个心地善良、正直的师父，有黄蓉这样一个心理健康的妻子，给予他安全感，支持他追求自己的梦想。 | |

第二十八章　企业心理健康服务习题

一、单选题

1. 企业发展，其核心是以（　　）为本。

A. 人　　　　　　　B. 企业　　　　　　C. 团体　　　　　　D. 员工心理健康

2. 企业心理健康服务属于（　　）的应用范畴。

A. 经济学　　　　　B. 教育学　　　　　C. 社会学　　　　　D. 心理学

3. （　　）心理学的引入是企业心理健康服务的起源基础。

A. 西方　　　　　　B. 东方　　　　　　C. 企业　　　　　　D. 团体

4. 心理学是（　　）行为和心理活动的学科。

A. 安全　　　　　　B. 生理　　　　　　C. 研究　　　　　　D. 社会

5. 在（　　）大学建立第一个心理实验室，标志着科学心理学的诞生。

A. 莱比锡　　　　　B. 哈佛　　　　　　C. 清华　　　　　　D. 斯坦福

6. 到 20 世纪末为止，在世界 500 强中，有（　　）以上建立了 EAP。

A. 70%　　　　　　B. 80%　　　　　　C. 60%　　　　　　D. 90%

7. 美国著名学者（　　）于 2004 年提出心理资本概念并延伸到人力资源管理领域。

A. 路易斯（Luthans）　　　　　　　　B. 玛克西姆·高尔基（Maxim Gorky）

C. 亚里士多德（Aristotle）　　　　　　D. 默顿（Merton）

8. 所谓心理资本，是指个体在成长和发展过程中表现出来的一种（　　）心理状态。

A. 消极　　　　　　B. 积极　　　　　　C. 热情　　　　　　D. 基本

9. 心理资本被誉为企业的第（　　）大资本。

A. 一　　　　　　　B. 二　　　　　　　C. 三　　　　　　　D. 四

10. 党的十七大报告提出，加强和改进思想政治工作，注重人文关怀和（　　），用正确方式处理人际关系。

A. 心理健全　　　　B. 心理咨询　　　　C. 心理治疗　　　　D. 心理疏导

11. 心理资本是将心理学和（　）的理论与实践相结合，从心理学的角度拓宽管理视野，掌握帮助提升心理素质的方法和心理辅导的技术。

　　A. 教育学　　　　B. 管理学　　　　C. 经济学　　　　D. 哲学

12. 国内外的实践表明，（　）是威胁个人生命健康的大敌，是破坏企业组织效率的大敌。

　　A. 心理疾病　　　B. 心理健康　　　C. 心理抑郁　　　D. 心理异常

13. 企业（　）的心理问题更可能导致决策失误而引起严重的经济损失，特殊行业员工的心理问题甚至还可能给社会和环境造成灾难，从而给企业带来严重的形象损失和经济责任。

　　A. 股东　　　　　B. CEO　　　　　C. 管理层　　　　D. 核心员工

14. 英国的一项研究显示，每年由于压力造成的健康问题通过直接的医疗费用和间接的工作缺勤等形式造成的损失达 GDP 的（　）。

　　A. 60%　　　　　B. 50%　　　　　C. 20%　　　　　D. 10%

15. 企业（　）是维系企业人际关系，增强企业凝聚力的重要因素。

　　B. 人力　　　　　B. 心理　　　　　C. 资本　　　　　D. 管理

16. 企业员工所承受的（　）更大，从而长期处于疲劳、烦躁、压抑的精神状态中。

　　A. 职场压力、心理压力、个体压力　　B. 家庭压力、心理压力、个体压力

　　C. 经济压力、心理压力、个体压力　　D. 职场压力、社会压力、个体压力

17. 人际关系是指人与人之间心理上的（　）和心理上的距离。

　　A. 关系　　　　　B. 联系　　　　　C. 感应　　　　　D. 确认

18. 工作狂的心理类似于心理学上的"沉溺行为"与（　）。

　　A. "过激行为"　B. "强迫行为"　C. "盲目行为"　D. "投射行为"

19. 职业枯竭一般表现为：不知道自己在做什么，怎样做；无端担心自己的（　），进而影响到对自己工作的满意度。

　　A. 经济状况　　　B. 能力发展　　　C. 人际关系　　　D. 亲人朋友

20. 企业心理健康服务工作能够为企业的每一位员工创建一种（　）一样的情感归属空间。

　　A. 父母　　　　　B. 集体　　　　　C. 战队　　　　　D. 家

21．需求层次理论是人本主义科学的理论之一，由美国心理学家（　　）在 1943 年在《人类激励理论》论文中所提出。

A．阿尔伯特·埃利斯　　　　　　　B．罗伯特·罗森塔尔

C．亚伯拉罕·马斯洛　　　　　　　D．戴维·迈尔斯

22．2010 年，全国总工会在（　　）中指出"引导职工提高身心健康意识，实施身心健康教育，加强人文关怀和心理疏导"。

A．《全国职工素质建设工程五年规划》

B．《中国工会章程》

C．《新时期产业工人队伍建设改革方案》

D．《关于提高技术工人待遇的意见》

23．有资料显示，目前我国正常人群存在心理障碍的比率高达（　　）以上。

A．20%　　　　B．30%　　　　C．40%　　　　D．50%

24．目前国内企业心理健康服务大多借鉴国外 EAP 服务方式，突出"咨询"忽视（　　）。

A．"行动"　　　B．"预防"　　　C．"治疗"　　　D．"干预"

25．在我国，EAP 的服务机构片面地强调（　　）部分，不能真正地满足企业的需要，从而导致企业对 EAP 的误解。

A．团体咨询　　　B．集体咨询　　　C．个人咨询　　　D．个体预防

26．团体心理辅导的功能与目标有三个层次：矫治、（　　）和发展。

A．提升　　　　B．治疗　　　　C．干预　　　　D．预防

27．心理辅导是一种"助人自助"的过程，它所要追求的终极目标是发展员工（　　）与自我指导的能力，自主把握命运与独立应对生活挑战的主体精神。

A．自我理解　　　B．自我认知　　　C．自我突破　　　D．自我提升

28．（　　）带来的是和谐的、平等的、良好的企业氛围，往往也能产生事半功倍的效果，实现人尽其能，人尽其用，因为企业与员工共守的这种"契约"激发了员工努力工作的热情与信念。

A．心理契约　　　B．制度契约　　　C．法律契约　　　D．婚姻契约

29．中国企业的高层管理人员明显地表现出管理风格任务型和智慧型的特征，而在（　　）上则得分很低，这与国外决策层的调查结果刚好呈现相反的趋势。

A. 命令型和指挥型　　　　　　　B. 社交型与参与型

C. 教练型与辅导型　　　　　　　D. 权威型与利益型

30.（　　）要求的是在追求企业目标时群体性的向心力表现。

A. "以人为本"　　B. "人本管理"　　C. "管人管心"　　D. "制度管理"

31. 领导的（　　）也是极具吸引力和感召力的，它包括了领导者情绪的自控性，办事的意志力，对挫折的承受能力，对自我的了解程度以及对他人的理解和宽容。

A. 意志力　　　　B. 情绪商数　　　　C. 人格魅力　　　　D. 个人形象

32. 领导者的人格影响力是一种通过吸引、感染、示范、引导的过程，以（　　）的形式起作用的征服人、激励人的力量。

A. 外驱力　　　　B. 执行力　　　　C. 感召力　　　　D. 内驱力

33. 心理学大师弗洛姆在其著作《爱的艺术》一书中指出：爱的必备要素包括关心、责任、尊重及（　　）。

A. 崇拜　　　　　B. 臣服　　　　　C. 了解　　　　　D. 喜欢

34. 在企业的可支配资源中，（　　）是最具能动性的，也是最具能量爆发力的。

A. 人力资本　　　B. 心理资本　　　C. 金融资本　　　D. 物质资本

35.（　　）在人力资源管理和开发中发挥独特的作用。

A. 管理学　　　　B. 心理学　　　　C. 教育学　　　　D. 社会学

36. 心理学认为（　　）是行为得以保持的关键。

A. 渐隐　　　　　B. 连锁　　　　　C. 塑造　　　　　D. 强化

37. 强化有正强化和负强化之分，前者是指与反应相依随的刺激能增强该反应的现象，后者指与反应相依随的刺激从情境中排除，可（　　）该反应。

A. 增强　　　　　B. 减少　　　　　C. 强化　　　　　D. 降低

38. 心理学认为人通过语言和（　　）形式获取信息以及自我调节的能力，使得个体通过观察他人所表现的行为及其结果，就能学到复杂的行为反应。

A. 非语言　　　　B. 行为　　　　　C. 肢体　　　　　D. 声音

39. 根据行为主义心理学的观点，员工培训之前，管理者要先掌握员工（　　）的实际水平或状态（基线）。

A. 语言　　　　　B. 行为　　　　　C. 肢体　　　　　D. 声音

40. 人的行为是有形刺激或无形刺激的反应结果。有形刺激是指外在的可以看见的物理、化学刺激。无形刺激指（　　）的如思维、情感、欲望等刺激。

　　A. 外在　　　　B. 心灵　　　　C. 内在　　　　D. 精神

　　41. 员工的激励因素分为（　　）因素和激励因素，前者只能影响员工的不满意程度，后者才是影响员工满意度的真正原因。

　　A. 保健　　　　B. 非激励　　　C. 物质　　　　D. 非物质

　　42. 管理者在运用强化激励时，要坚持"两个结合""两个为主"，即奖励和惩罚结合，以奖励为主；精神奖励与物质奖励相结合，以精神奖励为主。多运用奖励，少运用惩罚。这符合人们的（　　），有利于调动积极因素。

　　A. "心理需要"　B. "尊重需要"　C. "安全需要"　D. "情感需要"

　　43. 有效的管理激励需要承认和适度满足员工的合理需要，引导员工去实现高级（　　）。

　　A. "心理需要"　B. "尊重需要"　C. "安全需要"　D. "情感需要"

　　44. 心理学上的（　　）是指根据行为事件的结果，通过知觉、思维、推断等内部加工过程，来确认造成该行为事件的结果的原因的认知过程。

　　A. 破窗效应　　B. 责任分散效应　C. 归因理论　　D. 晕轮效应

　　45. 员工心理压力是指员工个体在群体工作环境中，因群体规范、群体氛围产生的（　　）心理。

　　A. 限制性　　　B. 约束性　　　C. 抑郁性　　　D. 叛逆性

　　46. 压力管理有利于减轻员工过重的（　　），从而把压力转化为一种激励的形式，从而提高工作行为效率，提高整个组织的绩效。

　　A. 生活压力　　B. 心理压力　　C. 工作压力　　D. 发展压力

　　47. 员工的自我驱动力立足于员工自尊和（　　）等心理需要。

　　A. 社会地位　　B. 能力提升　　C. 自我价值　　D. 自我实现

　　48. 在员工职业晋升体系中，对于得到职位晋升的员工要及时地进行激励，尤其是（　　）。

　　A. 物质激励　　B. 加薪激励　　C. 心理激励　　D. 精神激励

　　49. （　　）有助于企业和员工共渡难关，实现裁员"双赢"目标。企业裁员是不可避免的事件，也是一个企业健康发展所必需的。

　　A. 离职管理　　B. 压力管理　　C. 人事管理　　D. 裁员管理

50. 企业重大突发事件是指突然发生，影响巨大，对员工生理和心理产生巨大冲击的事件。突发事件的目击者或者直接相关人员心理上受到了巨大冲击，特别需要（　　）。

　　A. 心理干预　　　B. 心理辅导　　　C. 心理治疗　　　D. 心理咨询

51. 行业高速发展时期，要求企业跟上行业的步伐，否则就在优胜劣汰的竞争中被淘汰。应用企业心理健康帮扶，帮助员工释放激烈的竞争压力，树立积极的（　　）。

　　A. 共赢心态　　　B. 发展心态　　　C. 竞争心态　　　D. 合作心态

52. 本会团体又称本土会心团体，是韦志中教授结合美国心理学家（　　）的会心团体和中国社会文化，探索出的更适合于中国本土应用的团体心理咨询模式。

　　A. 卡尔·罗杰斯　　　　　　　B. 罗伯特·罗森塔尔

　　C. 亚伯拉罕·马斯洛　　　　　D. 戴维·迈尔斯

53. 本会团体在企业中的应用性极高，本会团体在企业中的应用理念源自（　　），成长是一个人一生的事情。

　　A. "会心团体"　　　　　　　B. "人心资本"

　　C. "以人为本"　　　　　　　D. "得人心者得天下"

54. 我们都需要完善我们人格的部分，每一个人都有（　　），他们主要来源于过去的人格社会化，以及家庭文化、家族文化、社会文化、地域文化等。

　　A. 人格障碍　　　B. 性格缺陷　　　C. 心理异常　　　D. 心理创伤

55. 有些创伤我们一生都不需要解决，因为它可以变成我们在成为更优秀的人的旅途中的（　　）。但有些创伤，已经成为我们通往幸福的道路上的障碍，我们需要去解决。

　　A. 正性动力　　　B. 驱动力　　　C. 积极能量　　　D. 小助手

56. 积极选择就是通过（　　）和分析自我，积极主动地做出了适合自己，自己喜欢的选择。

　　A. 梳理　　　　B. 澄清　　　　C. 思考　　　　D. 了解

57. 在犹豫不决的时候，就会有压力、困惑、焦虑等不良情绪产生，这些情绪又会影响我们的行为和心理选择，使我们的（　　）出现偏差。

　　A. 认知　　　　B. 思维　　　　C. 能力　　　　D. 行为

58. 心理成长团体开展中，除了技术力量外，（　　）也是一个重要的有效因子，温暖、安全的场可以让成员更多地开放、体验，从而获得更多成长，所以需要封闭式的团体开展模式，杜绝人员的变换，包括中途退出和新加人员。

A．团体温度

B．人员的个人情况

C．团体动力

D．团体的导师

59．每一个人都是生活在社会中的，受着社会和别人的影响，特别是身边人的影响，从而在个人愿望和（　　）之间就会产生冲突。

A．团体期望　　　B．社会责任　　　C．团体责任　　　D．社会期望

60．在咨询和成长团体中，（　　）的环节要比技术的操作过程更重要，需要把更多的时间和精力放在这两个方面。

A．准备和实施　　B．分享和互动　　C．参与和分享　　D．行动和互动

二、多选题

1．所谓员工心理健康，就是企业员工有一种高效而满意的心理状态，主要体现在职工压力感、职业倦怠感、职业方向感、（　　）都是积极均衡的。

A．企业凝聚力　　B．组织归属感　　C．团队向心力　　D．人际亲和感

2．心理学是研究（　　）的学科。

A．行为　　　　　B．心态　　　　　C．心理活动　　　　D．性格

3．EAP 的服务模式和内容包含（　　）、婚姻家庭问题、健康生活方式、法律纠纷、理财问题、减肥和饮食紊乱等，全方位帮助员工解决个人问题。

A．工作压力　　　B．心理健康　　　C．灾难事件　　　D．职业生涯困扰

4．完整的 EAP 包括（　　）、教育培训、压力咨询等几项内容。

A．心理治疗　　　B．压力评估　　　C．组织改变　　　D．宣传推广

5．所谓心理资本，是指个体在成长和发展过程中表现出来的一种积极心理状态，是超越（　　）的一种核心心理要素，是促进个人成长和绩效提升的心理资源。

A．人力资本　　　B．社会资本　　　C．物质资本　　　D．环境资本

6．心理资本是企业除了（　　）三大资本以外的第四大资本。

A．财力　　　　　B．人力　　　　　C．社会　　　　　D．物质

7．心理资本是企业除了财力、人力、社会三大资本以外的第四大资本，包含（　　）等。

A. 自我效能感（自信）　　　　B. 希望、乐观、坚韧

C. 逃避压力　　　　　　　　　D. 情绪智力

8. 心理资本是将心理学和管理学的理论与实践相结合，从（　　）的角度拓宽管理视野，掌握帮助提升心理素质的方法和心理辅导的技术。

A. 心理学　　　B. 教育学　　　C. 社会学　　　D. 管理学

9. 现代管理阶段中科学管理提出了提高企业的（　　），但是其刚性大为削弱，因为规章制度只能对共性问题进行约束，不能适应瞬息万变的经济发展。

A. 规范性　　　B. 制度性　　　C. 监督性　　　D. 监控性

10. （　　）的应用在企业管理中，能更加有效地解决员工的动机、心态、心智模式、情商、意志、潜能及心理素质等一系列心理问题。

A. 以人为本管理　B. 人力资源管理　C. 心理资源管理　D. 团队建设管理

11. 企业员工所承受的压力主要有（　　），压力越大越容易处于疲劳、烦躁、压抑的精神状态中影响工作绩效。

A. 职场压力　　　B. 社会压力　　　C. 环境压力　　　D. 个体压力

12. 心理学和医学研究表明，压力导致的（　　）三者往往又相互作用、互相强化。

A. 情绪反应　　　B. 生理反应　　　C. 心理反应　　　D. 行为反应

13. 人际关系是指人与人之间心理上的关系和心理上的距离。人际关系问题表现在人际冲突和（　　）两个方面。

A. 沟通不畅　　　B. 人际冲突　　　C. 交往厌烦　　　D. 社交障碍

14. 和谐的人际关系可带来愉快的情绪，产生（　　），可以减少孤独感、恐惧感和心理上的痛苦，并能宣泄不快情绪，从而减少心理压力。

A. 安全感　　　B. 归属感　　　C. 舒适感　　　D. 满足感

15. 工作狂指沉迷于工作，长时间工作不休息的人。工作狂的心理类似于心理学上的（　　）。

A. 沉溺行为　　　B. 强迫行为　　　C. 极端行为　　　D. 移情行为

16. 完美主义者可能会出现以下哪些想法？（　　）

A. 为了万一，不惜一万　　　　B. 要么全有，要么全无

C. 只有第一，没有第二　　　　D. 没有十全十美，尽力就好

17. 企业员工心理健康服务工作对于企业有着极其重要、丰富而又深远的意义，

其中最基本最显著的目的是能够（　　）等。

 A．促进员工心理健康   B．降低管理成本

 C．提升组织文化   D．提高企业绩效

18．EAP 的工作内容主要集中在预防部分和团队部分，即（　　）三个方面。

 A．家庭预防措施 B．团队预防措施 C．个人预防措施 D．团队治疗措施

19．企业团体心理健康服务的原则包括（　　）。

 A．面向企业全体员工原则 B．预防与发展相结合原则

 C．企业主体性原则   D．民主性原则

20．本会团体分为三种模式和九个方向，具体是（　　）。

 A．成长团体（发展、成长、干预） B．教育团体（预防、训练、支持）

 C．训练团体（测评、评估、培训） D．治疗团体（关系、人格、创伤）

三、名词解释题

1．企业心理健康服务

2．EAP

3．心理资本

4．能力测试

5．本会团体

四、辨析题

1．只有西方心理学才能解决中国的企业心理健康服务问题。

2．目前企业心理健康服务应用国外的 EAP 服务模式就能够解决。

3．企业心理健康服务必须以企业自身为主题。

4．在进行人员选拔时，应根据职业的要求进行相关心理测试，招才选将才更加有效。

5．企业发生重大突发事件时非常需要引入心理健康服务。

6．本会团体源自西方，不适合中国企业。

五、简答题

1. 简述中国企业心理健康服务的起源。

2. 简述什么是完整的 EAP。

3. 简述企业心理健康服务的意义。

4. 简述预防与发展结合的企业心理健康服务原则。

5. 简述企业管理层的自我管理。

6. 简述什么是员工的心理需要。

六、材料题

1. 某企业已经成立了九年时间，今年企业内部出现安于现状、不思进取的氛围，出现人心涣散的迹象，出现中层管理者流失、流动频繁，员工士气受到影响等问题。你认为企业的这种现象主要是什么原因造成的？你有哪些建议？

2. 一个准备跳槽的员工小杨，同时有 3 个公司供他选择：一个公司是薪水高，但是企业文化自己不喜欢；第二个刚好相反，薪水不高，但企业文化建设水平高；第三个在薪水和企业文化方面处于前两者之间，但个人发展前景好。请问这个时候小杨将出现什么样的困惑？你认为该如何解决？

七、论述题

1. 论述企业心理健康服务的重要性。

2. 论述企业团体心理健康服务的范畴。

3. 论述企业团体心理健康服务的引入时机。

参考答案

一、单选题

1．A	2．D	3．A	4．C	5．A
6．B	7．A	8．B	9．D	10．D
11．B	12．A	13．C	14．D	15．B
16．B	17．A	18．B	19．C	20．D
21．C	22．A	23．A	24．B	25．C
26．D	27．A	28．A	29．B	30．C
31．C	32．D	33．C	34．A	35．B
36．D	37．A	38．A	39．D	40．C
41．A	42．B	43．A	44．C	45．B
46．B	47．D	48．C	49．A	50．A
51．C	52．A	53．C	54．D	55．A
56．B	57．A	58．C	59．D	60．B

二、多选题

1．BD	2．AC	3．ABCD	4．BCD	5．AB
6．ABC	7．ABD	8．AD	9．ABD	10．BC
11．ABD	12．BCD	13．BC	14．ACD	15．AB
16．ABC	17．ABCD	18．BCD	19．ABCD	20．ABD

三、名词解释题

1．企业心理健康服务属于心理学的应用范畴，它将心理学的理论、理念、方法和技术应用到企业管理和企业训练活动之中，以更好地解决员工的动机、心态、心智模式、情商、意志、潜能及心理素质等一系列心理问题，使员工心态得到调适、心智模式得到改善、意志品质得到提升、潜能得到开发等，进而提升企业文化凝聚力，推动企业的良性发展。

2．EAP（Employee Assistance Program）即员工帮助计划，起源于20世纪二三十

年代的美国，当时美国的一些企业注意到员工酗酒问题影响了个人和企业绩效，于是企业聘请有关专家帮助员工解决这些问题，这样诞生了 EAP 的雏形——职业酒精滥用干预计划（OAP）。到 20 世纪 70 年代，一些公司发现员工的其他问题，如婚姻、家庭、法律、健康等因素，也会影响生产力，由此将传统的 OAP 项目扩展到心理援助计划。

3. 所谓心理资本，是指个体在成长和发展过程中表现出来的一种积极心理状态，是超越人力资本和社会资本的一种核心心理要素，是促进个人成长和绩效提升的心理资源。它是借用一个商业名词寓意人的心理状况。

4. 能力测试主要是测定个人的观察能力、理解能力、表达能力、应用能力、记忆能力、推理能力、判断能力、想象能力等。被使用者的智力水平与其工作绩效之间存在正相关，这在领导和管理人员身上，都表现得尤为突出。

5. 本会团体又称本土会心团体，韦志中教授结合美国卡尔·罗杰斯会心团体和中国社会文化，从 2004 年起，经过 10 多年的研究和实践，探索出的更适合于中国本土应用的团体心理咨询模式，也是目前国内领先的团体心理咨询实践模式，是以人本主义为背景的会心团体在中国的探索和实践的基础上逐渐完善的符合中国人的一种团体心理咨询技术体系。本会团体分为三种模式和九个方向：教育团体（预防、训练、支持）、成长团体（发展、成长、干预）、治疗团体（关系、人格、创伤）。

四、辨析题

1. 不对。心理学的起源的确来自西方。19 世纪末，心理学成为一门独立的学科。到了 20 世纪中期，心理学才有了相对统一的定义。心理学作为一门科学，是从 1879 年德国学者冯特受自然科学的影响，建立心理实验室，心理学脱离思辨性哲学成为一门独立的学科开始的。1879 年德国学者冯特受自然科学的影响，在莱比锡大学建立第一个心理实验室，标志着科学心理学的诞生。但西方心理学的引入只是企业心理健康服务的起源基础，真正解决中国企业心理健康服务问题，还是需要中国企业结合自身的需求进行量身设计，而不能一味引用西方心理学的方法。

2. 不对。国外的 EAP 服务模式只是我们的一种借鉴和参考，目前国内企业心理健康服务大多借鉴国外 EAP 服务方式，突出"咨询"忽视"预防"。20 世纪 90 年代我国的心理学家将 EAP 的概念引入国内，在推广过程中，过分突出心理的辅导与咨询的概念，使我国企业误认为 EAP 就是企业为员工购买心理辅导及咨询的服务。然而，心理咨询在我国尚处于初期的发展阶段，还没有被人们广泛地接受。在这种情况下，要求企业为员工购买心理咨询的服务，势必不被接受。

EAP 的工作内容主要集中在预防部分和团队部分，即团队预防措施、个人预防措施和团队治疗措施三个方面，针对个人的咨询服务仅占极少的部分。能够为企业带来较大收益的依次是针对组织的预防措施、针对组织的治疗措施和针对个人的预防措施。因此，在我国，EAP 的服务机构片面地强调个人咨询部分，不能真正地满足企业的需要，从而导致企业对 EAP 的误解。

3. 对。心理辅导是一种"助人自助"的过程，它所要追求的终极目标是发展员工自我理解与自我指导的能力、自主把握命运与独立应对生活挑战的主体精神。只有当员工以主体身份积极加入心理辅导活动时，这一目标才有可能达到。为了贯彻这一原则，首先团体辅导的内容选取与安排应充分考虑员工的需要，围绕员工关心的实际问题来进行。其次，辅导老师备课、教学都要以员工为出发点，要把员工作为团体辅导活动的主体，让员工成为辅导课堂上的"主角"。在活动设计中要给员工发挥想象力留有余地，在辅导过程中要用鼓励性、商量性的语气让员工发表看法、宣泄情感，探索解决问题的途径和办法。在与员工的沟通中，辅导老师应避免使用"你听我说""我告诉你"之类的命令式、灌输式口吻。

4. 对。招聘"招才选将"的应用方法，人员选拔要考虑两个方面：一方面是客观情况，即工作特点、工作条件、工作环境；另一方面是主观条件，即人的气质、能力、知识水平和性格特征等。不同的职业对人们的心理品质有着不同的要求，而每一个人所具有的心理品质又是各不相同的，人对客观事物的感觉、知觉、能力、气质、性格等也是千差万别的。这是由于人的先天素质、后天的生活条件、文化素养、社会实践的不同所造成的。所以，在选拔人才时，要考虑不同环境、不同职业、不同工种所特别需要的某些心理品质。在进行人员选拔时，应根据职业的要求进行心理测试，这对招才选将具有重要的意义。

5. 对。企业重大突发事件是指突然发生，影响巨大，对员工生理和心理产生巨大冲击的事件。突发事件的目击者或者直接相关人员心理上受到了巨大冲击，特别需要心理干预。此外，许多危机事件的影响一旦产生后，并不会立刻表现出来，特别在行动上看不出什么不同，但突发事件的画面会重复出现在员工脑海中，其隐性的负面影响也就开始形成。如企业发生突发性灾难造成人员伤亡，员工因为失去了同事处于巨大的心理悲痛之中，这时候就要进行群体性的心理健康服务了。

6. 不对。本会团体又称本土会心团体，是韦志中教授结合美国卡尔·罗杰斯会心团体和中国社会文化，从2004年起，经过10多年的研究和实践，探索出的更适合于中国本土应用的团体心理咨询模式，也是目前国内领先的团体心理咨询实践模式，是以人本主义为背景的会心团体在中国的探索和实践的基础上逐渐完善的符合中国人的一种团体心理咨询技术体系。

本会团体分为三种模式和九个方向：教育团体（预防、训练、支持）、成长团体（发展、成长、干预）、治疗团体（关系、人格、创伤）。自2008年出版第一本《本会团体心理咨询实践》，2012年"本会团体心理咨询技术"被人社部认可，先后在全国开展了上百场的培训班，培养了一大批致力于本土团体心理咨询与辅导的团体心理带领者。同时也为企业EHP（员工心理计划）提供了非常实用高效的技术支持，使企业在员工心理健康管理方面有了科学本土化的方法。所以，本会团体才更符合中国企业的心理健康服务需求，在企业中的应用性极高。

五、简答题

1. （1）西方心理学的引入是企业心理健康服务的起源基础。（2）EAP（员工帮助计划）的引入推动了企业心理健康服务发展。（3）心理资本概念提升了企业心理健康服务的重要性。

2. 完整的EAP包括：压力评估、组织改变、宣传推广、教育培训、压力咨询等几项内容。具体地说，可以分成三个部分：第一是针对造成问题的外部压力源本身去处理，即减少或消除不适当的管理和环境因素；第二是处理压力所造成的反应，即情绪、行为及生理等方面症状的缓解和疏导；第三是改变个体自身的弱点，即改变不合理的信念、行为模式和生活方式等。

3. 首先，可以减少人才流失。实施员工心理健康管理的企业能使员工感受到企业对他们的关心，使员工更有归属感和工作热情，能吸引更多的优秀员工，由此降低重大人力资源风险，保护企业的核心资源。

其次，提高劳动生产率。通过员工心理健康管理的实施，使员工压力处于最佳水平，身心更健康，精力更充沛，由此提高企业的劳动生产率，增强企业的核心竞争力。

　　另外，还能够很好地预防危机事件发生。通过员工心理健康管理的实施，对员工的压力水平进行即时性监控，并推荐适当的指导建议，促进员工随时调整身心状态，预防员工心理危机事件的发生。

　　4. 团体心理辅导的功能与目标有三个层次：矫治、预防和发展，且预防、发展重于矫治。也就是说不是员工出现了心理问题才需要进行团体心理辅导，而是通过辅导，一方面帮助员工掌握有关知识和社会技能，学会用有效的、合理的方式满足自己的需要，提高人际交往水平，学习自主地应付由挫折、冲突、压力、焦虑等带来的种种心理困扰，减轻痛苦、不适的体验，防止心理疾患的产生，保持正常的生活和学习；另一方面协助员工树立有价值的生活目标，认清自身的潜力和可以利用的社会资源，承担生活的责任，发挥个人的潜能，过健康快乐的生活。

　　5. 领导者的人格影响力是一种通过吸引、感染、示范、引导的过程，以内驱力的形式起作用的征服人、激励人的力量。领导者在态度、人格领导力、沟通力等方面具备的能力在员工的心理和行为中的作用是巨大的、长期的、深刻的。企业家和高层管理者必须学会用企业心理来指导管理，善于调节和缓解自身心理压力，善于发现和疏导员工的心理障碍，使员工的创新潜能得到充分的释放，把因为心理障碍而产生的可能的后果减少到最低程度。

　　6. 员工心理需要是指员工个体对工作中某个目标的渴求或欲望。企业通常更注重的是直观的给予员工物质生活保障，提高薪资待遇等，这虽然是员工个体从事生产经营活动的前提，但员工的精神需要、心理需要却是更加值得企业注意的。

　　员工的自我驱动力立足于员工自尊和自我实现等心理需要，员工如果渴求不断地完善自己，渴求将自身的潜能发挥出来，在这个过程中他将会热情主动地投入任务的完成中，甚至不计报酬地寻求创造性解决方案。

六、材料题

　　1. 企业的发展是阶段和周期性的，一过繁荣期就会进入老化阶段，企业老化阶段一般有三个特征：（1）企业增长乏力，整体竞争力和获利能力全面下降，资金紧张，既缺乏成长性，又缺乏灵活性，更缺乏竞争性。（2）企业内部官多人多，官僚风气浓厚；制度繁多，却缺乏有效执行，互相推脱责任的情况经常发生。（3）企业员工自保意识不断增强，做事越来越拘泥于传统、注重于形式，只想维持现状，求得稳定，与顾客的距离越来越远，体现企业活力的行为减少甚至消失。

针对此现象，这家企业必须尽快实施企业员工心理健康服务，帮助员工走出心理低潮，重新焕发工作激情和活力。

2. 公司倒闭、失业、跳槽等等这些都是变化，在这些变化发生时，你需要有自己的应对和适应。如果这个环节没有做好，就会产生心理负担，带来心理问题，比如会焦虑、恐惧、不安、迷茫，这些都是心理空间的不和谐。在一个人的职业生涯中，可能会出现多次的选择，案例中的小杨就是遇到了这样的情况，心理势必产生焦虑和不安等不良情绪，会影响自己的选择或者一直拖延不做选择，只是被动接受。

如果这个问题不是彻底地解决，而只是通过拖的方法得到了一个答案，那么在下次遇到这样的问题时，你仍然不能做出自己的选择，并且伴随着一些情绪影响你。有的人以为是不自信造成这些问题的，但这些问题的产生不仅仅是自信的原因，可能和个性有关，过于优柔寡断和过于自信都不好。我们要怎么样适中地走自己的职业生涯，在遇到多个选择和需要决定的时候，都能愉快、积极地去应对？这就是心理团体要达到的目标。

七、论述题

1. （1）社会压力增加

21 世纪步入全球化竞争时代，经济、科技飞速发展，知识经济勃兴，高技术企业猛增，人们生活和工作的节奏越来越快，压力加重，企业员工的心理问题也越来越突出。国内外的实践表明，心理疾病是威胁个人生命健康的大敌，是破坏企业组织效率的大敌。如果员工心理健康存在问题，就会导致员工工作积极性和工作热情的下降，工作绩效和工作满意度的降低，还会引起企业间人际关系的紧张，导致离职现象。企业管理层的心理问题更可能导致决策失误而引起严重的经济损失，特殊行业员工的心理问题甚至还可能给社会和环境造成灾难，从而给企业带来严重的形象损失和经济责任。

（2）现代化社会发展配套基础

"关注自身的幸福和心理健康问题，提高自己的生活质量"是核心的社会焦点，2008 年 5 月 12 日的四川汶川地震，及 2010 年 1 月 23 日富士康员工第一跳起至 2010年 11 月 5 日，连续发生 14 起跳楼事件，引起社会各界乃至全球的关注。

　　企业在致力于获得经济绩效的同时，可以结合人力资源管理，但是例如社会变革、经济效益、内部管理、人际关系等综合的经济—社会压力等一系列的心理动机和变化的问题，已在很大程度上对提高企业经济绩效起到阻滞作用。这对那些条件不好，经济绩效水平不高的企业起的作用会更大。这些企业更加应该重视人力资源管理，从心理辅导、干预和危机管理等方面做好"管人管心"的工作，充分调动人的积极性，为员工"减压""排忧"，在这方面我们具有非常丰富的工作经验和良好的传统。在企业转轨为相对独立的经济实体的过程中，把员工当作最重要的资源加以开发，这才是实现可持续发展的恰当途径。

　　（3）企业管理的转型，现代管理阶段中科学管理提出了提高企业的规范性、制度性以及监控性，但是其刚性大为削弱，因为规章制度只能对共性问题进行约束，不能适应瞬息万变的经济发展。人本管理在这个基础上提出的理念旨在适应经济多元化与全球化的趋势，使人们拥有更多的发展空间，人们所受的刚性约束越小自由度就相对加大。

　　2.（1）组织管理上的心理健康。企业心理更加明确地提出了对于人力资本的开发不仅仅是对员工工作行为的规范与控制，而更为重要的是对员工工作心理的引导与激励，更大限度地发挥员工的主观能动性，使之可以发现自我，发展能力进而自我驱动，把自身潜在的能量最大限度地发挥出来。只有"以人为本"的组织才可能成为健康、富有生气和持续创新发展的组织。第一，要解决人和组织之间的问题；第二，要解决人和人之间的问题；第三，要解决人和自己内心之间的问题。

　　（2）人力资源上的心理健康。在企业的可支配资源中，人力资本是最具能动性的，也是最具能量爆发力的。任何一家追求卓越的企业，如果要想在市场竞争中持续获得优势，就必须重视人力资源建设和管理。离开了对人力资源卓有成效的管理，就不会存在持续的竞争优势和卓越发展的企业。

　　心理学在人力资源管理和开发中发挥独特的作用，包括在人员招聘与配置、培训与开发、绩效管理、员工关系等方面具有重要的作用，因而"企业心理"是人力资源管理"读人识心"独特的途径。

　　（3）个体心理资本上的心理健康。企业的组织管理方式出现了较大的变化，从侧重物的管理、制度化的管理转向侧重对人的管理，员工的职业心理健康影响着员工正常的工作与生活。员工的心理在企业的生产经营活动中如何起到积极的促进作用，成为企业管理者必须思考与探索的课题。企业需要更多关注员工心理的四个方面：员工的心理动机、员工的心理情绪、员工的心理压力和员工的心理需要。

3.（1）招聘集中时期。基于心理契约的员工招聘管理从招聘者和招聘组织两方面出发，建立组织与应聘者之间合理的心理契约，实现人—组织匹配、人—岗位匹配和能力—岗位匹配，从而促进员工在组织中的社会化，提高员工满意度和组织承诺，降低员工流失率。

（2）薪酬改革时期。薪酬改革要突出公平性、激励性。要注意调动员工的积极性。在企业薪酬调整时期，企业要特别注重员工心理薪酬，所谓员工心理薪酬是指员工个人对企业及其工作本身在心理上的一种感受，属于非经济性的报酬的范围，它包括职业安全、自我发展、和谐工作环境和人际关系、晋升机会，以及地位象征、表扬肯定、荣誉、成就感等。在薪酬改革时期，不但要注重物质激励因素，也要注意员工心理激励因素的作用。

（3）核心员工晋升时期。在员工职业晋升体系中，对于得到职位晋升的员工要及时进行激励，尤其是心理激励，通过充分的肯定、赞扬员工的工作表现能激发员工挥自我的积极性、主动性和创造性，从而使员工创造出高的绩效，实现与组织的共同发展。在员工职业晋升体系中，也有降级的情况发生，降级意味着员工的职务权限缩小，员工就会受到负激励。此时要对降级的员工进行心理辅导，让他们反思自己的行为，促使员工改进自己的行为方式和方法，最后实现正激励。

（4）离职高发时期。离职管理有助于企业和员工共渡难关，实现裁员"双赢"目标。企业裁员是不可避免的事件，也是一个企业健康发展所必需的。裁员工作涉及相关人员的巨大变动，是对人适应能力的严峻挑战。一套完整的心理支持系统能够帮助人们去面对职业的巨大改变，提升人的适应能力，因而能够在很大程度上推动裁员工作的顺利进行，能够赢得企业、员工在裁员工作中的双赢机会。

（5）企业发生重大突发事件时期。企业重大突发事件是指突然发生，影响巨大，对员工生理和心理产生巨大冲击的事件。突发事件的目击者或者直接相关人员心理上受到了巨大冲击，特别需要心理干预。

（6）企业发生方向性、决策性和负面压缩性的调整。当企业发生这类调整时，对员工固有的工作模式和心理模式造成一定冲击，员工不适应新方向的工作方式会产生心理落差感和无助感，会产生焦虑情绪，对未来工作缺乏信心，影响工作绩效。此时就要对员工进行心理建设，一方面让员工稳定情绪，另一方面让员工了解企业战略调整的原因和目的，让员工产生与企业共同进退的感受。

（7）企业老化阶段。企业的发展是阶段和周期性的，一过繁荣期就会进入老化阶段，针对该时期企业内部出现安于现状、不思进取的氛围，出现人心涣散的迹象，出现中层管理者流失流动频繁，员工士气受到影响等问题，实施企业员工心理健康服务，帮助员工走出心理低潮，重新焕发工作激情和活力。

第二十九章　学校心理服务技能习题

一、单选题

1. 体验式团体教育模式在学校运用中最先优化的是（　　）。

A. 教师　　　　　　B. 学生　　　　　　C. 家长　　　　　　D. 校长

2. 教师心理资本优化通过（　　）形式完成效果好。

A. 公开讲座　　　B. 个别辅导　　　C. 理论学习　　　D. 心理成长工作坊

3. 体验式团体教育的核心理念是（　　）。

A. 团体为主　　　　　　　　　　B. 活动为主

C. 体验为主　　　　　　　　　　D. 注重体验、互动和表达

4. 暖身阶段操作技术一般的时长是（　　）。

A. 2~3 分钟　　　B. 5~10 分钟　　　C. 10~15 分钟　　　D. 1 分钟以内

5. 体验式家长会一般的时长是（　　）。

A. 60 分钟　　　　　　　　　　B. 90~120 分钟

C. 40 分钟　　　　　　　　　　D. 3 个小时

6. 体验式家长心理成长工作坊的形式是（　　）。

A. 封闭式　　　B. 公开式　　　C. 半公开　　　D. 半封闭

7. 体验式家长成长工作坊的成员人数一般是（　　）。

A. 100 人　　　B. 10~50 人　　　C. 10 人以下　　　D. 100 人以上

二、多选题

1. 体验式团体教育模式的三维目标是（　　）。

A. 知识与技能　　　　　　B. 过程与方法

C. 情感态度与价值观　　　　D. 教学过程科学、系统、全面

2．教育教学过程进行科学、系统、全面的整体三维优化，三维是指（　　）。

A．教师的理念与能力优化　　　　　B．学生理念与环境优化

C．教育方法与过程优化　　　　　　D．情感态度与价值观优化

3．教师心理资本有（　　）几个维度。

A．自信　　　　　B．乐观　　　　　C．希望　　　　　D．韧性

E．价值　　　　　F．管理

4．体验式团体教育模式中，教师的心理条件和能力的优化围绕（　　）主题。

A．教师心理资本　　　　　　　　　B．班级管理与建设

C．三位一体的课堂技术与过程　　　　D．教育方法与过程

5．体验式团体教育模式提出，教育教学优化从（　　）方面进行。

A．教师　　　　　B．教学过程　　　　C．学生　　　　　D．管理

6．体验式团体教育模式在学生的优化方面有（　　）。

A．心理教育与预防　　　　　　　　B．自主管理能力提升

C．师生关系　　　　D．同学关系　　　　E．家庭关系

7．教育技术包含（　　）的概念。

A．学习者为中心　　　　　　　　　B．依靠资源

C．运用系统方法　　　　　　　　　D．行为水平

8．学习资源包括（　　）。

A．信息　　　　　B．人员　　　　　C．教学媒体　　　　D．设备

E．技巧和环境

9．教育技术应用于解决教学问题的基本原则是（　　）。

A．要鉴定问题，弄清所要解决问题的本质

B．根据问题的实质来研究、设计解决问题的方案

C．教育开发的系统方法

D．班级管理的科学化

10．体验式团体心理技术从应用方面看可分为（　　）。

A．场技术　　　　　B．工作技术　　　　C．结束技术　　　　D．整合技术

11．一节具有课时限制的心理辅导活动课的微观发展进程包括（　　）。

A．团体暖身阶段　　B．团体转换阶段　　C．团体工作阶段　　D．团体结束阶段

12. 体验式团体教育模式团体动力场有（　　）。

A. 物理环境条件　　　　　　　　B. 动力过程

C. 会心状态　　　　　　　　　　D. 课堂教学动力策略

13. 课堂教学动力策略有（　　）。

A. 时而在前　　　B. 时而在后　　　C. 时而在左右　　　D. 导师主动干预

14. 暖场技术的分类有（　　）。

A. 动作类　　　　B. 语言类　　　　C. 互动类　　　　D. 绘画类

15. 团体转换阶段广泛使用的技术，主要包括（　　）。

A. 案例类　　　　B. 游戏类　　　　C. 表演类　　　　D. 音像类

16. 体验式团体工作技术的分类有（　　）。

A. 艺术类　　　　B. 语言类　　　　C. 工具类　　　　D. 绘画类

17. 团体结束阶段技术有（　　）。

A. 我的收获　　　　　　　　　　B. 我们大家都来说

C. 把心留住　　　D. 笑迎未来　　　E. 礼物大派送

18. 团体活动教室大小设置的原则有（　　）。

A. 能见度　　　　B. 接近性　　　　C. 免于分心程度　　　D. 最大行动区

19. 教师自身的自我效能感水平低，表现在课堂上有（　　）。

A. 课堂上不敢放手　　　　　　　B. 过度控制

C. 面对问题时不经意逃避　　　　D. 无法相信学生

20. 团体带领中导师角色的三位一体是（　　）。

A. 时而在前引领（讲解）　　　　B. 时而在后推动

C. 时而陪伴在学生左右　　　　　D. 时而在前推动

21. 团体教学过程的三位一体是（　　）。

A. 讲解　　　　　B. 体验　　　　　C. 分享　　　　　D. 总结

22. 团体中成员角色的三位一体是（　　）。

A. 在情境中体验　　　　　　　　B. 听教师讲解

C. 进行表达和分享　　　　　　　D. 讨论与交流

23. 团体中教学动力过程的三位一体是（　　）。

A. 个人　　　　　B. 小组　　　　　C. 团体　　　　　D. 导师

24. 家长参加体验式家长会需要遵循的原则有（   ）。

A. 参与原则   B. 尊重的原则   C. 倾听的原则   D. 保密的原则

25. 体验式家长会对活动场地的要求是（   ）。

A. 场地的温馨   B. 封闭   C. 空间大小适宜   D. 能围坐一圈

26. 体验式家长会分为（   ）两种形式。

A. 成长工作坊   B. 体验式团体教育

C. 家长沙龙   D. 理论学习

27. 体验式家长会团队契约有（   ）。

A. 相互尊重   B. 注意倾听   C. 积极参与   D. 认真思考

28. 体验式班会的参与原则有（   ）。

A. 尊重的原则   B. 倾听的原则

C. 保密的原则   D. 投入和收获成正比的原则

29. 体验式班会要想实现效果的最大化必须本着（   ）原则。

A. 科学   B. 系统   C. 全面   D. 主动

30. 体验式班会设计中要全面考虑（   ）因素。

A. 动力均衡性   B. 匹配性   C. 可操作性   D. 艺术性

31. 体验式班会设计中要系统考虑（   ）因素。

A. 学生过去的情况   B. 学生当下的情况

C. 学生未来的发展   D. 学生个人的心理

32. 评估体验式班会的内容有（   ）。

A. 目标是否达到   B. 效果反映是否良好

C. 技术选用是否匹配   D. 有无改善之处

33. 评估体验式班会的方法有（   ）。

A. 测量法   B. 标准化的心理测验

C. 调查问卷   D. 成员日记

34. 体验式班会的实施程序有（   ）。

A. 确定目标   B. 制订体验式班会方案

C. 评估班会   D. 反思班会

35. 团体动力要保持均衡需注意（   ）。

A. 以点带面   B. 以面带点   C. 点面结合   D. 积极互动

36. 为了带好团体，达到最好的效果，巧用团体带领技术要注意（   ）。

A. 设置团体规范   B. 营造团体氛围

C. 增强团体动力   D. 运用体验式团体教育技术

E. 把握角色技术

37. 体验式团体中形成的动力场包括（   ）。

A. 心理空间   B. 心理世界   C. 物理世界   D. 外部世界

38. 体验式课堂中学生的角色包括（   ）。

A. 时而在情境中体验   B. 时而与同伴们分享

C. 时而听教师讲解   D. 时而在自我中反思

39. 体验式课堂中教师的角色有（   ）。

A. 普通人   B. 教育工作者   C. 管理者   D. 脑力劳动者

三、填空题

1. 团体转换阶段的主要任务是＿＿＿＿＿＿＿＿＿＿。

2. 团体工作技术的主要任务是＿＿＿＿＿＿＿＿＿＿。

3. 团体结束阶段的工作重点是＿＿＿＿＿＿＿＿＿＿。

4. 教师心理资本的优化将首先围绕＿＿＿＿＿＿＿。

5. 自我效能感指＿＿＿＿＿＿＿＿＿＿＿＿＿。

6. 体验式家长会是依据家长的成长需要和家庭教育需要，通过＿＿＿＿技术，在＿＿＿＿＿＿的推动下，围绕＿＿＿＿而开展的体验、成长和学习活动。

7. 团体的基本技术主动倾听是＿＿＿＿＿＿＿＿＿。

8. 团体基本技术同理心是＿＿＿＿＿＿＿＿＿＿。

9. 体验式班会是依据＿＿＿＿＿＿的需要，在＿＿＿＿＿＿推动下，通过＿＿＿＿＿＿等体验式心理教育技术，围绕教育主题而开展的班会活动。

10. 体验式班会是一种把心理学的理念、知识、技术融入德育教育的一种探索和尝试，我们称之为＿＿＿＿＿＿＿＿。

11. 请列举出常用的体验式团体教育技术：＿＿＿＿＿＿＿。

四、简答题

1. 体验式团体教育模式的概念。
2. 教师心理资本的概念。
3. 体验式团体心理技术的概念。
4. 体验式团体动力场的概念。
5. 课堂教学动力策略的概念。

五、论述题

1. 你做过的暖场技术有哪些？具体描述一个暖场技术的流程。
2. 团体转换技术有哪些？能达到什么目的？试举例说明一下。
3. 你知道的团体工作技术有哪些？你曾经用过哪些？试写一个案例，并说明达成的目标。

六、方案设计题

1. 请设计一个体验式班会方案，理念、目标、流程清晰，不少于 2000 字。
2. 请设计一个体验式家长会方案，具体、详细，不少于 2000 字。
3. 请设计一个教师心理资本提升的方案，详细、具体，不少于 2000 字。

参考答案

一、单选题

1. A   2. D   3. D   4. B   5. B

6. A   7. B

二、多选题

1. ABC   2. ABC   3. ABCDEF   4. ABC   5. ABC

6. ABCDE   7. ABC   8. ABCDE   9. AB   10. ABD

11. ABCD   12. ABCD   13. ABC   14. AB   15. ABCD

16. ABC   17. ABCDE   18. ABCD   19. ABCD   20. ABC

21. ABC   22. ABC   23. ABC   24. ABCD   25. ABCD

26. AB   27. ABCD   28. ABCD   29. ABC   30. ABCD

31. ABC   32. ABCD   33. ABCD   34. AB   35. ABC

36. ABCDE   37. ABC   38. ABC   39. ABC

三、填空题

1. 要完成问题的呈现和表达，以确保团体效能的最大化

2. 进一步激活团体动力，提高团体内部凝聚力

3. 问题解决

4. 教师的自我效能感展开

5. 个体对自己是否有能力完成某一行为所进行的推测与判断

6. 体验式心理教育   团体动力   教育主题

7. 专注于沟通过程中有关语言或非语言行为，且不做判断及评价

8. 能站在成员的立场，将心比心地体谅其感受及想法

9. 学生身心发育特点、成长规律和班级建设   团体动力   绘画、音乐、具象、此时此地技术

10. 德育心育一体化

11. 此时此地技术、描述技术、会心技术、倾听技术

四、简答题

1. 体验式团体教育模式主要是根据新课改的三维目标即知识与技能、过程与方法、情感态度与价值观，对教育教学过程进行科学、系统、全面的整体三维优化，运用教育学和心理学的科学思想和原理，结合先进学校的课堂教学改革的成功经验，根据学校自身的特点提出的心理教育模式。

2. 心理资本是指个体在成长和发展过程中表现出来的一种积极心理状态，是超越人力资本和社会资本的一种核心心理要素，是促进个人成长和绩效提升的心理资源。

教师心理资本包括教师自身的自我效能感（自信）、积极的心态（乐观）、成功的愿望和育人理念（希望）、抗挫折的能力（韧性）、职业幸福感（价值）、应对问题的能力（管理）。

3. 在团体辅导中运用互动、参与、交流、讨论等形式，促进团体内人际交互作用，促使个体在交往中观察，学习，体验，认识自我，探索自我，调整改善与他人的关系，学习新的态度与行为方式，以促进良好的适应与发展的技术。

可以分为场技术（如何建设场和如何控场）、工作技术、整合技术（包括强化、转换和整合的过程）。

4. 团体动力学以群体的性质、群体发展的规律、群体和个人的关系、群体和群体的关系等作为研究对象。团体动力场是在特定的物理场中由多个心理空间相互作用的心理世界，团体中人与人之间形成互动、交流、形成的循环的氛围和场景。

5. 课堂教学动力策略是指教师创设体验情境，即时而在前引领，时而在后推动，时而在左右陪伴，学生的角色是时而在情境中体验，时而与同伴们分享，时而听教师讲解，教师还要对体验、讲解、分享这三分之一进行合理的分配和把握。这样的教育模式才能充分发挥学生的主观能动性，让学生的潜力发挥到最大化。

五、论述题

1. "进化论""大风吹""拼图大考验""可爱的小猫咪"……

"大风吹"流程：

（1）学生进教室后可自由组成若干个 4 人小组（或 6 人、8 人小组），每组围成一个小圆圈，多余的 1~2 位学生担任主持人（如果分组没有余数，则由辅导教师担任），立于中央。

（2）主持人一开始说："西伯利亚过来的大风吹呀吹！"大家问："吹什么？"主持人说："吹穿白色球鞋的人。"则凡是穿白球鞋者，均要移动，换到其他小组里去。主持人要尽快抢到某小组一个位置，于是使得另外的1~2人没有了位置，由他们担任新主持人，再接着"吹"，直至小组新的组合基本形成为止。

2. 团体转换阶段肩负着重要任务，这是一个创设情境，提出问题，激发成员进行自我探索，逐步催化团体动力的过渡阶段。有案例类、游戏类、表演类、音像类技术。

采蘑菇

（1）活动准备

事先制作彩色蘑菇的图片数十个（情绪类型可以重复），贴在教室的四周。

准备音乐《采蘑菇的小姑娘》。

（2）活动流程

①老师说明游戏规则：在每一个蘑菇上，都写着表示我们小朋友情绪的词语，如高兴、愤怒、伤心、喜悦、苦闷、激动、沮丧等。请同学们采摘符合自己这一周里情绪状态的蘑菇，然后回到自己的小组里。

②学生在《采蘑菇的小姑娘》的乐曲声中采摘"情绪蘑菇"。

③分组交流：自己为什么要采这几朵蘑菇？最近这一周发生了什么事情，才使你有这些情绪？

3. "我的心里只有你""同台献艺""人生五味茶""我需要你""过去与未来"……

如"情绪测量"的活动流程如下：

（1）找出两个成员作为坐标，一人站一端。导师表示一端为情绪最好的状态，另一端为最坏的状态（可以0~100作为标示）。

（2）导师引导成员感受和体察自己当时的情绪，成员按自己的情绪状况站在两端连线的某一点上。

（3）站好后，导师可以根据不同成员的不同状况引导他们对个人情况进行分享和处理，让成员把自身的情绪直接表达出来。

六、方案设计题

答案略。

第三十章　医院心理健康服务习题

一、单选题

1. 治疗性沟通是一般性沟通在（　　）中的应用。

A. 诊疗　　　　　B. 医患沟通　　　　C. 入院评估　　　　D. 健康教育

2. 在与患者交谈前医务人员应知道患者的姓名、性别、年龄等基本信息以及他的（　　）、诊疗史、现病史、阳性体征。

A. 家族史　　　　B. 既往史　　　　　C. 居住环境　　　　D. 服药史

3. 医务人员要鼓励患者将话题深入下去，以便拿到更准确的信息，例如"昨天晚上你特别难受，能跟我说说怎么难受吗？比如哪里疼那里胀之类的。"在患者说的过程中给予一定的回应，必要时可（　　）或复述患者的话，进行信息确认。

A. 引导　　　　　B. 推敲　　　　　　C. 确认　　　　　　D. 重复

4. 关系大于方法，关系大于教育，（　　）是贯穿在沟通的整个过程中的。

A. 权威专家　　　　　　　　　　B. 专业的指导

C. 和谐的氛围　　　　　　　　　D. 建立良好的医患关系

5. 医患之间缺乏（　　），是造成医患矛盾的一个重要原因。

A. 沟通　　　　　B. 关怀　　　　　　C. 理解　　　　　　D. 信任

6. 在医疗过程中缺少人文（　　），加剧了医患关系不和谐的情况。

A. 沟通　　　　　B. 关怀　　　　　　C. 理解　　　　　　D. 信任

7. 世界医学之父希波克拉底曾说过，医生有三大法宝：（　　）、药物、手术刀，（　　）是具有治疗作用的，并且居于首位。

A. 职业道德　　　B. 基本功　　　　　C. 技术　　　　　　D. 语言

8. 对目标锲而不舍，为取得成功在必要时能调整实现目标的途径即（　　）。

A. 坚韧　　　　　B. 韧性　　　　　　C. 希望　　　　　　D. 坚持

9. 当身处逆境和被问题困扰时，能够持之以恒，迅速复原超越以取得成功，即

（   ）。

A. 韧性   B. 坚持   C. 坚定   D. 自信

10. 在面对充满挑战性的工作时有信心，并能付出必要的努力来获得成功，即

（   ）。

A. 乐观   B. 希望   C. 自我效能   D. 信念

二、多选题

1. 沟通的常见类型包括（   ）。

A. 发现问题性沟通   B. 治疗性沟通

C. 特殊情况下的沟通   D. 双向沟通

2. 特殊情况下的沟通包括（   ）。

A. 面对生气发怒的患者   B. 面对哭泣的患者

C. 面对抑郁的患者   D. 面对病情严重的患者

3. 发现问题性沟通包括（   ）。

A. 信息的采集   B. 集中主要问题   C. 信息分析   D. 评估总结

4. 治疗性沟通的步骤包括（   ）。

A. 准备计划阶段   B. 开始交谈

C. 引导交谈   D. 结束交谈，做好记录

5. 团体辅导方案的内容包括（   ）。

A. 主题、理念   B. 流程   C. 目标、设置   D. 注意事项

6. 心理资本包括（   ）。

A. 自信   B. 乐观   C. 韧性   D. 希望

7. 团体辅导方案中设置包括（   ）。

A. 参加对象   B. 时间   C. 场地   D. 材料

8. 团体辅导方案操作流程包括（   ）几个阶段。

A. 开始阶段   B. 结束阶段   C. 进行阶段   D. 工作阶段

9. 开场技术体验的目标包括（   ）。

A. 暖场   B. 破冰   C. 引题   D. 分组

10. 医患沟通中的常见问题包括（   ）。

A. 高昂的医疗费用 　　　　　　　　B. 医患间缺乏信任度

C. 沟通不到位 　　　　　　　　　　D. 缺少人文关怀

三、名词解释题

1. 沟通

2. 医患沟通

3. 治疗性沟通

4. 心理资本

5. 自信

6. 乐观

7. 韧性

8. 希望

9. 采集信息

10. 总结评估

四、简答题

1. 简述医院心理健康服务的重要性。

2. 面对生气发怒的患者如何沟通？

3. 面对哭泣的患者如何沟通？

4. 面对抑郁的患者如何沟通？

5. 面对重症患者如何沟通？

6. 简述医患沟通的原则。

7. 团体辅导的注意事项有哪些？

8. 对心理资本研究的根本目标是什么？

9. 心理资本高低不同的人面对问题时的区别是什么？

10. 简述和谐的人际关系的意义。

五、论述题

1. 论述医患沟通中常见的问题。

2. 论述提升心理资本水平的意义。

3. 如何建立自信心？

4. 论述有效肯定练习技术的操作过程。

5. "一分钟鼓掌"属于什么心理技术？如何操作？

6. 论述心理技术"生命线"的操作过程。

7. 论述心理技术"幸福人生线路图"的操作方法。

8. 论述心理技术"原来你也在这里"的操作过程。

9. 论述心理技术"九宫格"的操作方法。

10. 常见的结束技术有哪些？

六、方案设计题

请做一个提升团队凝聚力的团体方案设计。

参考答案

一、单选题

1. A	2. B	3. D	4. D	5. D
6. B	7. D	8. C	9. A	10. C

二、多选题

1. ABC	2. ABCD	3. ABD	4. ABCD	5. ABCD
6. ABCD	7. ABCD	8. ABD	9. ABCD	10. ABCD

三、名词解释题

1. 指信息的传递和交流的过程，包括人际沟通和大众沟通。

2. 医患沟通指的是在医疗卫生和保健工作中，医患双方围绕诊疗、服务、健康及心理和社会等相关因素，以患者为中心，以医方为主导，通过医患双方各种有特征的全方位信息的多途径交流，使医患双方形成共识，并建立信任合作关系，指引医护人员为患者提供优质的医疗服务，达到维护健康，促进医学发展的目的。

3. 治疗性沟通是一般性沟通在诊疗服务中的应用，信息的发出者或接受者是医务人员或患者，并且沟通的内容是属于诊疗范畴以内的专业性事物。治疗性沟通是有目的的，即为患者的健康服务，满足患者的需求，较好地运用沟通技巧能让我们与患者建构真诚良好的医患关系，从而达到身心疗愈的整体效果，由于这些沟通行为可以起到治疗作用，因而称为治疗性沟通。

4. 心理资本是一个人在成长中所表现出来的积极心理状态，包括自信、乐观、希望、韧性四个组成部分。

5. 在面对充满挑战性的工作时有信心，并能付出必要的努力来获得成功。

6. 对现在与未来的成功有积极的归因。

7. 当身处逆境和被问题困扰时，能够持之以恒，迅速复原超越以取得成功。

8. 对目标锲而不舍，为取得成功在必要时能调整实现目标的途径。

9. 通过观察和向对方提出问题收集所需信息，一般采用开放式问题或闭合式问题两种方式，倾听的同时适时运用重复、复述、澄清、小结等技巧明确患者谈话的内容及此时的情绪情感。

10. 将谈话中的一些感觉和想法串联起来进行总结，提炼出现阶段患者要解决的主要问题，给予初步评估，分析得出可能的解决方向。

四、简答题

1. 近几年来，随着市场经济的迅速发展，我国的医患关系日趋紧张，医疗纠纷日益增加，一方面经常有病人投诉、殴打甚至杀死医务人员的事件发生，另一方面医务人员也多有抱怨。如何改善医患关系，维护医疗服务行业秩序，已不仅仅是卫生部门的责任，而是全民的责任。

2. 首先接纳患者的情绪，例如可以跟他说，"是挺让人生气的，您能跟我说说具体发生了什么吗？看看我能帮到您什么。"一般情况下患者此时的情绪就会稳定下来，再帮助他理性分析愤怒的原因，注意一定不要让患者觉得你在应付患者的投诉。

3. 为他创造一个安全的宣泄场所，以免他事后有羞耻感，同时可采用一些非言语沟通方式，静静地陪伴、倾听、递杯饮料或湿毛巾，同性还可以轻轻地扶在他的肩膀上，待情绪稍稍稳定后，鼓励其说出流泪的原因。

4. 这类患者一般不会主动沟通，医务人员要给予更多的关注与照顾，注意其情绪变化，及时发现悲观情绪，适时引导，同时努力开发并与之交流其感兴趣的话题，用我们的真诚、善良、仁爱之心温暖他。

5. 交流一般不超过 15 分钟，避免不必要的交谈。对无意识的患者可持续用同一句话，同样的语调反复说，这样他有可能听到，同时可用触摸的沟通方式，但触摸前要假设患者能够听到，且告诉他，并尽可能保持环境安静。

6. （1）交谈应有目的、有针对性，不是随意、漫无边际的闲谈。通常是为了收集患者的资料，以便了解患者的问题所在，从而推理出解决问题的方向。

（2）应注意运用积极心理学、社会学原则，即应根据患者不同的年龄职业、文化程度、社会角色等来组织不同的沟通方式。

（3）关系大于方法，关系大于教育，建立良好的医患关系是贯穿在沟通的整个过程中的。

7. （1）成员间彼此尊重，不批评、不否定、不建议。

（2）遵守课堂设置，认真参与，积极分享。

（3）保密原则。只带走自己的感受，不带他人的故事。

8. 对于心理资本的研究最根本的目标还是落在如何制订有效的策略和方法来开发员工的心理资本上，其最终目标是使员工潜力得以发挥，在实现个人成长和获得幸福的同时，通过员工的积极行为产生积极的影响，提升服务能力，建构良好的医患关系。

9. 一个心理资本丰富的人在面对问题时，更多地从正向现实的层面来思考问题，他会把更多精力用在解决问题上。一个心理资本贫瘠的人，在面对问题时其思考角度更多的是基于自己的设想，同时他也无力通过沟通、协调、管理等各个层面解决其所面临的问题，最终给个人、团队、企业带来损失。

10. 和谐的人际关系可带来愉快的情绪、产生安全感、舒适感和满足感可减少孤独感、恐惧感和心理上的痛苦，并能宣泄不快情绪，从而减少心理压力。

五、论述题

1. 大部分医护人员和患者认为，医患之间一般或者基本上没有沟通。这在一定程度上说明医患之间缺乏基本的信任度，医护人员未很好地履行告知、照顾义务，归结为双方信任度降低的主要原因。不论是患者还是医护人员都不同程度地认为医患关系不和谐。

（1）我国现行的医疗保障体系及相关的法律、法规没有及时跟上市场经济的步伐。政府对医院的投入严重不足，医院自负盈亏的体制，都促使患者承担了过多的诊疗费用。同时，社会贫富分化，矛盾加剧的问题在费用高昂的诊疗过程中被激化。

（2）医患沟通不够、医疗纠纷增加，是医患关系不和谐的重要因素。基层医疗资源不足，水平欠缺，经常发生误诊的现象，使得病人为寻求可靠的诊疗向大城市的三甲医院集中。医生超负荷的工作使其无力完善与患者的沟通。同时，医疗教育的制度并未在医患沟通技能中给予学生强化训练，使得医生缺乏良好的沟通技能。

（3）在医疗过程中缺少人文关怀，加剧了医患关系不和谐的情况。治病、救人原是一体的，但有些医生却只重视"病"不重视人，同样医生的权益也没有受到足够的保护，有时医生连休息的地方和时间都没有，医患双方没有换位思考，患者常常不理解医生的诊治，甚至发生暴力伤医事件。

（4）患者申诉和维护权益渠道不畅通是影响医患关系的直接原因。我国虽已于2002年就施行新的《医疗事故处理条例》，但发生医疗事故之后，光是事故鉴定费用就高达几千元，患者维护权益成本太高。

（5）医患之间缺乏信任，是造成医患矛盾的一个重要原因。新闻媒体不够翔实的报道，促使医患之间缺乏信任、理解，不能换位思考。部分医务人员没有设身处地替患者着想，而是较多地考虑医疗机构和自身的利益。而有些患者对医务人员也缺乏理解，不了解医学的复杂性。

2．心理资本的每个纬度都可能单独对员工的组织行为产生积极的影响。而随着心理资本研究的深入，研究者们对这四个维度之间的相互联系和相互作用有了更清晰的认识。任何一种资源的激活都带动其他资源，比如一个怀有希望的人，他会对自己充满自信。自我效能感，他就克服困难的动力更强，并且拥有更多的资源和能力去克服困难，因此也就更有弹性，更可能习得现实而灵活的乐观的归因方式。因此，将心理资本这四个维度整合在一起，共同来预期对员工组织行为的影响，并对整体的心理资本进行投资开发和管理，将会对绩效和态度结果产生大于单个要素之和的积极影响。

3．自信的基础是有能力，能力的基础是有经验，经验来源于不断的尝试，但有能力不等同于自信，在能力和自信之间有一个重要的环节，就是肯定，肯定包括内部肯定和外部肯定，也就是自我肯定和身边重要他人的肯定。

给予有效的肯定，首先是肯定可以肯定的部分，其次是肯定情绪，最后是肯定动机。

4．分组。5~7人一组。第一轮练习时，小组成员分别看着小组中每个伙伴的眼睛，对他说，"我有成千上万个优点，现在我只告诉你三个……"然后分享感受。第二轮练习时，小组成员分别看着小组中每个伙伴的眼睛，对他说"你有成千上万个优点，现在我再告诉你三个……"然后分享感受。

5．属于暖场破冰技术引入主题

（1）问大家一个问题，你一分钟能鼓多少次掌？多数人没有测试过，可先预测一下一分钟我们能鼓多少次掌。下面和大家一起做个小体验，带领者给大家看时间，计时一分钟，看看能鼓多少次掌。

（2）现在计时开始……

（3）每个人公布自己鼓掌次数。

（4）分享感受。

6．（1）请助教老师给每个伙伴发一张 A4 纸，让大家从左向右画一条线，找到现在的对应点，标注为现在，这个点向左代表过去，向右代表未来。

（2）在左侧标出过去生活中具有乐观心态的三个重要他人，在线段的右侧标出自己曾经运用乐观心态处理比较满意三件事。

（3）标出的三个重要他人处分别引出一个方框，在方框里画出发生在他们身上的乐观的典型事件的情景，同时在自己比较满意的三件事的标注处，也分别引出一个方框，在方框内画出这个事件的画面。

（4）以点带面请 2~3 个伙伴分享他的生命线，给予积极的有效回应，然后以小组为单位，每个伙伴进行分享。

7．（1）助教老师发给每个人一张 A4 纸，在这张纸上画一条线段，根据你对自己人生道路的理解，可以是直线，也可以是曲线。

（2）放背景轻音乐，引导伙伴们设定自己的幸福目标，评估现有的资源有哪些，要达到自己的目标还需要努力争取哪些资源，这些资源相当于通向幸福目标必经的一个个驿站。

（3）在线段相应的位置找到现在，点上一个标记，标记的左侧为过去，右侧为未来，在相应的位置把这些驿站标注到线段上，并且标注实现的具体时间。

（4）在每个驿站的上方或下方引出一个方框，在框内把这个驿站的特征性画面呈现在方框内。

（5）以点带面。选择 1~2 名伙伴分享幸福线路图，然后其余的伙伴两两一组分享自己的幸福线路图。

8．（1）全体起立手拉手围成一个圈，肩挨着肩胳膊挨着胳膊，把手臂放到相邻伙伴的腰上。

（2）用目光扫视全场的每一个伙伴，如果要找一个人借钱，你会找谁呢？选好后举手示意带领导师。

（3）大家都选好了那个人，当我说开始的时候，你以迅雷不及掩耳之势把手指向他，同时嘴中发出"咦"的声音，两只脚像钉了钉子一样一动不动，带领导师不说停止，你们要保持这样一种姿势。

（4）有两个人互相选择时，牵手成功，成为彼此生命中的贵人，手拉手站到圈外不许说话交流，观察圈内其他伙伴的选择，直到全部配对成功，如出现单数助教老师可参与其中。

（5）每组贵人选择漂亮的作为门面站在前面，另一个扒着他的肩膀站在他的身后，所有的贵人这样一前一后，围成一个圈。

（6）互相扫视全场的每一个伙伴，每组两个贵人小声讨论，选择圈内其他的一对贵人，选好后示意我。

（7）全部选好后，当我说开始的时候，前面的伙伴以迅雷不及掩耳之势，伸手指向那对贵人，同时两个人一起发出"咦"的惊呼，两个人的脚像钉了钉子一样，站在那一动不动，带领老师不说停止，大家就保持这样的姿势。

（8）双方互相选择对方的，手拉手站到圈外，保持沉默，继续观察圈内其他伙伴的选择。

（9）都选择完毕即完成分组，两对贵人围成一个圈坐好，简单自我介绍，分享感受。

9.（1）助教老师给每个伙伴发一张 A4 纸，要求可着这张纸画一个边框，分成九个格子，从左上角开始顺时针方向标注顺序 1、2、3……9，最中间的格子为 9。在上方眉栏处，写上我的贵人们。

（2）放背景轻音乐，引导伙伴们回顾在职业生涯中，同事或领导曾经给予自己的帮助与支持，重温一个个温暖的画面，按顺序画在格子里。

（3）以点带面。选择 1~2 个伙伴向所有人分享九宫格，其余的伙伴以小组为单位，分享自己的九宫格。

（4）选择一位此时自己最想感谢的贵人，给他写封感恩拜访信。

10. 同唱一首歌、每人一句话、心愿卡、点赞、循环拥抱。

六、方案设计题

团队凝聚力——我的团队我的组

（1）理念

团队凝聚力是指团队对成员的吸引力，成员对团队的向心力，以及团队成员之间的相互吸引。团队凝聚力不仅是维持团队存在的必要条件，而且对团队潜能的发挥有很重要的作用。美国社会心理学家 L. 费斯汀格认为这种凝聚力是使团体成员停留在团体内的合力，也就是一种人际吸引力。这种吸引力与力学有一些相同之处，如一个人在玩"流星球"时，流星球就是围绕手这个中心转，不会丢失，手就是中心点。凝聚力的中心点是什么？就是团队对所有成员的吸引力。

中国政商界领导者私人演讲教练柏君先生认为：所谓团队，就是建立在一个相互信任的基础上，在某个阶段为了某一个集中的目标和梦想而前进的一群人。他们立场明确、梦想和目标明确，行动一致、连贯、紧密、互助和互补。个体成员看重未来，更看重创造未来的机会。团队对他们追求的这种境界，要鼓励，要尊重和珍惜他们的创业激情。如果团队凝聚力较强，那么团队成员就会热情高，他们做事认真，并且有不断的创新行为，推动着大家的目标一起实现。

本方案以社会心理学、积极心理学、发展心理学为理论依据，以心理技术为载体，使团队成员觉察一个有凝聚力的团队对于自己的重要性，这也是职业幸福感的重要来源，同时悟到这样一个温暖有凝聚力的团队是每个人共同努力的结果，团队的目标就是每个人自我实现的平台，团队的未来与每个人的未来一脉相承，从而激发团队成员强大的向心力，提升团队的凝聚力。

（2）目标

①重温职业生涯中团队给自己带来的温暖与支持，提高团队归属感。

②感受团队文化的滋养，觉察工作不仅仅是生活的工具，而且已成为我们生命的一部分。

③使每个成员认识到一个有凝聚力的团队对自己的重要性，与自己的未来息息相关。

④激发团队成员的动力，让大家为共同的目标理想而奋斗。

⑤树立主人翁责任感，提高职业幸福感。

（3）设置

①参加对象：医务人员 20~30 人。

②时间：90 分钟

③场地：安静温馨，桌椅可移动，面积 60 平方米左右。

④材料：A4 纸、笔、彩笔、音乐播放器、餐巾纸。

（4）操作流程

阶段项目	目标	内容	注意事项	设置
开始阶段	1. 暖场破冰。 2. 分组。	生命中的贵人	分享感受。	5~10分钟
工作阶段	1. 梳理职业生涯中的温暖画面，重温那份幸福感。 2. 找到归属感。企业不仅仅是生存的工具，更是我们心灵的家园。 3. 感受医院文化对自己的滋养。 4. 建立共同的目标。医院与我们同呼吸共命运。 5. 畅想未来。医院的未来里，蕴含着每个人的未来。 6. 树立主人翁责任感，提高职业幸福感。	内外圈 共绘蓝图	分享感受。 小组展示蓝图。 讲解小组的设计。 分享感受。	10分钟 30分钟 40分钟
结束阶段	总结升华。	大中国		5~10分钟

（5）具体操作步骤

①带领者简单自我介绍后，向大家说明本次团体带领的主题"我的团队我的组"强调团体辅导的设置，每个参与者遵循的要求。

②带领大家做一个小体验，放一段音乐，所有成员竖起自己的大拇指随着音乐随意走动，与遇到的每个人拇指对拇指。这个过程不说话，由目光传递你想说的话，结束后走向下一个伙伴。这个过程中尽量与更多的伙伴拇指相对。当音乐停止时，保持当下的姿势不动，相对的两个人即为彼此生命中的贵人，互相对视一分钟，然后分享感受。

③两个贵人迅速确定出一个A和一个B。

④A向前一步走，围成一个圈，B给A拿把椅子放在屁股底下，椅背朝向A的屁股，A在不改变椅子的方向的情况下，坐在椅子上，面向外，B拿把椅子坐在A的面前。形成一个内外圈。

⑤分享话题一：回忆自己初到医院时印象深刻的情景。由A先分享。

⑥A不动，B起立顺时针方向向前走过两个位子坐下来。

分享话题二：职业生涯中同事或领导给与自己支持和鼓励的，令自己感动的一件事。由B先分享。

⑦B不动A起立逆时针方向走过两个位子坐下。

分享话题三：我感受到的医院文化是什么？我最喜欢的是哪点？由 A 先分享。

⑧内圈一个组，外圈一个组，确立小组长，小组长带领大家给小组取名，设计小组 logo，写下小组的精神。

⑨要求画一幅十年后的我的团队我的组，每个成员都要参与，在蓝图上留下自己的印迹，并为自己小组的蓝图确立一个主题。

⑩以小组为单位展示自己的蓝图，并讲解设计理念、主题。

⑪以点带面。每个小组选择 1 人向全体成员分享感受，其他成员在小组内分享。

⑫带领导师总结升华，同唱一首歌《相亲相爱的一家人》，结束本次团体活动。

（6）注意事项

①成员间相互尊重，平等交流，不批评、不否定、不建议。

②遵守课堂设置，不迟到，不早退，不接打电话。

③认真倾听，积极参与，真诚分享。

④保密原则。只带走自己的感受，不带走他人的故事。

第三十一章　机关事业单位心理服务习题

一、单选题

1. 积极心理学是研究（　　）的科学。

A. 人类命运　　　B. 快乐　　　　C. 幸福　　　　D. 潜能

2. 积极心理学家所倡导的"持续幸福感"理论，将幸福感分为三个部分，基因占幸福感的（　　）。

A. 10%　　　　　B. 30%　　　　C. 40%　　　　D. 50%

3. 调查研究发现，注重发挥下级员工优势的领导，成功的可能性高达（　　）。

A. 90%　　　　　B. 86%　　　　C. 68%　　　　D. 50%

4. （　　）是一种改变意识的形式，它通过尝试获得宁静状态而增强自我知识和良好状态。

A. 发呆　　　　　B. 参禅　　　　C. 静坐　　　　D. 冥想

5. 良好的（　　）是社会支持的重要组成部分。

A. 情绪　　　　　B. 事业　　　　C. 人际关系　　D. 心态

6. 积极心理学作为一门研究幸福的科学，已经摆脱了传统心理学（　　）模式，更多地研究人类的力量和美德。

A. 消极　　　　　B. 问题　　　　C. 陈旧　　　　D. 疾病

7. 从职业角度来说，自我是指在从事工作过程中自主构建起来的对自己职业身份的（　　）。

A. 接纳　　　　　B. 认同　　　　C. 包容　　　　D. 理解

8. 詹姆斯自尊的经典公式：自尊＝成功/（　　）。

A. 理想　　　　　B. 梦想　　　　C. 抱负　　　　D. 期望

9. 研究表明，（　　）不仅会使人感觉良好，还能使个体更健康长寿，提升人们的主观幸福感，促进心理健康。

A. 积极关系　　　B. 积极情绪　　　C. 意义和成就　　　D. 积极投入

10. （　）是一个人生活的核心。

A. 情绪　　　　　B. 关系　　　　　C. 投入　　　　　D. 意义

11. 研究认为至少拥有（　）位亲密朋友的人，比普通人更健康，更感到幸福，同时工作积极性也更高。

A. 5~6　　　　　B. 7~8　　　　　C. 2~3　　　　　D. 3~4

12. （　）是对工作本身充满了热情，（　）导向的人认为他们的工作有价值，能带来满足感。把工作当作（　）的人使工作变得更有意义。

A. 职业　　　　　B. 幸福　　　　　C. 差事　　　　　D. 事业

13. 写下自己的（　）这个方法可以促使个体把自己的想法和感受加以梳理和整合，这些想法和感受是个体从未有效梳理过的。

A. 故事　　　　　B. 幸福　　　　　C. 感恩　　　　　D. 目标

14. 一项调查显示，在单位里有一位最好的亲密的朋友的员工只有30%，而这30%的员工对工作的投入，以及工作时间、成就感和满足感是余下70%员工的（　）倍多。

A. 10　　　　　　B. 8　　　　　　C. 5　　　　　　D. 7

15. 积极心理学认为，一个人在发挥（　）时更容易投入当前的活动中，（　）让人更有掌控感，也更有认同感。

A. 优势　　　　　B. 意义　　　　　C. 投入　　　　　D. 成功

16. （　）是提升个体能力素质的主要途径，因此当前提升基层工作人员群体的心理健康水平也主要采用（　）的手段实施。

A. 教育培训　　　B. 积极预防　　　C. 积极干预　　　D. 学习成长

二、多选题

1. 心理学有公认的三个重要目标（　）。

A. 帮助人类解除痛苦　　　　　B. 帮助人们助人自助

C. 帮助人类追求幸福　　　　　D. 识别与培养天赋

2. （　）属于积极心理学幸福五要素。

A. 积极情绪　　　B. 福流　　　　　C. 投入　　　　　D. 意义及成就

3. 伯恩斯提出自我概念具有三个功能（　　）。

A. 规范个人的言行　　　　　　B. 影响个人对经验的解释

C. 影响人们的期望　　　　　　D. 保持内在一致性

4. 积极心理学研究的是全面蓬勃的人生，它有五个支柱，这些支柱的基石，则是（　　）。

A. 意义和成就　　B. 品格优势　　C. 美德　　　　D. 爱

5. 哈佛大学一项长达 77 年的研究得出结论，（　　）会直接影响一个人的"应对机制"。

A. 爱　　　　　　B. 温暖　　　　C. 亲密关系　　D. 勇敢

6. "皮格玛利翁效应"给我们这样一个启示，（　　）具有一种能量，它能改变人的行为。

A. 表扬　　　　　B. 赞美　　　　C. 信任　　　　D. 期待

7. 习近平总书记在十九大报告中要求，"加强社会心理服务体系建设，培育（　　）的社会心态"。

A. 宽容谦让　　　B. 自尊自信　　C. 理性平和　　D. 积极向上

8. 积极教育的六大模块包括（　　）。

A. 积极自我　　　B. 积极情绪　　C. 积极投入　　D. 积极关系

9. 研究发现，（　　）的个体不容易出现职业倦怠。

A. 自我评价高　　　　　　　　B. 自我评价低

C. 工作满意度高　　　　　　　D. 职业认同感高

10. 塞利格曼认为，每个个体如果能在每天的生活中运用与生俱来的一系列优势，将会最大限度地促进个体的（　　）。

A. 价值感　　　　B. 存在感　　　C. 参与感　　　D. 意义感

11. 每个人用更加（　　）的眼光去看待自己和他人的潜能、动机和能力，这是积极心理学所倡导的幸福实现方式。

A. 欣赏　　　　　B. 尊重　　　　C. 包容　　　　D. 积极

12. 自我也称为（　　），是指人格中通过知觉与外部世界相联系的那个方面。

A. 自我评价　　　B. 自我意识　　C. 自我概念　　D. 自我认知

三、论述题

1. 请说说表达性艺术治疗有几种方式，并简要论述表达性艺术治疗的作用。

2. 某学校刚刚经历了一场家长闹事风波，教职员工普遍感觉工作兴趣降低，劲头不足。请运用"百变知识圈"技术帮助老师重拾信心。

3. 试分析遗愿清单带个人的感受和启发。

4. 为什么说赞美是有力量的？

5. 简要说说冥想有什么作用。

6. 说说为什么发挥优势能提高人的工作效率？

参考答案

一、单选题

1. C	2. D	3. B	4. D	5. C
6. D	7. B	8. C	9. B	10. A
11. D	12. D	13. A	14. D	15. A
16. A				

二、多选题

1. ACD	2. ACD	3. BCD	4. BC	5. ABC
6. BCD	7. BCD	8. ABCD	9. CD	10. CD
11. AD	12. BC			

三、论述题

1. 表达性艺术治疗有舞蹈、心理剧、绘画等形式。舞蹈通过肢体动作表达自我与探索内在，对于情绪低落、紧张及人际沟通不良等问题有显著的帮助。戏剧治疗利用演剧及剧场上的技巧，协助个人处理内在心理及外在环境的冲突。

主要是利用角色扮演的戏剧元素和设计活动的参与，让团体成员在可以安全宣泄情绪的环境下，提升自我情绪管理能力、社交技巧和创造力。绘画心理治疗是在一个平面中把一个人的心理空间立体地呈现出来，实现心理表达、心理教育和心理治疗的一种技术。

2. 百变知识圈话题可以集中在对职业幸福感、价值感的探讨。比如设计如下交流话题：

是什么原因让你选择了这位老师？

工作中什么时候让你感觉有价值感？

说一说最有价值感的一件事？

从教以来最骄傲的一件事是什么？

……

3. 积极心理学之父塞利格曼说：人类不可避免地会追求幸福的第三种形式，即对人生意义的追求。心理学家在一项调查中发现，在幸福的生活中，人们得到的更多，而在充满意义的生活中，人们更愿意去给予。塞利格曼认为，追求生活的意义就是"用你全部的力量和才能去效忠和服务于一个超越自身的东西"。

罗伊·鲍迈斯特认为，意义的本质是联系，当两个看似毫不相干的事物之间建立起了联系时，意义就产生了。从过去到未来的联系也可以产生意义。感受及追求意义可以使人们更好地发挥自由意志，体现人区别于动物的独特性。

心理学的最终目的是让人们积极看待世界的各个方面，实现重要事物对自身意义的转化或者升华。生命始终掌握在我们手中，看清自己的人生追求，让生命过得更有价值，是我们一生的主题，也是我们需要思考的人生命题。

4. "皮格马利翁效应"给我们这样一个启示：赞美、信任和期待具有一种能量，能改变人的行为，当一个人获得了另一个人的信任、赞美时，他便感觉获得了社会支持，从而增强了自我价值感，变得自信、自尊，获得了一种积极向上的动力，并尽力达到对方的期待，以避免让对方失望，从而维持这种社会支持的连续性。

赞美能给他人带来愉悦，让人受到鼓舞。赞美是人际关系的润滑剂，是我们自信、自我肯定的力量源泉。

5. 大量的医学调查和研究表明，冥想能缓解疼痛、集中注意力、增强免疫力、降低血压、抑制焦虑、改善睡眠，甚至可以防止抑郁。哈佛大学幸福课老师泰勒认为，冥想可以降低焦虑，使人快乐，提高免疫力，提高专注力，等等。研究表明正念冥想训练可以帮助人们缓解压力、焦虑等情绪困扰，改善睡眠，提高参与者的抗压能力及幸福感。冥想练习的方法还能让人集中注意力，提高工作和学习的效率。

6. 积极心理学认为，一个人在发挥优势时更容易投入当前的活动中，优势让人更有掌控感，也更有认同感。调查研究发现，注重发挥下级员工优势的领导，成功的可能性高达 86%，企业在赢得顾客方面表现优异的可能性会提高 44%，在生产力方面会提高 38%，员工业绩提高 36.4%，反之下降 26.8%。

积极心理学的研究得出了一个乐观的结论，即大部分人都能从自己的工作中得到更多的满足。要做到这一点，第一步就是掌握自己的优势。找出自己的优势，选择一份让自己每天都能发挥优势的工作，这样就能不时在工作中享受到福流体验。

如果你常常在工作中施展你的突出优势，你会发现工作慢慢变成事业，心灵的充实会将工作的重任转化成福流体验。在工作中施展突出的优势会得到双赢的局面。

第三十二章　军队心理健康服务习题

一、单选题

1. 结合部队平战时任务特点，有的放矢地做好军人（　　）的提升和积累，是增强部队凝聚力和战斗力的前提，是完成平战时任务的有力保障。

　　A．心理资本　　　　B．心理空间　　　　C．心理生态　　　　D．心理卫生

2. 团体咨询的开始阶段的主要任务是形成团体内的（　　）。（　　）是指各成员之间的相互吸引力和活动内容对成员的吸引力，以及团体成员的归属感、团结包容等。

　　A．战斗力　　　　　B．行动力　　　　　C．吸引力　　　　　D．凝聚力

3. 团体心理健康服务的核心阶段是指（　　）。

　　A．开始阶段　　　　B．预热阶段　　　　C．实施阶段　　　　D．结束阶段

4. 研究证明人类的生活方式离不开群体，在日常工作和生活中，每个人随时都要与各种人打交道，建立各种形态的人际关系，而人的心理适应主要是（　　）的适应。

　　A．社会关系　　　　B．战友关系　　　　C．群体关系　　　　D．人际关系

5. 团体心理健康服务可使参加者在良好的氛围中获得（　　），为参加者创造一种信任的温暖的真实的团体氛围，会使成员产生一种安全、信赖的感觉，觉得自己有所归属，觉得自己被人需要和接纳，并可从中获得友情支持，减少孤独和寂寞，增加与人的交往，从而增强团体的凝聚力和团结度。

　　A．自尊感　　　　　B．归属感　　　　　C．信任感　　　　　D．自信感

6. 成长性团体咨询是应用较为广泛的团体咨询形式，它的主要目的是通过团体成员的主动参与充分表达自己，从而找到大家共同的兴趣与目标，重点放在（　　）。

　　A．活动对象上　　　　　　　　　　B．自我成长与自我完善上

　　C．治疗上　　　　　　　　　　　　D．预防上

7. 在开始阶段，要建立和强化团体（　　），包括要求所有成员按时到达，不迟到、不早退，不得随便泄露或谈论团体内的秘密，相互尊重，不得歧视、嘲笑和讽刺

成员等。

　　A．法规和纪律　　　B．氛围建立　　　C．自觉意识　　　D．时间观念

　　8．在团体心理健康服务结束时，咨询人员应该指导成员订立改变行为的计划，即把学习掌握的新知识、新经验应用到现实生活中的具体步骤，同时还应做好（　　），以评估成员在团体心理健康服务后的表现，巩固咨询效果，并为他们提供必要的支持和帮助。

　　A．安抚工作　　　B．收尾工作　　　C．指导工作　　　D．随访工作

　　9．每一个团体心理健康服务都必须有清晰而明确的目标。团体心理健康服务的目标可以看成是团体成员参加团体的期望，也隐含着团体咨询人员的期望和目的，每一个团体心理健康服务目标应是非常（　　）的。

　　A．有效的　　　B．可预见的　　　C．实际的　　　D．具体明确可操作

　　10．一个团体培训多久、多长时间聚会一次、每次多少时间取决于团体的类型及成员，不同的团体类型及成员有不同的时间要求，一般（　　）次不等。

　　A．1~10　　　B．5~15　　　C．1~15　　　D．3~10

二、多选题

　　1．团体心理健康服务是针对成员共有的心理问题而组织的，团体心理健康服务的过程中，必须自始至终都要注意成员的（　　）和（　　），使个人与团体相互关注，保持共同的信念，共同的利益和共同的目的。

　　A．共同问题　　　B．共同观念　　　C．共同秩序　　　D．共同价值

　　2．不同类型的团体心理健康服务有自己特定的活动程序，不过它们的基本程序是相似的。一般把团体心理健康服务分为三个阶段，即（　　）。

　　A．开始阶段　　　B．预热阶段　　　C．实施阶段　　　D．结束阶段

　　3．团体心理健康服务的目标一般包括三个内容，即（　　）。

　　A．为什么要组织团体心理健康服务　　　B．达到什么目的

　　C．解决什么问题　　　　　　　　　　　D．分析问题原因

　　4．团体目标的作用有（　　）。

　　A．导向作用　　　B．聚焦作用　　　C．坚持作用　　　D．评估作用

　　5．团体心理健康服务的目标分为（　　）。

A．固定目标　　　B．中心目标　　　C．一般目标　　　D．特定目标

6．组织进行团体心理健康服务效果评估的主要方法有（　　）。

A．行为计量法　　B．心理测验　　　C．访谈法　　　　D．调查问卷

7．军人团体心理健康服务，是在军队特定团体情景下进行的一种非军事活动的团体心理训练与咨询的形式。它是通过共同商讨、训练、引导，促使部队官兵成员认识自我，探讨自我，接纳自我，彼此认同。从而解决成员共同发展和共有的心理问题，最终达到（　　）。

A．自信心的激发　　　　　　　　B．集体观念的增强

C．团队凝聚力的提高　　　　　　D．自我的觉醒

8．团体心理健康服务具有（　　）和（　　）的功能，从某种意义上讲，团体心理健康服务是预防问题发生的最佳策略，通过团体心理健康服务成员对自己有了更多的了解，懂得了什么是适应行为，什么是不适应行为。

A．预防　　　　　B．治疗　　　　　C．评估　　　　　D．解惑

9．军人团体心理健康服务的原则包括（　　）。

A．共同原则　　　B．民主原则　　　C．综合原则　　　D．发展原则

E．保密原则

10．军人团体心理健康服务与个体心理健康服务的不同之处有（　　）。

A．问题类型不同　B．互动程度不同　C．助人氛围不同　D．工作场合不同

三、简答题

1．简述军人团体心理健康服务的含义。

2．简述参加团体心理健康服务的成员应具备的三个条件。

3．简述团体结束阶段的主要工作内容。

四、方案设计题

1．针对新兵团体，设计新训适应性团体方案。

2．结合驻训期间训练压力大的特点，设计一节压力调节课程。

参考答案

一、单选题

1. A	2. D	3. C	4. D	5. B
6. B	7. A	8. D	9. D	10. C

二、多选题

1. AC	2. ACD	3. ABC	4. ABCD	5. CD
6. ABD	7. ABC	8. AB	9. ABCDE	10. ABCD

三、简答题

1. 军人团体心理健康是在军队特定团体情景下进行的一种非军事活动的团体心理训练与咨询的形式。它是通过共同商讨、训练、引导，促使部队官兵成员认识自我，探讨自我，接纳自我，彼此认同，从而解决成员的共同发展和共有的心理问题，最终实现军人自信心的激发、集体观念的增强、团队凝聚力的提高。

2. ①自愿报名参加，并怀有改变自我和发展自我的强烈愿望。

②愿意与他人交流，并具备与他人交流的能力。

③能坚持参加团体活动的全过程，并愿意遵守团体的各项规则和纪律。

3. 本阶段的任务主要包括：

回顾与总结团体经验。

评价成员的成长与变化并提出希望。

协助成员对团体咨询经历做出个人评估，回首自己在整个团体咨询中得到了什么帮助，收获是什么，对自己今后的人生有什么指导意义。

鼓励成员表达对团体结束的个人感受，体会团体咨询给自己的启迪。

对团体心理健康服务的效果做出评估。

帮助成员把团体咨询中的转变应用于日常生活中，使改变与成长继续和发展。

四、方案设计题

答案略。

第三十三章　警务人员团体心理咨询习题

一、多选题

1. 警务人员的团体心理服务的工作形式有（　　）。

A. 知识普及　　　　B. 行为训练　　　　C. 心理咨询　　　　D. 危机干预

2. 警务人员团体心理咨询按功能分为（　　）等。

A. 教育性　　　　B. 支持性　　　　C. 预防性　　　　D. 治疗性团体

3. 警务人员团体应从（　　）层次入手。

A. 生活层面　　　　B. 工作层面　　　　C. 自我效能　　　　D. 人际关系

4. 团体心理咨询的核心内容是（　　）。

A. 人　　　　B. 场　　　　C. 技术　　　　D. 动力

5. 团体心理咨询过程的三位一体是（　　）。

A. 升华　　　　B. 讲解　　　　C. 体验　　　　D. 分享

6. 团体心理咨询导师角色的三位一体是（　　）。

A. 时而在前　　　　B. 时而在后　　　　C. 时而在中间　　　　D. 时而在左右

7. 团体心理咨询技术的三位一体是（　　）。

A. 此时此地技术　　B. 表达技术　　　　C. 描述技术　　　　D. 会心技术

8. 团体契约有（　　）等形式。

A. 合同契约　　　　B. 口头契约　　　　C. 书面契约　　　　D. 群体契约

二、简答题

1. 警务人员团体心理咨询应从哪两个方向入手？

2. 团体设置包括哪两个方面？

3. 澄清在团体中的作用是什么？

4. 完整的团体方案设计包括哪些内容？有什么具体要求？

参考答案

一、多选题

1. ABCD　　2. ABCD　　3. ABC　　4. ABC　　5. BCD

6. ABD　　7. ACD　　8. BCD

二、简答题

1. 第一，不再用过去传统的心理学解决人的问题，而是用积极心理学的理念，从正性的层面去帮助他们更快乐、更幸福地生活。第二，从个体转向团体，对警察来说，在单位里面做个体咨询，存在双重身份、双重标准的问题，很少有人到公安机关的心理咨询室来咨询。团体的方式更适合警务人员群体。积极心理学方向的团体心理咨询一定是我们的主要走向，一个是从问题模式转向积极心理学模式，一个是从个体走向团体。

2. 团体设置分为两个方面。一是团体文化的设置，如团体理念、团体鼓励、成员自我开放、积极互动、投身其中、平等原则等；二是团体的伦理设置，如遵守保密原则、不迟到、不早退，表达情绪不能人身攻击等成员必须遵守的契约。

3. 澄清伴随整个团体过程。团体开始阶段，通过澄清明确目标。工作阶段，通过澄清强化动机。团体结束阶段，通过澄清促进行动。

4. 团体方案设计包括：团体理念、设计思路、团体目标、团体成员、活动时间、活动流程等。

团体理念是根据团体活动所要解决的问题和相关心理学原理，所形成的指导团体活动方案设计和操作过程的主导思想。

设计思路需要回答四个问题：为什么做？用什么做？怎么做？做了会如何？

团体目标：团体中允许有许多目标，但一般不超过三个。目标要具有针对性、科学性和可行性。目标根据重要性，可分为主要目标和辅助目标；根据紧迫性和达成期限，又可以分为长远目标、中期目标和短期目标。目标之间要相互关联、呼应递进。

团体成员包括参与团体的成员，导师、助教、招募的学员。

活动时间根据目标设定，一般工作坊有1~7天不等，普通团体也有的按小时计算，1~3 小时不等。

　　活动流程就是根据上述内容和要求设计的具体实施方案，包括开始阶段、工作阶段、结束阶段及每个过程应用的心理学技术、要达成的目标，还有需要的物料、音乐等。

第三十四章　积极婚姻家庭心理服务习题

一．单选题

1. 在中国这片土壤下进行婚姻家庭辅导，其实是在帮两个家庭甚至两个家族做辅导，所以特别需要（　　）。

　　A．构建积极关系　B．积极品质　　　C．家庭未来规划　D．家庭文化建设

2. （　　）是我们中华民族的传统美德，有了（　　），我们就可以多为他人考虑，少计较个人得失。

　　A．尊重　　　　　B．进取　　　　　C．宽容　　　　　D．创新

3. 调查数据显示，对自己婚姻满意的女性占（　　），其中很满意的比例近47.5%，说明被调查女性婚姻满意度较高。

　　A．60.8%　　　　B．83.6%　　　　C．58.3 %　　　　D．38.6%

4. 在这个科技飞速发展的时代，（　　）是家庭或个人必然要学习的能力。

　　A．尊重　　　　　B．进取　　　　　C．创新　　　　　D．宽容

5. 一个家庭要想成长，尽量不要重复以前的模式，要有一颗（　　）。

　　A．感恩心　　　　B．宽容心　　　　C．理解心　　　　D．进取心

二．多选题

1. 积极家庭治疗是以积极心理学思想为导向，运用积极心理学技术方法，围绕（　　）开展积极心理建设工作，以实现对家庭不良状况的改善。

　　A．家庭文化　　　B．积极品质　　　C．亲密关系　　　D．家庭未来

2. 在平衡亲密关系中，需要充分发挥（　　）的作用。

　　A．积极语言　　　B．积极行动　　　C．积极倾听　　　D．积极情绪

3. 要想具备宽容的能力就需要有（　　）。

A. 忍让心   B. 宽容心   C. 理解心   D. 感恩心

4. 尊重与（   ）有关。

A. 控制   B. 忍让   C. 平等   D. 期待

5. 创新的心境包含（   ）。

A. 自信心   B. 好奇心   C. 趣味心   D. 进取心

6. 创新的能力有（   ）。

A. 洞察力   B. 挑战力   C. 意志力   D. 行动力

7. 自我的层面包含（   ）和反思自我。

A. 物质自我   B. 社会自我   C. 现实自我   D. 理想自我

三. 填空题

1. 家庭治疗是心理治疗的一种形式，它将所存在的问题或症状从个体转向了_____。

2. 在塑造家庭文化中，需要终止不良"_____"、完结心理仪式、树立核心价值及维护良好动力。

3. 在提升积极品质中，宽容、_____、进取及创新是不能忽视的。

4. 中国人结婚，不是两个人的事，而是_____的事。

5. 终止不良文化遗传，一方面是指时代的不良文化，另一方面是_____的不良文化。

6. "_____"是由于一些情感在知觉领域里并没有被充分体验，因此就在潜意识中徘徊，而在不知觉中被带入现实生活里，从而妨碍了自己与他人间的有效接触。

7. 完结心理仪式就是为了让每个成员能够把未完成事件做个完结，让自己在未来的生活中不受这些_____牵连。

8. 家庭治疗中积极品质提升包含四种品质：宽容、尊重、进取、创新。前两种品质能够让_____，后两种品质能让家庭兴旺。

9. 安全感不强的人容易敏感，一种是_____，一种是爆发。

10. 在家庭中，不期待对方为自己付出，本身也是_____的表现。

11. 我们表达尊重的方式很多时候是传承了_____表达尊重的方式。

12. 在进取方面，物质与精神的进取相辅相成，人的_____成长了，也能有助于提高经济收入，经济收入的提高也有助于人的自我认可。

13. 创新不仅仅需要方法，也要有_____，就是有趣味地去做每件事。

14. 积极语言是指积极的语言模式，这个语言模式包含_____和_____，是一种习惯化的反应，这种习惯化的反应通常是不自知的。

15. 古德曼在 1986 年成立了一个"_____实验室"。

16. 当一个人从"_____"走向"_____"时，就不会为家庭的鸡毛蒜皮的小事而纠结。

17. 一个人要想走向大我，需要在小我已经被_____的基础之上。

18. 一个人与_____的关系直接决定了与外界的关系。

19. 每个人的自我里面都有很多小我，这些小我，我们可以称为_____。

四. 简答题

1. 举例说明什么是未完成事件。

2. 说说你在生活中曾经做过哪些有仪式感的事。

3. 试着写出自己的社会角色，并为不同的角色打分，再写出提高一分的办法。

五. 论述题

针对你身边比较常见的家庭冲突，设计一个积极婚姻家庭团体辅导方案，要求有理念、有目标、有流程。

参考答案

一、单选题

1. D   2. C   3. B   4. C   5. D

二、多选题

1. ABCD   2. ABC   3. ACD   4. ACD   5. ABC

6. ABCD   7. ABCD

三、填空题

1. 关系   2. 遗传   3. 尊重   4. 两家人

2. 原生家庭   6. 未完成事件   7. 未完成事件   8. 家庭和睦

9. 压抑   10. 尊重   11. 原生家庭   12. 心理

13. 心境   14. 口头语言   肢体语言   15. 爱情

16. 小我   大我   17. 满足   18. 自己   19. 子人格

四、简答题

1. 例如，一个人从来没有真正感受到母爱，这就是一个未完成事件。这种感受一直困扰着他，同时出现在他的一些行为当中。他会怨恨他的妈妈，因为不管他如何努力，妈妈还是一样指责他。因此，他把对母亲赞美的需求，转化为对女性的追求，以证明他是一个有用的男人。尽管他运用了各种策略来让女人赞美他，但总还是觉得不满足，这便是未完成事件妨碍他与妻子良性互动的原因。他必须先去完成未完成事件的体验，换言之，他需要回到原来的未完成事件上，把原来不为人知的失望与愤怒的情感表达出来，再来解决婚姻问题。

2. 答案略。

3. 答案略。

五、论述题

答案参考积极婚姻家庭治疗所有方案。

第三十五章　心理同学会习题

一、单选题

1. 心理同学会是让每一个参与的人，做一个（　　）的人，分享自己是如何掌控生活的，分享自己是如何去和自己相处的，分享自己如何去享受自己和他人的爱和关系。

　　A. 幸福　　　　　　B. 快乐　　　　　　C. 自由　　　　　　D. 智慧

2. 心理同学会的核心是（　　）的升级。

　　A. 投入　　　　　　B. 意义　　　　　　C. 体验　　　　　　D. 参与

3. 人的精神发育史，应该是他本人的（　　）史。

　　A. 成长　　　　　　B. 绘画　　　　　　C. 阅读　　　　　　D. 学习

4. 心理学的本土化是以本土的（　　）为依托，对西方心理学中合理的成分进行吸纳，使其融入中国社会文化并成为中国本土心理学一部分的过程。

　　A. 风土人情　　　B. 社会风气　　　　C. 乡村文化　　　　D. 社会文化历史

5. 韦志中心理学网校中的课程主要有心理学技术和团体两个方向。培养专业的（　　）是网校的主要目标。

　　A. 团体心理咨询师　　　　　　B. 心理学爱好者

　　C. 心理咨询师　　　　　　　　D. 社会心理服务型人才

6. （　　）是为完成心理治疗、个体发展等等目标而设计的咨询技术，也是格式塔疗法、团体咨询等疗法的前身。

　　A. 绘画疗法　　　　　　　　　B. 表达性艺术治疗

　　C. 心理剧　　　　　　　　　　D. 叙事疗法

7. 网校的课程是以（　　）为基本导向，所有的课程几乎都是关于（　　）理论的应用或积极心理学技术。

　　A. 后现代心理学　　B. 传统心理学　　　C. 积极心理学　　D. 认知心理学

8. 心理学的本土化是以本土的（　　）为依托，对西方心理学中合理的成分进行吸纳，使其融入中国社会文化并成为中国本土心理学一部分的过程。

A. 风土民情 　　 B. 人文 　　　　 C. 社会风俗 　　 D. 社会文化历史

9. （　　）是心理学研究的一种新型的模式，它相信人本身的真善美和原有心理能力的积极心理品质，不再只是以问题模式为主导的传统的心理学方式，将心理学用在心理问题的疗愈上。

A. 后现代心理学理论 　　　　　 B. 积极心理学

C. 人本主义 　　　　　　　　　 D. 认知理论

10. （　　）乃是人类社会的缩影，它通过特殊的形式，让参加者扮演某一角色，以某种心理冲突情境下的自发表演为主，将心理冲突和情绪问题逐步呈现在舞台上，从而释放情绪，消除心理压力。

A. 绘画疗法 　　 B. 舞蹈 　　　　 C. 心理剧 　　　 D. 诗歌

11. 人生五味茶技术运用了心理学的（　　）原理。

A. 认知心理学 　 B. 具身认知 　　 C. 积极心理学 　 D. 人本主义

12. （　　）不仅仅可以优化我们自己的心理空间，也可以优化对方的心理空间，同时增加人际关系的黏度。

A. 心理刮痧 　　 B. 感恩拜访 　　 C. 石头的故事 　 D. 人生五味茶

二、多选题

1. 体验式互联网教育的"六位一体"包括（　　）。

A. "我来讲你来听" 　　　　　　 B. "我来做你来看"

C. "我带着你做" 　　　　　　　 D. "你去实践"

2. 心理同学会地面活动共设置六大方向 24 个主题，六个方向包括（　　）。

A. 发现问题 　　 B. 生命故事 　　 C. 实践报告 　　 D. 问题解决

3. 生命故事以（　　）理论为基础，相信人具有自我成长、自我实现的能力，让人明白自己的发展取决于自己。

A. 焦点解决疗法 　 B. 叙事疗法 　　 C. 积极心理学 　 D. 绘画治疗

4. 实践报告就是一个小型的研讨会，我们把学到的东西去应用了，实践之后来给大家汇报、分享，大家围绕着成员的实践分享内容进行反馈、督导，提升和强化的是我们的（　　）和（　　）能力。

　　A. 概括　　　　B. 表达　　　　C. 总结　　　　D. 反思

　　5. 石头的故事通过（　　）等形式对个体心理咨询的来访者进行治疗，对团体心理咨询的成员进行辅导，从而帮助学员更好地成长自我。

　　A. 投射　　　　B. 象征　　　　C. 建构　　　　D. 表达

　　6. 学习型心理团体在本会团体教育模式中是介于（　　）和（　　）中间的一种团体模式。

　　A. 治疗团体　　B. 心理教育团体　　C. 动力团体　　D. 心理成长团体

　　7. 学习型心理成长团体通过（　　）保证学习的有效性。

　　A. 家一样的归属感　　　　　　　B. 关系的黏度和温度

　　C. 分享、交流、解惑　　　　　　D. 在体验中成长

　　8. 学术研讨为主题学习型团体活动可以培养更多具有专业素养的心理学人才，让这些心理学人才具备（　　）的能力。

　　A. 学　　　　　B. 教　　　　　C. 研　　　　　D. 写

　　9. 实践是检验真理的唯一标准，实践还是让学习者（　　）学习很重要的一个过程。

　　A. 体验　　　　B. 转化　　　　C. 升华　　　　D. 强化

　　10. 书香四季通过（　　）四个主题的学习和体验来提高团体成员的文化素养和心理学专业知识。

　　A. 阅读·幸福　　B. 读书·识人　　C. 诵读·身心　　D. 求知·修养

　　11. 韦志中心理学网校中的课程主要有（　　）和（　　）两个方向。

　　A. 心理学技术　　　　　　　　　B. 积极心理学理论

　　C. 团体　　　　　　　　　　　　D. 心理学理论基础

　　12. 心理剧通过表演进一步探索目前在家庭关系中存在的困惑，将心理冲突（　　）从而获得心灵成长。

　　A. 外化　　　　B. 体验　　　　C. 澄清　　　　D. 升华

　　13. "心理刮痧"技术借助（　　）和（　　）的象征性投射，来对心理穴位进行心理刮痧。

　　A. 生命线　　　B. 九宫格　　　C. 树　　　　　D. 果实

　　14.（　　）是在个体和团体心理咨询实践中产生的，结合了东方文化和艺术方法

的一种本土表达性艺术治疗的新技术。

    A．绘画治疗   B．心理刮痧技术   C．石头的故事   D．心理剧

三、论述题

    1．"学习型心理成长团体"就是和大家一起学习，是一套以学习为手段的团体心理咨询的模式。那么它如何保证学习的有效性呢？

    2．说说你理解的心理刮痧技术。

    3．请你最少写出百变知识圈的两种变式。

参考答案

一、单选题

1. C   2. C   3. C   4. D   5. D

6. C   7. C   8. D   9. B   10. C

11. B   12. B

二、多选题

1. ABCD   2. BCD   3. BC   4. BC   5. ABD

6. BD   7. ABC   8. ABCD   9. ACD   10. ABCD

11. AC   12. ACD   13. CD   14. BC

三、论述题

1. 一是"家一样的归属感"。归属感可以使人获得成长，心理同学会是一家人的感觉，我们是心理学的同学。

二是"关系的黏度和温度"。关系亲近，彼此觉得对方是自己的依靠，是归属，而且和对方在一起，温度立即上升。这样一群人在一起，这个团体黏度够了，温度就会慢慢上升，这才会使人改变。

三是"分享、交流、解惑"。成长是一个认知的过程，韦志中心理学网校就是大家在一起讨论、分享和交流，从而得以解惑，这也是一个疗效因子。

以上是成长型团体的三个核心的成长因子，做到了这三点，团体就具有了长期保持的机制，而且团体成员还会越来越多。

2. "心理刮痧"技术是从生理刮痧的技术出发，以文化心理学和艺术心理学理论为基础，运用心理技术学原理，以本土文化为背景，以绘画等艺术形式为载体，对心理空间中的心理符号进行意义转化，促进人格完善的一项心理技术。"心理刮痧"技术的核心理念是：用科学的整体观看待一个人的心理空间，将构成一个人心理空间的重要他人、事件和地点作为"心理穴位"，在一个人的成长过程中，所有的心理穴位共同构成了这个人的"心理穴位图"。心理刮痧的过程是按照这个"心理穴位图"对个体的心理空间进行整理的过程。

"心理刮痧"技术借助"树"和"果实"的象征性投射，让个体将自己已经走过的生命过程看作一棵树，找到其中对个体影响比较大的人、事件、地方等作为"果实"，这些"果实"就是"心理穴位"，然后对每个穴位使用表达性艺术的方法进行"心理刮痧"。

"心理刮痧"的技术载体是各种艺术形式，例如诗歌、绘画、音乐、朗诵等。采用多种艺术表达的方法，以期尽快了解成员真实的心理状态，帮助成员实现心理空间的优化和自我成长。

3. 百变知识圈的变式：

变式一："缘分同心圆"

报数后内外圈的成员面对面站立。外圈的成员随着音乐开始顺时针转动，内圈的成员随着音乐开始逆时针转动。当音乐暂停时，每对面对面的成员相互做一分钟自我介绍，可包括名字、来自哪里、兴趣爱好等。进行几轮后看哪位成员记住的成员信息最多。

变式二："赞美传递"

带领者给予一定的时间（一般为一分钟左右），内外圈对应的成员根据对方让自己感觉到舒服的特点或品质，进行相互真诚赞美。移动几个位置，再坐下与对应到的成员继续进行相互赞美的表达。最后分享在赞美和被赞美过程中的感受和体会。

变式三："头脑风暴"

带领者根据团体所需要实现的心理教育目标，让成员根据带领导师给出的问题进行讨论。换一个位置，带领导师提出新话题，每人再与对面新的伙伴交流。如此不断进行下去，直到圈中的每个成员与对面圈的所有成员都进行过交流。最后总结分享自己和交流过的成员对讨论话题的看法和体会。

变式四："生命中的贵人"

内圈坐下，外圈的朋友围绕内圈顺时针或逆时针走动，认真观察内圈成员，在心里默默选择一个让自己感觉舒服或者最愿意与其进行交流分享的成员，接着成员与自己的"贵人"进行相互的分享和表达。成员分享自己选择"贵人"的标准和原因，被选择的成员分享自己被选择时的内在感受和与其交流过程中的感受。

变式五："走过彼此生命的你我"

内圈的成员固定不动，外圈的成员顺时针或逆时针走动，每对应到一位成员时向其做感恩表达，表达结束后继续走动，向下一位对应成员再做感恩表达。让刚刚参与活动的成员进行分享和点评。观察员对活动做总体评价和个别点评。带领者说出自己在带领过程中的体验和感受，对如何操作"百变知识圈"技术的经验进行分享，并且对所提建议进行讨论、验证、总结。全体成员分享在本次技术练习过程中的感受和体会，并表达在今后的实践过程中会如何针对不同的群体、不同的团体目标应用"百变知识圈"这一项心理技术。

编委会名单

主　编：韦志中
副主编：周章毅　卫　丽
委　员：孙丽华　温金梅　魏新玲　陶尚凤　张晓平　张元杨
　　　　余晓洁　陈一香　杨　耘　王佩娟　赵娅婷　樊　林
　　　　李　靖　陈晓云　钟海镜　闫金莲　程忆梅　傅文婷